ZHAW Angewandte Linguistik (Hrsg.)
Angewandte Linguistik für Sprachberufe

Angewandte Linguistik für Sprachberufe

Herausgegeben von
ZHAW Angewandte Linguistik

3. Auflage

DE GRUYTER

Leitung des Projektes *Kernstudium Angewandte Linguistik*
an der Zürcher Hochschule für Angewandte Wissenschaften (ZHAW):
Daniel Perrin

ISBN 978-3-11-078671-2
e-ISBN (PDF) 978-3-11-078676-7
e-ISBN (EPUB) 978-3-11-078680-4
DOI https://doi.org/10.1515/9783110786767

Dieses Werk ist lizenziert unter der Creative Commons Namensnennung –
Nicht-kommerziell – Keine Bearbeitungen 4.0 International Lizenz.
Weitere Informationen finden Sie unter https://creativecommons.org/
licenses/by-nc-nd/4.0/.

Die Creative Commons-Lizenzbedingungen für die Weiterverwendung gelten nicht
für Inhalte (wie Grafiken, Abbildungen, Fotos, Auszüge usw.), die nicht im Original
der Open-Access-Publikation enthalten sind. Es kann eine weitere Genehmigung
des Rechteinhabers erforderlich sein.
Die Verpflichtung zur Recherche und Genehmigung liegt allein bei der Partei,
die das Material weiterverwendet.

Library of Congress Control Number: 2024932864

Bibliografische Information der Deutschen Nationalbibliothek
Die Deutsche Nationalbibliothek verzeichnet diese Publikation
in der Deutschen Nationalbibliografie; detaillierte bibliografische Angaben
sind im Internet über http://dnb.dnb.de abrufbar.

© 2024 bei den Autor:innen, Zusammenstellung © ZHAW School of Applied
Linguistics, publiziert von Walter de Gruyter GmbH, Berlin/Boston. Dieses Buch ist
als Open-Access-Publikation verfügbar über www.degruyter.com.

Cover und Illustrationen: Lilian-Esther Krauthammer
Satz: Meta Systems Publishing & Printservices GmbH, Wustermark

www.degruyter.com

Inhalt

Leitidee —— 1

Zusammenspiel von Buch und Webseite —— 3

Teil I: Die Bühne unserer Sprachberufe nutzen

I.1 **Back Stage – Blick hinter die Kulissen —— 9**
I.1.1   Hinter dem, was ist: Sprache, Welt und Wahrnehmung —— **11**
I.1.2   Hinter den Displays: Sprache und Daten —— **25**

I.2 **Front Stage – Blick auf die Kulissen —— 35**
I.2.1   Mit Sprache unterwegs: Mehrsprachigkeit —— **37**
I.2.2   Die unsichtbare Hand: Domäne und Sprachgebrauch —— **45**

I.3 **Performance – und Non-Performance —— 55**
I.3.1   „Ich ha das Buech glost": Literacy und Literacies —— **57**
I.3.2   Digital Divide? – Sprache und Partizipation —— **65**

Teil II: Die Zukunft unserer Sprachberufe mitgestalten

II.1 **Sprache und Mensch —— 85**
II.1.1   Man kann nicht nicht? – Zugänge zur Kommunikation —— **87**
II.1.2   Murphy's Law: Kommunikative Schnittstellen —— **102**

II.2 **Sprache und Maschine —— 111**
II.2.1   To be or not to be: Sprachnormen online und offline —— **113**
II.2.2   Mehrsprachigkeit und Technologie: Who's lost in translation? —— **120**

II.3 Sprache und Zukunft —— 137
II.3.1 Tempora mutantur, nos et mutamur in illis: Sprachwandel —— **139**
II.3.2 Schreiben, reden und schweigen: Entwicklungsszenarien —— **147**

Teil III: Die Praxis in Sprachberufen untersuchen

III.1 Fallstudien —— 161
III.1.1 Herausfinden, was der Fall ist: Fallstudien wählen —— **163**
III.1.2 In die Tiefe bohren: Fallstudien durchführen —— **171**
III.1.3 Mit Bedacht verallgemeinern: Fallstudien auswerten —— **179**
III.1.4 Die Essenz erzählen: Fallstudien nutzbar machen —— **187**

III.2 Korpusanalyse —— 194
III.2.1 Sprache und Kommunikation abbilden: Grundlagen der Korpuslinguistik —— **197**
III.2.2 Die Qual der Wahl: Korpora auswählen und zusammenstellen —— **204**
III.2.3 Hands-on: Mit Korpora arbeiten —— **212**
III.2.4 Praxisprobleme lösen: Korpuslinguistik im Beruf —— **220**

III.3 Toolbox der empirischen Forschung —— 228
III.3.1 Ich sehe was, was du nicht siehst: Die Beobachtung —— **231**
III.3.2 Systematisch Fragen stellen: Die Befragung —— **239**
III.3.3 Analyse von Texten: Inhaltsanalyse —— **247**
III.3.4 Den Forschungskontext kontrollieren: Das Experiment als Methode und Forschungsanlage —— **255**

Stichwortverzeichnis —— 263

Literaturverzeichnis —— 268

Leitidee

Dieser Band richtet sich an Studierende, die sich vorbereiten auf Sprachberufe – und damit auch an Lehrende, die sie dabei begleiten. Er spannt den Bogen von Kernbegriffen forschungsbasierter Lehre für die Sprachpraxis bis zur Anwendung der Konzepte im Beruf. Dazu verbindet er theoretisches Grundwissen mit praktischen Beispielen, Übungen und Selbsttests. So hilft der Band Studierenden wie Lehrenden bei Vermittlung und Aufbau eines Repertoires theoretisch begründeter und praktisch nützlicher **Denkwerkzeuge für Sprachberufe**.

Der Band ist entstanden und wird laufend weiterentwickelt in der Lehrveranstaltung *Kernstudium Angewandte Linguistik*, die seit 2020 an der Zürcher Hochschule für Angewandte Wissenschaften (ZHAW) angeboten wird. Der Kurs soll die Studierenden der Fachrichtungen Übersetzen, Dolmetschen, Sprachliche Integration, Journalismus und Organisationskommunikation **einführen** in die Angewandte Linguistik und sie **begeistern** für wissenschaftlich fundiertes Denken und Handeln im Berufsalltag.

Jedem Semester gilt ein Buchteil. Leitidee für den Band ist der **menschliche Mehrwert** in Sprachberufen: Was können Menschen fundamental besser als die kommunizierende Künstliche Intelligenz? Wer mit diesem Band arbeitet, lernt berufsübergreifende Zusammenhänge der zukünftigen Arbeitswelt kennen. Zu diesen Zusammenhängen gehört das Kräftespiel von Konstanten und Wandel in den Berufsfeldern, aber auch von strategischem und intuitivem Vorgehen sowie von Haltung, Wissen und Können.

Teil I öffnet den Vorhang zur Bühne gegenwärtiger und zukünftiger Sprachberufe. Hinter den Kulissen zeigen sich Zusammenhänge zwischen Sprache, Denken und Handeln, etwa in Sprachkorpora. Auf der Bühne selbst werden Sprache und Sprachen in ihren Funktionen in Alltag, Bildung und Beruf erkennbar. In Teil I erkennen Sie als Schlüsselfunktion professionellen Sprachgebrauchs das Überwinden kommunikativer Barrieren in einer Gesellschaft, die sich zugleich weltweit vernetzt und fachlich ausdifferenziert.

Teil II führt in die Zukunft unserer Sprachberufe. Galten Menschen lange als die einzigen intelligenten Sprachbenutzer:innen[1],

---

1 Warum wir so gendern, lesen Sie in Kapitel II.3.1.

Open Access. © 2024 bei den Autor:innen, publiziert von De Gruyter.
Dieses Werk ist lizenziert unter der Creative Commons Namensnennung – Nicht-kommerziell – Keine Bearbeitungen 4.0 International Lizenz.
https://doi.org/10.1515/9783110786767-001

wird immer deutlicher, dass Künstliche Intelligenz auch schreiben und übersetzen kann. Braucht es da noch Menschen? Präziser: Wo liegt denn der menschliche Mehrwert in Sprachberufen? – In Teil II erkunden Sie Kommunikation zwischen Mensch und Mensch sowie zwischen Mensch und Maschine und loten aus, wo Menschen in Zukunft besonders gefragt sein dürften als Sprachschaffende.

Mit **Teil III** wechseln Sie die Ebene: vom Wissen über Sprachgebrauch selbst zu den Verfahren, mit der die Forschung dieses Wissen erzeugt. Zuerst graben Sie mit der Fallstudie in die Tiefe, dann erfassen Sie mit der Korpusanalyse den Sprachgebrauch ganzer Gemeinschaften. Schließlich schnüren Sie Ihre methodische Toolbox für die reflektierte Praxis im Beruf: Sie erkennen, wie Beobachtung, Befragung, Inhaltsanalyse und Experiment einander ergänzen und was das für Sie bedeutet, wenn Sie Erkenntnisse aus der Forschung auf Ihre Praxis übertragen.

Die drei Teile bauen aufeinander auf. Das heißt: Wer ein Kapitel in Teil III liest, versteht es nach dem Lesen und Verarbeiten der Teile I und II leichter. Beim Verarbeiten helfen die Aufgaben im Buch – und, darüber hinaus, die Übungssammlung auf der Webseite. Die Übungen und Lösungshinweise dort beziehen das Gelernte auf aktuelle Fälle aus Ihren (zukünftigen) Berufsfeldern. Der Band und die Webseite werden Jahr für Jahr mit vierhundert Studierenden überprüft und weiterentwickelt.

Den Studierenden und Kolleg:innen, deren Rückmeldungen zum Gelingen dieser dritten Auflage beigetragen haben, **danken** wir herzlich. Besonderer Dank gilt Gianni De Nardi, Corina Fischbacher, Birgit Fuhrmann, Francina Ladstätter, Sibylla Laemmel, Daniela Lang, Susanne Loacker und Janine Radlingmayr. Und Ihnen, geschätzte Nutzer:innen der Angewandten Linguistik für Sprachberufe, wünschen wir viel Freude beim Lesen und Anwenden. Ihre Rückmeldung ist willkommen: linguistik@zhaw.ch.

Zusammenspiel von Buch und Webseite

Der Band, den Sie gerade lesen, wird ergänzt durch eine Webseite mit aktuellen Online-Ressourcen: www.language-matters.education. Weshalb ist das Zusammenspiel von Buch und Webseite zentral?

Das **Buch** bietet eine Konstante – es vermittelt beständiges Grundwissen der Thematik; Grundwissen der Angewandten Linguistik, das nicht nur jetzt, sondern längerfristig aktuell ist und gilt. Die hier genannten Beispiele illustrieren Sprache und was wir Menschen damit machen, und zwar nicht nur im Augenblick, sondern grundsätzlich: So hat es schon immer eine Form von Jugendsprache gegeben. Die populärsten Ausdrücke der Jungen ändern sich zwar von Jahr zu Jahr (2012 war *yolo* hoch im Kurs, 2021 waren die Jugendlichen *cringe*), aber Jugendliche haben sich immer mithilfe der Sprache von ihren Eltern und den Erwachsenen allgemein abgrenzen wollen und können, und das wird mit größter Wahrscheinlichkeit auch in Zukunft so sein. Das Beispiel illustriert: Die Theorien, Konzepte und Beispiele im Buch sind aktuell, aber nicht unbedingt tagesaktuell. Im Journalismus nennt man dies auch latente Aktualität: Themen, die bedeutsam sind, ohne dass ihnen zwingend ein unmittelbares, gegenwärtiges Ereignis zugewiesen werden kann.

Die **Webseite** hingegen bietet eine Plattform, auf der themenrelevante Beispiele anhand von Links aktuell – teilweise sogar tagesaktuell – vermittelt werden. So werden Sie dort zum Beispiel als Übung einen ausgewählten Zeitungsartikel auf Verständlichkeit analysieren oder ein virales Video kritisch hinterfragen. Mit der Aktualität dieser Übungen kommt aber auch eine gewisse Schnelllebigkeit ins Spiel. In einem fluiden Medium wie einer Webseite ist das kein Problem. Beiträge können leicht aktualisiert werden, ohne durch die komplexen Publikationsprozesse verlangsamt zu werden, in denen ein Offline-Medium wie ein Buch reift.

Weiter ist ein Auseinandersetzen mit aktuellen **digitalen Quellen** zentral, weil das kritische Nutzen von Online-Ressourcen geübt sein will. Digitale Quellen in schier unendlichen Mengen können das Lernen unterstützen. Sie wollen aber auch passend durchforstet, überprüft und eingeschätzt werden.

Schließlich lässt sich die Webseite auch **interaktiv** nutzen. So können dort Kommentare und ergänzende Lösungsvorschläge von Nutzer:innen dieses Lehrmittels rasch aufgegriffen und eingebaut werden – bevor sie sich in weiteren Auflagen des Buches verstetigen und damit zur Konstante werden. Lehrende können, je nach Bedürfnissen der Studierenden, zu einem Thema spontan noch mehr unterstützende oder weiterführende Informationen zur Verfügung stellen. Häufig gestellte Fragen können im Verlauf eines Semesters gesammelt und von den Lehrenden und Mitstudierenden beantwortet werden. Die Möglichkeit einer individualisierten Steuerung des Lerninhaltes bietet einen Mehrwert und willkommenen Zusatz zur Konstanz des Buches.

Das Zusammenspiel zwischen Buch und Webseite und damit die Möglichkeit zur Kombination von Online- und Offline-Medien erweitert also das Lernerlebnis. Konstantes Grundwissen kann mithilfe von aktuellen Beiträgen illustriert, dokumentiert und reflektiert werden.

Autorin	Dr. Eva Kuske ist in der Hochschuldidaktik tätig und hat sich insbesondere im Bereich der Digitalisierung der Lehre spezialisiert. Sie befasst sich mit der Nutzung von Online-Medien in der Lehre mit dem Ziel, Lehr- und Lernergebnisse zu optimieren.

https://www.zhaw.ch/de/ueber-uns/person/kusk/

Teil I: **Die Bühne unserer Sprachberufe nutzen**

Der erste Teil des Buches öffnet den Vorhang zur Bühne unserer Sprachberufe. Das erste Kapitel dieses Teils $_{1.1}$ spannt den Bogen über das ganze Buch: In diesem Kapitel erfahren Sie, warum Sprache und wir Menschen, als einzelne wie als ganze Gesellschaft, so stark miteinander verbunden sind. Dieses Wissen bauen Sie dann Kapitel um Kapitel weiter aus, um schließlich im zweiten Teil des Buches die Frage konkret beantworten zu können: Was macht den menschlichen Mehrwert in Kommunikationsberufen aus? Warum braucht es dort nicht nur Algorithmen, sondern Sie?

Sie starten also **BACK STAGE**, hinter dem Vorhang dessen, was Sprachbenutzer:innen im Alltag bewusst wird $_{1.1}$. Hinter den Kulissen des vermeintlich Selbstverständlichen beleuchten Sie, wie **Sprache** unsere Wahrnehmung der Welt beeinflusst, und umgekehrt, wie die Welt die Sprache prägt. Sie erkennen, wie wir mit Sprache denken, handeln und Gemeinschaften erzeugen. Dann durchforsten Sie große Mengen von Sprachdaten, also Sprachkorpora. Sie entdecken unter der Sprachoberfläche Muster gesellschaftlichen Sprachgebrauchs. Hier zeigt Sprache, wie wir als Gemeinschaft ticken und was uns bewegt.

Das zweite Themenfeld $_{1.2}$ führt Sie auf die Vorderbühne. **FRONT STAGE** sind Sie selbst die Sprachbenutzer:innen, also diejenigen, die mit Sprache ihr Leben gestalten. Sie erkunden, mit welchen Sprachen Sie dies tun und was Sie damit auslösen. In welchen Lebenszusammenhängen haben Sie welche Sprache gelernt, und in welchen Situationen setzen Sie diese Sprachen nun ein? Nach einer Reise durch Ihre Sprachbiografie tauchen Sie ein in die Sprachen innerhalb einer Sprache: die Varietäten. Alte und Junge, Fachleute und Laien, Stadt und Land reden und schreiben nicht gleich – mit welchen Folgen für Sie als Sprachprofi?

Im dritten Themenfeld $_{1.3}$ loten Sie Möglichkeiten und Grenzen aus für Ihre sprachliche **PERFORMANCE** auf der Bühne der Welt. Sie erkennen, wie **Medien** die Sprache und damit das Denken und Handeln beeinflussen und wie Sie dieses Spiel mitgestalten. Das gilt zuerst einmal für Ihre direkte Umgebung, Ihre Freizeit, Ihren Arbeitsplatz. Aber großräumig? Was bedeutet es für die Welt, wenn einzelne Gruppen leichter teilhaben können am gesellschaftlichen Leben und Streben, weil sie Medien und Sprachen als Türöffner nutzen können? Wie schaffen Sie hier menschlichen Mehrwert und helfen, den Digital Divide zu überwinden?

I.1 Back Stage – Blick hinter die Kulissen

BACK STAGE bedeutet hier: hinter dem Vorhang dessen, was Sprachbenutzer:innen im Alltag bewusst wird. Hinter den Kulissen des vermeintlich Selbstverständlichen beleuchten Sie, wie Sprache unsere Wahrnehmung der Welt beeinflusst – und umgekehrt: wie die Welt, in der wir leben, unsere Sprache prägt. Dies geschieht im Alltag und im Beruf nebenher und stetig, aber oft unbemerkt. Wer um den wechselseitigen Einfluss von Sprache und Welt weiß, kann im Beruf mehr anfangen und erreichen mit dem Werkzeug Sprache. Zudem werden Sie sich dabei der Verantwortung bewusst, die Sie als Sprachprofi tragen.

Im ersten Kapitel $_{I.1.1}$ erkennen Sie an starken Beispielen, wie wir mit **Sprache** denken, handeln und Gemeinschaften erzeugen. Sie erkunden, wie die Forschung Wissen zum Sprachgebrauch entwickelt und für die Berufspraxis nutzbar macht. Solche Grundlagen in Angewandter Linguistik brauchen Sie, wenn Sie in späteren Kapiteln zum Beispiel verstehen lernen, warum wir alle mehrsprachig unterwegs sind $_{I.2}$ und wie wir mit Sprache und Medien andere ausschließen oder einbeziehen können – sei es im privaten Alltag, dem Berufsleben in Organisationen oder der Gesellschaft überhaupt $_{I.3}$.

Im zweiten Kapitel $_{I.1.2}$ durchforsten Sie in **Sprachkorpora** große Mengen von Sprachdaten. Unter der Sprachoberfläche erkennen Sie Muster gesellschaftlichen Sprachgebrauchs. Solche Muster verraten, wie wir als Gemeinschaft ticken und was uns bewegt. Das Kapitel führt uns also tiefer in die Arbeitsweise der Wissenschaft, wenn sie menschliches Tun beschreibt und erklärt und mit ihrem neu gewonnenen Wissen beiträgt zu Lösungen drängender gesellschaftlicher Fragen – etwa: was gute Kommunikation mit Menschen $_{II.1}$ und Maschinen $_{II.2}$ ausmacht und wohin sich Sprachberufe in Zukunft entwickeln $_{II.3}$.

Nachdem Sie die beiden Kapitel im Themenfeld BACK STAGE durchgearbeitet haben, sind Sie bereit, eine **Portfolio**-Arbeit von drei Seiten zu schreiben. Der Arbeitsaufwand beträgt etwa vier Stunden. Finden Sie, allein oder in Lerngruppen, eine gesellschaftliche Fragestellung, zu der die Linguistik eine Antwort geben und die mittels Korpusanalyse untersucht werden kann. Formulieren

Sie das Thema in Form einer Frage. Überlegen Sie sich, wie sich Ihre Fragestellung anhand eines Korpus untersuchen lässt. Ihnen stehen dafür Teile des Korpus Swiss-AL offen. Nehmen Sie vor der Korpusabfrage kurz Stellung zu folgenden Fragen:

– Warum ist dieses Thema gesellschaftlich bedeutsam, und warum interessiert sich die Angewandte Linguistik dafür?
– Welche Quellen eignen sich für die Beantwortung Ihrer Fragestellung? Welche Meta-Daten müssen Sie berücksichtigen (z. B. Zeitraum)?
– Welche Formen von Auswertungsergebnissen helfen Ihnen bei der Beantwortung Ihrer Frage (z. B. Keywords und Kollokationen)?
– Was werden die Ergebnisse der Korpusanalyse in Bezug auf Ihre Fragestellung aussagen? Nennen und kommentieren Sie kurz die erwartbaren Ergebnisse.

Daniel Perrin
I.1.1 Hinter dem, was ist: Sprache, Welt und Wahrnehmung

In diesem ersten Kapitel überblicken Sie das Zusammenspiel von Sprachgebrauch in Alltag und Beruf auf der einen Seite und Angewandter Linguistik auf der anderen. Sie erkunden, wie Praxis und Forschung ineinandergreifen und voneinander lernen. An Beispielen aus Alltag und Beruf erleben Sie, wie Sie Kommunikationsprobleme in der Praxis auf Dauer besser verstehen und lösen können, wenn Sie die übergreifenden Zusammenhänge von Sprache, Denken, Handeln und Forschen (er-)kennen.

Haltung: Sie erkennen den Wert reflektierter Sprachpraxis im Beruf und in der Forschung dazu. **Wissen:** Sie verstehen beispielhafte Überlegungen empirischer Forschung, die helfen, Probleme zu lösen, die bedeutsam sind in Gesellschaft und Beruf und in denen Sprache eine zentrale Rolle spielt. **Können:** Sie können diese Ansätze einer Haltung reflektierter Praxis und Ihr hier entwickeltes Grundwissen in Angewandter Linguistik dazu nutzen, in Übungen simulierte, wirklichkeitsnahe Situationen aus Studium und Beruf sinnstiftender zu gestalten. — Lernziele

Die Schwerpunkte dieses einführenden Kapitels spannen den Bogen von der Bedeutung der Sprache für Denken und Handeln $_{a-d}$ zum systematischen Nachdenken über dieses Zusammenspiel $_{e-h}$. Die Themen sind: — Aufbau

a Konzept und Begriff im Diskurs:
   Die Welt für mich ist nicht die Welt an sich

b Kontext, Kohärenz und Framing:
   Wie die Geschichten im Kopfkino entstehen

c Illokution und Perlokution:
   Was wir mit Sprache tun und wie wir damit die Welt verändern

d Kultur und Praktik:
   Wie wir uns mit Sprache ausgrenzen oder einbinden

e Alltagstheorie und Wissenschaft:
   Von Bäumen und dem ganzen Wald

f   Wissenschaftsdisziplin und Angewandte Linguistik:
    Wozu es Fächer gibt – und wieso Sprachfächer

g   Neuro-, psycho- und soziolinguistische Ansätze:
    Mein Werkzeugkasten für Studium und Beruf

h   Textproduktionsforschung:
    Zum Beispiel der Überfalltest

Autor   Prof. Dr. habil. Daniel Perrin baut auf seine Erfahrung und sein Netzwerk an der Spitze des Weltverbandes Angewandter Linguistik (AILA), sein Wissen als international anerkannter Forscher im Feld beruflicher Textproduktion und sein Können als Sprachprofi und Moderator von Lernprozessen. Als Hochschuldirektor fördert Perrin forschungsbasierte Lehre, die in Berufspraxis und Gesellschaft weiterhilft.

https://www.zhaw.ch/de/ueber-uns/person/pdan/

http://www.danielperrin.net

Thema 1.1.a Konzept und Begriff im Diskurs:
Die Welt für mich ist nicht die Welt an sich

Wenn wir einen Apfel mit den Händen er-fassen, dann be-greifen unsere Finger sein Äußeres: die runde Form, die glatte Schale, den rauen Stiel. Im Hirn machen wir uns dann eine Vorstellung dieses Apfels. Und jedes Mal, wenn wir wieder einen Apfel erfassen, wird dieses Bild des Apfels im Hirn, das Konzept *Apfel*, deutlicher. So entdecken wir die Welt, indem wir sie mit unseren Sinnen erfassen und uns dann ein Bild, ein Konzept machen davon. Sprachen[2] aber nutzen und studieren wir, weil wir nicht allein sind in dieser Welt Hogan-Brun, 2021, 16[3]:

Damit wir nämlich mit anderen über unsere Konzepte sprechen können, benennen wir diese Konzepte – mit Begriffen. Wir brauchen also den Begriff *Apfel*, um uns mit anderen über das Kon-

---

2 Die Kernbegriffe des Bandes finden Sie im Stichwortverzeichnis aufgelistet. Hier, im Lauftext, sind sie unterstrichen.

3 Die Zahlen nach der Jahreszahl in der Literaturangabe beziehen sich auf die gemeinten Seiten, hier eben 16. Weiterführende Literatur finden Sie auf der Webseite zum Buch.

zept *Apfel* auszutauschen. Ein <u>Konzept</u> ist eine mentale Vorstellung, eine Vorstellung im Kopf, von einem Gegenstand in der Welt. Und ein <u>Begriff</u> ist ein sprachliches Zeichen, meist ein Wort, mit dem wir ein Konzept benennen und es so in den Köpfen auch von anderen abrufen können, ohne dass diese anderen den Gegenstand selbst vor sich haben müssen.

Wenn ich hier *Apfel* schreibe, stellen sich alle etwas Ähnliches vor, eben das Obst, das wir als Sprachgemeinschaft im Deutschen mit dem Begriff *Apfel* erfasst und damit denk- und kommunizierbar gemacht haben. Dank ihrer Begriffe ermöglicht uns Sprache, gemeinsam über Dinge nachzudenken, die wir während der Diskussion gar nicht zur Hand haben. Nicht zur Hand – aber eben als Konzept im Kopf und als Begriff sozusagen auf der Zunge und im Ohr. So können wir uns und andere mit Sprache in alle Welten beamen, für die wir Konzepte und Begriffe entwickelt haben.

Das funktioniert allerdings nur, solange die Kommunizierenden ähnlich ticken. Fachlicher ausgedrückt: Konzepte sind kulturabhängig. Ein Konzept wie *Regierungskritik* hat in Demokratien eine andere Bedeutung und löst im Kopf anderes aus als in totalitären Staaten. Ebenso wird die Gemeinschaft der Hundezüchtenden vom Konzept *Hund* anders berührt als die der Jogger. Das gilt auch für Fachbegriffe: Wer sich dem Philosophen Habermas verbunden fühlt, versteht unter <u>Diskurs</u> den Austausch zwischen vernünftig argumentierenden Einzelnen über Raum und Zeit hinweg; wer Foucault folgt, sieht im Diskurs ein Instrument, mit dem Mächtige die Welt in ihrem Sinn prägen, um nicht zu sagen: manipulieren.

Überall indes gilt: Was wir (noch) nicht benennen können, können wir (noch) kaum denken und mitteilen. Zum Beispiel Zehen: Während jeder unserer fünf Finger einen eigenen Namen hat, fehlen uns für die einzelnen Zehen die Wörter. Es fällt deshalb viel schwerer, sich im Telefonat mit einer Ärztin auf eine einzelne, bestimmte Zehe zu beziehen, als in einer ähnlichen Situation über einen bestimmten Finger zu sprechen. Und auch beim Apfel haben viele Leute Mühe, den Teil zu benennen, der dem Stiel gegenüberliegt. Weil er nicht so wichtig ist in unserem Leben, fehlt uns das Konzept dafür – und damit auch der Begriff.

So lässt sich an der Verteilung der Begriffe einer Kultur sagen, was in dieser Kultur im Detail wichtig ist und was dagegen kaum oder nicht erfasst wird im Kopf der Einzelnen und in der Sprache der Gemeinschaft.

Schnelltest	Erklären Sie nach dem Lesen dieses Abschnitts, warum Wörter Wirklichkeit schaffen.
Training	Auf der Webseite zum Buch finden Sie zum Beispiel die folgenden weiterführenden Übungen: das Tarzan-Experiment, den Fall *Pies* und die böse Kurzgeschichte.

Thema 1.1.b Kontext, Kohärenz und Framing: Wie die Geschichten im Kopfkino entstehen

Stellen Sie sich die folgende Szene vor: Susanne im Wohnzimmer am Lesen, Andreas in der Küche am Zubereiten des Nachtessens. Durch die geöffnete Tür können die beiden einander hören. In diesem Kontext, also in dieser Kommunikationsumgebung und unter diesen Umständen, tauschen sie ein paar Worte aus über das, was Susanne gerade gelesen oder Andreas tagsüber erlebt hat. Da ruft Andreas plötzlich: „Angebrannt! Tür zu, sorry!" Was jetzt in Susannes Kopf abgeht, ist aber ein viel längerer Film. Der geht etwa so:

Andreas will ein Wasser-Milch-Gemisch zum Kochen bringen für die Polenta, und während er den Salat vorbereitet, vergisst er den Herd. Dort kocht das Wasser-Milch-Gemisch über und gelangt dabei auf die heiße Herdplatte, wo es nun anbrennt und stinkt. Weil Andreas weiß, dass Susanne den Gestank von Angebranntem in der Wohnung nicht mag, schließt er die Tür. Damit kappt er aber die Kommunikation, die eben noch zwischen den beiden gelaufen ist, was natürlich schade ist und wofür er sich entschuldigt.

Uff – müssten wir jedes Mal alles Wort für Wort mitteilen, kämen wir vor lauter Reden kaum mehr zum Kochen oder Nachdenken. In der Kommunikation beschränken wir uns deshalb auf das, wovon wir denken, dass es sich unsere Adressat:innen nicht selbst dazu denken können: Milch angebrannt, Tür zu, tut mir leid. Alles andere, denkt Andreas zu Recht, ergänzt Susanne in ihrem Kopfkino selbst. Wir liefern beim Schreiben und Reden also nur die Brückenpfeiler – und überlassen es den Adressat:innen, die Brückenbogen über diese Pfeiler zu schlagen.

Dieses Ergänzen der Brückenbogen über den gelieferten Pfeilern nennen wir: Kohärenz bilden. *Co-haerere*, lat., heißt *zusammenhängen*. Beim Verstehen eines Kommunikationsangebots stellen wir Kohärenz her, wir füllen den Raum zwischen den Brückenpfeilern, zwischen den ausdrücklich mitgeteilten Begriffen, mit Konzepten aus unserem Kopf. Deshalb sind Zuhören, Lesen und Verstehen sehr aktive Prozesse. Wir konstruieren Sinn beim Verstehen. Wir schlagen die Brücken. Wir ergänzen das Fehlende mit unserem Wissen über die Welt.

Was wir dabei evozieren, also abrufen aus dem Kopf, lässt sich aber von außen ein Stück weit steuern. Wenn ich in einer Erzählung zuerst einen Rahmen aufspanne mit Begriffen wie *Krankheit* und *Spital*, werden die Adressat:innen anschließend den Begriff *Schwester* eher im Sinn von Krankenpflegerin deuten; wenn ich dagegen einen Rahmen von Familienbeziehungen aufspanne und von Tanten und Onkeln rede, denken sie bei *Schwester* wohl eher an die Verwandtschaftsbeziehung ersten Grades.

Solches Setzen von Deutungsrahmen nennen wir Framing. Mit Framing können wir beeinflussen, wie die Adressat:innen ihre Brückenbogen ergänzen zwischen den Pfeilern, die wir ihnen liefern. Framing bestimmt also die Geschichte mit, die sich die Adressat:innen im Kopfkino konstruieren, während sie unsere Kommunikationsangebote verstehen. Als Andreas und Susanne beschlossen, es gebe Polenta zum Abendessen, setzten sie den Rahmen für Andreas' kurze Mitteilung, bei der sich Susanne selbst vorstellen kann, was da gerade anbrennt.

Zeigen Sie an Beispielen, was Kohärenz und Framing bedeuten. — Schnelltest

Auf der Webseite zum Buch finden Sie zum Beispiel die folgenden weiterführenden Übungen: das Loftus-Experiment, den Fall *Tanker* und Leo Lionnis „Fisch ist Fisch". — Training

Thema 1.1.c Illokution und Perlokution:
Was wir mit Sprache tun und wie wir damit die Welt verändern

Begrüßt Sie jemand im Flur, ist das eine Aufforderung zum Handeln. Mögliche Anschlusshandlungen sind: Sie können wegschauen und den Gruß bewusst überhören und übersehen – was wohl nicht der gewünschten Reaktion entspricht. Sie können den Gruß aber auch erwidern. Dabei müssen Sie sich entscheiden zwischen mehreren gesellschaftlich akzeptierten Formen des Gegengrußes. Gehen Sie mit einem *Morgen* und sachlichem Ausdruck auf Distanz oder sagen Sie lächelnd *Hallo*?

Was immer Sie tun in einer solchen Situation, Sie definieren die <u>Beziehung</u> ₁₁.₁.₁.c⁴ zwischen der grüßenden Person und Ihnen ein Stück weit(er). Mit Sprache verändern Sie die kleine Welt einer entstehenden Zweierbeziehung Wort um Wort. Das gilt auch im größeren Rahmen. Ein Social-Media-Post kann einen Shitstorm auslösen und die halbe Welt gegen Sie aufbringen – oder viral gehen und Sie ins Rampenlicht der Öffentlichkeit katapultieren. Und eine Bitte kann, wird ihr entsprochen, zu einem angenehmeren Leben führen.

„Mir ist kalt!" – Sagen Sie diese Worte in einem Gruppengespräch, wird die Person, die nah am Fenster sitzt, das Fenster schließen. Sie haben Sprache genutzt, um andere dazu zu bringen, etwas zu tun, das Ihnen hilft. Mit allem, was wir sagen und was andere aufgreifen, verändern wir soziale Beziehungen, wie beim Beispiel des Grußes, oder unsere materielle Umwelt, wie beim Beispiel des Fensters. Sprachgebrauch zeigt Wirkung. Besonders deutlich wird dies in Reden von Politiker:innen, die mit ihren Worten ganze Staaten umstimmen.

Der Sprache wohnt also sozusagen Magie inne. Worte sind Taten. Diese Erfahrung der Menschheit findet sich, verdichtet, im Begriff des Zauberspruchs wieder. Zaubersprüche prägen Märchen, als eine mächtige Form der Weltgestaltung durch Sprache. Die Zauberin sagt ihren Spruch – und schon verändert sich die Welt nach ihrem Willen. Über das alltägliche Zaubern mit Sprache werden immer wieder populärwissenschaftliche Bücher geschrieben, die Fakten mit Sensationsgeschichten mischen z. B. Schneider, 1989; Dilts, 2016.

Allerdings löst Sprache nicht immer genau das aus, was wir mit unseren Worten beabsichtigt haben. Die Wissenschaft sagt das so: Was die <u>Lokution</u> (also der Akt des Sprechens von Wörtern) tatsächlich bewirkt, ist die <u>Perlokution</u> (also die durch den Sprachgebrauch eintretende Wirkung), und die entspricht nicht immer der <u>Illokution</u> (also der von uns beabsichtigten Wirkung). Das Verhältnis von Illokution und Perlokution (also von beabsichtigter und tatsächlich eingetretener Wirkung) zeigt den Erfolg eines Kommunikationsversuchs.

Deutlich wird das, wenn ein freundlich gemeinter Gruß zu einer Abwehrreaktion führt: *Hey mach mi nid a Mann!!!* Oder umge-

---

4 Querverweise zu anderen Kapiteln zeigen Ihnen, wo im Buch Sie mehr zum Thema erfahren.

kehrt, wenn ein *Wie gehts?* eine längliche Darlegung der aktuellen Leidensgeschichte des Gegenübers auslöst. Wenn wir an Versprechen erinnert werden, die wir damals nicht ganz so wörtlich meinten. Oder wenn Worte Wunder wirken und wir, zu unserer eigenen Überraschung, feststellen, dass am Anfang unserer guten Beziehung ein einfaches *Hallo* von Herzen steht, gesprochen zur richtigen Zeit am richtigen Ort.

Erklären Sie, wie Illokution und Perlokution zusammenspielen. — Schnelltest

Auf der Webseite zum Buch finden Sie zum Beispiel die folgenden weiterführenden Übungen: das erste Wort einer Beziehung – und Goethes „Zauberlehrling". — Training

Thema 1.1.d Kultur und Praktik: Wie wir uns mit Sprache ausgrenzen oder einbinden

„A beera", „en pirä", „aenö böanö" – sprechen drei Leute, aus Chur, St. Gallen und Hamburg, die zwei Wörter *eine Birne* in ihrer Sprache, klingt das recht unterschiedlich. Und mit etwas Lebenserfahrung im deutschen Sprachraum hören wir diesen zwei Wörtern an, woher die sprechende Person kommt. Sprachen werden also in Regionen unterschiedlich gebraucht, gesprochen, geformt. In den Worten der Wissenschaft: Sprachen, oder genauer gesagt natürliche Einzelsprachen wie das Deutsche, prägen unterschiedliche Varietäten aus ɪ.2.2.

Varietäten können, wie hier, durch geografische Räume bestimmt sein. Dann heißen die Varietäten Dialekte. Aber Raum ist nicht der einzige Treiber zur Ausbildung von Varietäten. Überall dort, wo sich Sprachgemeinschaften ausdifferenzieren, bilden sich Varietäten. So reden etwa Junge anders als Alte, Gebildete anders als Ungebildete, Fachleute anders als Laien, Juristinnen anders als Mediziner. Deshalb gibt es in allen natürlichen Einzelsprachen Varietäten wie Jugendsprachen, Bildungssprachen, Expert:innensprachen und Umgangssprachen.

Sprachgemeinschaften werden also gebildet von jeweils allen Menschen, die eine Sprache ähnlich brauchen. Genauer gesagt: Die Mitglieder einer Sprachgemeinschaft verfügen über ähnliche Praktiken, Sprache sinnvoll zu nutzen. Ganz allgemein gilt: Die Mitglieder einer <u>Kultur</u> verfügen über ähnliche Praktiken, ihr Leben sinnvoll zu gestalten $_{\text{II.1.2}}$. Unter einer <u>Praktik</u> verstehen wir die Art, etwas so zu tun, dass es für uns und in unserer Gemeinschaft Sinn ergibt. Deshalb verweist unser Sprachgebrauch auf unsere Gemeinschaft und deren Kultur.

So, wie *a beera* nach Bündnerland klingt, klingen *chille* nach Umgangssprache, *Menuett* nach Bildungssprache und *Proteinaufspaltung* nach Fachsprache und -kultur. Wer so spricht, zeigt, dass sie oder er die Sprache und Kultur dieser Gemeinschaft kennt und damit dort dazugehört – wir lernen Varietäten ja vor allem, weil und indem wir uns in den entsprechenden Gemeinschaften bewegen und ihre Kultur er-leben. Darum: Wer sich viel bewegt in der Welt, lernt unterschiedliche Gemeinschaften, Kulturen und Sprachen kennen ...

... und weiß oft auch um die Wirkung einer Sprache und setzt sie entsprechend ein. Bildungssprache kann Kompetenz zeigen und Distanz schaffen, Umgangssprache und Dialekt können Nähe herstellen, Berndeutsch und Bündnerdeutsch klingen für viele gemütlich, Zürichdeutsch geschäftig. Die Wahl der <u>angemessenen</u> Sprache kann andere Menschen öffnen, einbinden, mit einem verbinden – und umgekehrt. Ein breites <u>Repertoire</u> an Varietäten situativ passend einsetzen zu können, gehört also wesentlich zur kommunikativen Kompetenz.

Das gilt erst recht für den <u>Stil</u>, die Fähigkeit, innerhalb einer Varietät den passenden Ton zu treffen. In der Varietät *Hochschul-Kurssprache Deutsch* kann ich sagen: *Wörter machen Leute*; ich kann aber ebenso passend sagen: *Die Wahl der Lexeme suggeriert sozialen Status*. Beides heißt das Gleiche und beidem werden Sie nach dem Studium zustimmen. Aber während der längere Ausdruck sozusagen die akademische Jacke mit Schulterpolstern darstellt, steht der kürzere fürs unkomplizierte, nicht minder passende schlichte Hemd.

Fürs Hemd. Nicht fürs *Hömmli*, nicht fürs *Hämp*. Die hätten keine Chance hier oder, auf Berndeutsch: *Si hätte ke Bire*.

Schnelltest	Skizzieren Sie, wann Ihre Sprache wie wirkt auf andere Menschen.
Training	Auf der Webseite zum Buch finden Sie zum Beispiel die folgenden weiterführenden Übungen: das Chuchichäschtli-Orakel, die Gruß-Sammlung – und Sprachen, die so tun, als wären sie's.

**Thema 1.1.e Alltagstheorie und Wissenschaft:
Von Bäumen und dem ganzen Wald**

Joggen ~~ist gesund~~ kann gesund sein – dann, wenn wir es richtig machen. Bewegung kräftigt Gelenke und Muskeln, aktiviert den Kreislauf und fördert den Stoffwechsel. Also am besten jeden Tag drei Stunden joggen? Oder einmal pro Monat zwölf Stunden am Stück? – Wer auf seinen Körper hört oder sich bei Fachleuten schlaumacht, weiß: Auf Maß und Rhythmus kommt es an. 30 Minuten Kreislauftraining am Tag sind ideal, plus eine Stunde Krafttraining zwei- bis dreimal pro Woche, wenn das Ziel Fitness ist, also Gesundheit und Wohlbefinden.

Ob joggen, Früchte und Gemüse essen oder Zähne putzen: Nichts ist einfach so gesund. Ausführung, Rhythmus und Maß sind entscheidend. Das sagt uns die Lebenserfahrung, der gesunde Menschenverstand, die Alltagstheorie. *Gelernt ist gelernt, Zu viel ist zu viel* und *Alles mit Maß*, so lauten, auf je einen kurzen Satz verdichtet, die entsprechenden Alltagstheorien. Wer sie verstanden hat, lebt gesünder und wird auch bei bisher unbekannten Sportarten, Speisen oder Hygienemaßnahmen nicht übertreiben.

Bei allem, was wir tun, wenden wir unbewusst unsere bereits aufgebauten Alltagstheorien an und überprüfen die daraus abgeleiteten Alltagshypothesen. Wenn es damals keine gute Idee war, ein Kilogramm Erdbeeren aufs Mal zu essen, sollte ich wohl jetzt bei den Johannisbeeren auch aufhören, bevor es zu viel wird. Theorien sind also Einsichten in allgemeine Zusammenhänge, nach dem Muster: *(Fast) immer, wenn x gilt, gilt auch y.* Fast immer, wenn ich etwas übertreibe, kippt es vom Guten ins Schlechte. *Theorein*, θεωρεῖν, griechisch, heißt *schauen aus Distanz*.

Hypothese, griech. ὑπόθεσις, bedeutet wörtlich *Unterstellung*. Eine Hypothese ist eine Vermutung eines logischen Zusammenhangs, zum Beispiel *Wenn jetzt x gilt, gilt auch y.* Wenn ich jetzt zu viele Johannisbeeren esse, kriege ich Durchfall. Hypothesen sind aus früheren Beobachtungen und Theorien abgeleitet. Aus generellen Theorien wie *Immer, wenn man übertreibt, hat das Nachteile* oder konkreteren Theorien wie *Immer, wenn man zu viel von etwas isst, streikt die Verdauung.* Daraus leitet sich die Hypothese ab: *Zu viele Johannisbeeren essen schafft Probleme.*

Wie wir das im Alltag tun, so entwickelt auch die Wissenschaft Theorien aus Erfahrung, griech. aus Empirie, εμπειρία, und leitet daraus Hypothesen ab, die sie dann im echten Leben überprüft. Im Gegensatz zum Alltag aber tut dies die Wissenschaft systematisch: so, dass sie jeden Schritt beschreiben und begründen kann. Gute solche Theorien helfen, über den Augen-Blick hinauszusehen, aus Distanz den ganzen Wald zu überblicken, statt vor lauter Bäumen den Wald nicht mehr zu sehen und sich beim Joggen darin zu verirren.

Schnelltest Begründen Sie, warum wir Erfahrung verallgemeinern.

Training Auf der Webseite zum Buch finden Sie zum Beispiel die folgenden weiterführenden Übungen: das Labov-Experiment, den Fall *Wegweiser* und Jeff Starks „Desserts".

Thema 1.1.f Wissenschaftsdisziplin und Angewandte Linguistik: Wozu es Fächer gibt – und wieso Sprachfächer

„Keine Ahnung!" – Warum genau überfordern zu viele Beeren die Verdauung? Dass dem so ist, haben viele erfahren und in Alltagstheorien eingebunden, aber begründen können es nur wenige. Oder: Wie genau wirken im Fitnessstudio fünf Wiederholungen an der Butterfly-Maschine bei maximaler Belastung, wie wirken fünfzig Wiederholungen bei Unterbelastung? – Wer sich gesund ernähren und bewegen will, möchte hier nicht nur eine Ahnung haben, sondern fragt nach solidem (*solidus*, lat. für *fest*) Wissen.

Solches Wissen liefert die Wissenschaft. Und weil die Welt sehr weit und komplex ist, gibt es nicht die eine Wissenschaft, die alles weiß, sondern viele Wissenschaften, Disziplinen genannt. Jede davon weiß über einen kleinen Bereich der Welt möglichst viel. Dieses Wissen entwickelt sie in ihren Theorien weiter. So weiß die Physik viel über die Kräfte in der körperlichen Welt, die uns umgibt; die Soziologie erfasst, wie Menschen in dieser Welt Gemeinschaften bilden; die Linguistik erklärt, wie sie dies mit Sprache tun.

Dieses Sprachhandeln geschieht immer auf drei Ebenen zugleich – und auf jede dieser Ebenen stellt eine Teildisziplin der Linguistik scharf: Die Syntax (*syn-taxis*, griech. für *zusammen* und *Ordnung*) untersucht, nach welchen Regeln wir kleinere sprachliche Einheiten wie Wörter verbinden zu größeren, wie Sätzen und Texten. Die Semantik (*sēmaínein*, griech. für *bezeichnen*) interessiert sich für die Bedeutung von Zeichen $_{I.1.1.a}$. Die Pragmatik (*pragma*, griech. für *Handlung*) befasst sich damit, was wir mit Sprache tun $_{I.1.1.c}$.

Und das vertieft <u>Angewandte Linguistik</u>. Sie will wissen, wie wir mit Sprache Probleme lösen, die gesellschaftlich bedeutsam sind _{Perrin & Kramsch, 2018}. Zum Beispiel: wie Expert:innen und Laien einander verstehen können; wie wir mit Sprache eine Haltung gemeinsamer Verantwortung erzeugen; wie Menschen unterschiedlicher Sprache so miteinander sprechen, dass sie am Ende einen ähnlichen Film im Kopf haben, obwohl sie ganz andere Lebenserfahrungen mitbringen; oder wie sich Leute aus anderen Kulturen in einer neuen Kultur integrieren.

Bei der Lösung gesellschaftlich bedeutsamer Probleme spielen, unter anderem, zwei theoretische Einsichten eine Rolle, die einander in der Praxis elegant ergänzen: Wenn ich verstanden und ernst genommen werden will, müssen meine Kommunikationsangebote sprachlichen Normen genügen $_{II.2.1}$ und sie müssen kommunikativ angemessen sein $_{II.1.1}$. Einfach gesagt: Sie müssen stimmen und passen. Die Schlagzeile *Mann beißt Hund* etwa passt zu Kurznachrichten und ist als Ellipse richtig gebaut. *Mann beißen Hund* wäre falsch.

Platz da! und *Permettriez-vous que je passasse?* dagegen sind Äußerungen, die zwar den grammatischen Normen des Deutschen bzw. Französischen entsprechen, aber nicht passen, wenn ich im voll besetzten Zug den Wagen wechseln und jemanden bitten will, zur Seite zu treten. Die eine klingt angriffig grob, die andere lächerlich geschwollen. Angewandte Linguistik untersucht und lehrt, wie wir uns kommunikativ richtig und angemessen verhalten. Für Sprachprofis gilt: Ahnung allein reicht nicht, gefragt sind Wissen und Können.

Nennen Sie ein Beispiel, bei dem Ihnen Ihr Fachwissen zum Sprachgebrauch nützt. — Schnelltest

Auf der Webseite zum Buch finden Sie zum Beispiel die folgenden weiterführenden Übungen: etwas Denksport zum Unstoppbaren jeder Sprache, den Fall *Tattuh* und Beat Gloors „uns-ich-er-es". — Training

Thema 1.1.g Neuro-, psycho- und soziolinguistische Ansätze: Mein Werkzeugkasten für Studium und Beruf

Weil sich die Welt verändert, verändern sich auch unsere drängenden Fragen und die Methoden, mit denen wir Wissen entwickeln.

Große Datenmengen im Internet lassen sich jetzt so untersuchen, dass Denk- und Handlungsmuster von Gemeinschaften und Einzelnen sichtbar werden, zum Beispiel, wie wir Medien nutzen oder online einkaufen. GPS zeigt unser Verhalten im Straßenverkehr. Computer können so programmiert werden, dass sie aus der Analyse dieser Muster selbst lernen, mit künstlicher Intelligenz.

Im Forschungsfeld Künstliche Intelligenz (KI) verbinden sich Wissen und Methoden aus Fächern wie Mathematik, Informatik, Psychologie, Soziologie und Linguistik. KI bedeutet die Fähigkeit von Maschinen, Muster in großen Mengen von Daten irgendwelcher Art zu erkennen und daraus zu lernen. Zu den praktischen Forschungsergebnissen der KI zählen etwa autonomes Fahren, maschinelles Übersetzen ₁₁.₂.₂ und Roboterjournalismus. An uns liegt es auszuloten, wo wir der künstlich denkenden Maschine grundsätzlich überlegen sind.

Wo also liegt der menschliche Mehrwert in der Kommunikation? – Gäbe es ihn nicht, wären Sprachberufe bald so überflüssig wie Kutschenbauer nach der Erfindung des Automobils. Gibt es diesen menschlichen Mehrwert aber, tun wir gut daran, ihn zu kennen und darauf zu setzen: jetzt, in der Ausbildung, und später, wenn wir unsere Nischen in der Berufswelt besetzen und unsere Stärken lebenslang weiterentwickeln. Dabei hilft uns Wissen aus Fächern wie Neuro-, Psycho- und Soziolinguistik. Sie untersuchen, was wir mit Sprache tun.

Die Neurolinguistik leistet das etwa, indem sie die materialen, die elektrochemischen Prozesse der Sprachverarbeitung im Hirn untersucht; die Psycholinguistik, indem sie den mentalen, den geistigen Zusammenhang von Fühlen, Denken und Sprachgebrauch erforscht; die Soziolinguistik, indem sie analysiert, wie wir mit Sprache sozial handeln, also Distanz und Nähe zu unseren Gefährten, lat. *socii*, herstellen und so Gemeinschaften bilden. Allen geht es darum herauszufinden, was genau wir tun, wenn wir Sprache brauchen zur Verständigung.

„Speech acts", dieser doppelsinnige Buchtitel ₛₑₐᵣₗₑ, ₁₉₆₉ gab der Linguistik gehörig Schub. Sprachgebrauch lässt sich beschreiben als Durchführung von Sprech-Akten. Mit Sprache tun wir etwas – und Sprache bewegt. Gut möglich, dass Menschen den Maschinen dort überlegen bleiben, wo Empathie, Kreativität und Intuition zählen. Sprache als beherzte Tat, das könnte der menschliche Mehrwert der Kommunikation sein. Wo liegen unsere Chancen als Sprachprofis in einer künstlich immer intelligenteren Welt? – Bleiben Sie dran, lesen Sie weiter.

Skizzieren Sie, wie Sprache, Denken und Handeln zusammenhängen. — Schnelltest

Auf der Webseite zum Buch finden Sie zum Beispiel die folgenden weiterführenden Übungen: das Kürzestgeschichten-Experiment, den Fall *Genullnau* und einen legendären Traum. — Training

**Thema 1.1.h Textproduktionsforschung:
Zum Beispiel der Überfalltest**

Wissen, was ich will, und sagen, was ich meine – das ist beherzt kommunizieren, das könnte der menschliche Mehrwert sein in der Kommunikation. Beim Schreiben oder beim Vorbereiten einer Präsentation zum Beispiel helfen da Techniken wie der Überfalltest. Dieser Test zeigt Ihnen, ob Sie wissen, was Sie wollen, bevor Sie den Mund aufmachen $_{\text{Perrin \& Rosenberger, 2016, 37}}$. Die Angewandte Linguistik, und dort besonders die Textproduktionsforschung, können begründen, wann und warum der Überfalltest funktioniert $_{\text{Perrin, 2013, 130}}$. Erst aber testen Sie ihn aus. Er geht so:

Erzählen Sie Ihre Geschichte einer Kollegin, die einen Bus zu erreichen versucht, der gleich abfährt.

Fassen Sie in ein paar Sätze, in wenige Sekunden Sprache, was Sie spannendes Neues zu sagen haben und warum es gerade jetzt für Ihr Publikum wichtig ist. Überfallen Sie damit jemanden, der Ihnen eigentlich gar nicht zuhören will, der kaum Zeit hat für Sie, der im Kopf ganz woanders ist. Wenn Ihr Opfer aufhorcht, hinhört, aufs Thema einsteigt – dann sind Sie reif, mit dem Schreiben anzufangen.

Denken Sie nicht, Ihr Thema sei viel zu kompliziert, als dass man es so im Vorbeigehen ... – Sicher, jeder Gegenstand kann Seiten und Stunden füllen. Doch anreißen, verkaufen müssen Sie ihn dem Publikum meist im Vorbeieilen, beim Durchblättern, beim Zappen kurz vor dem Weghören. Man hält kurz inne, lässt sich für Sekunden auf Ihren Text ein und bleibt nur dann dabei, wenn er Bedeutung verspricht.

Wieso sollten Sie die Leitidee Ihres Texts am lebenden Objekt prüfen? – Schon die Vorstellung, jemanden mit dem eigenen Thema

wörtlich fesseln zu müssen, setzt Sie unter Druck. Sie testen Ihren Auftritt in Gedanken, merken, dass Sie den Dreh noch nicht gefunden haben, wechseln den Blickwinkel, steigen anders ein, wagen es endlich ... und bringen den Text beim Reden so klar auf den Punkt, wie es Ihnen in einsamem Brüten nie gelungen wäre.

Die Spannung der Sprechsituation hat die Schleusen für den Sprachfluss geöffnet, ähnlich wie der Adrenalinschub kurz vor der Deadline. Sie werden in Notwehr gut und sehen hinterher den Texteinstieg glasklar.

Das hilft. Je komplexer die Kommunikationssituation $_{II.1.1}$, je multimodaler Ihr Medium $_{I.3.1}$, je sperriger Ihr Gegenüber, ... desto wichtiger wird die bewusste, klare Botschaft. Wissen Sie genau, was Sie wollen, bringen Sie Ihre Botschaft leichter auf den Punkt und können Ihren Plan beweglicher anpassen, wenn die Kommunikation einen überraschenden Verlauf nimmt. Solch praktische Techniken wie den Überfalltest lernen Sie kennen im Studium – und anwenden.

Angewandte Linguistik, so das Thema dieses Bandes, zeigt Ihnen, woher dieses Wissen kommt und wie Sie es später in Ihrem Sprachberuf selber weiterentwickeln können. Sie erfassen, was abläuft, schärfen Ihr Werkzeug im Kopf und lernen die Fachbegriffe kennen, wie eben zum Beispiel *Framing* $_{I.1.1.b}$ und *Kongruenz* $_{II.1.1.d}$. Mit Denkwerkzeugen der Angewandten Linguistik verstehen Sie, wie Kommunikation und Sprache funktionieren. Es ist einfach wie mit den Äpfeln: be-greifen bringts.

Schnelltest	Erklären Sie einer Kollegin den Überfalltest und nutzen Sie ihn selbst, bevor Sie Ihren nächsten Text schreiben.
Training	Auf der Webseite zum Buch finden Sie zum Beispiel die folgenden weiterführenden Übungen: ein Experiment zur Rettung der Welt, den Fall *Nationalbank* und einen bunten Strauß Schreibgefühle.

Maren Runte
I.1.2 Hinter den Displays: Sprache und Daten

Die Einführung in korpuslinguistische Fragen ermöglicht Ihnen, methodisch kompetent und gestützt auf große Mengen von Sprachdaten Antworten auf Fragen des Sprachgebrauchs zu geben – seien es Fragen zur Richtigkeit grammatischer Konstruktionen, zu ideologisch besetzten Bezeichnungen in der politischen Berichterstattung oder zum geeigneten Äquivalent in einer anderen Sprache. Das Verständnis von quantitativen Aussagen zum Sprachgebrauch ist auch wichtig für Verständnis und Beurteilung von modernen Tools wie DeepL II.2.2 oder von Sprachsteuerungssystemen.

Haltung: Im Arbeiten mit korpuslinguistischen Fragestellungen, Konzepten und Methoden entwickeln Sie eine sensible und kritische Haltung zum Sprachgebrauch, was Ihnen als künftigen Sprachexpert:innen zugutekommt. **Wissen:** Sie lernen eine wichtige Methode der linguistischen Forschung kennen und bauen damit methodisches Wissen für Studium und Beruf auf. **Können:** Dieses Methodenwissen können Sie in einem konkreten Analyse-Auftrag anwenden, um neue Einsichten zu Mustern des Sprachgebrauchs großer Gemeinschaften zu gewinnen. — Lernziele

Die Schwerpunkte des Kapitels führen von der Analyse von Sprachdaten bis zur anschaulichen Darstellung von Untersuchungsergebnissen: — Aufbau

a Ein methodischer Zugang zu Sprache:
   Deshalb mit Korpora arbeiten!

b Empirisches Arbeiten und Korpuslinguistik:
   Abschied vom Armchair-Linguisten

c Anforderungen an Korpora:
   Warum nicht einfach googeln?

d Ein vorhandenes Korpus nutzen:
   Arbeiten mit Swiss-AL

Dr. Maren Runte hat langjährige Forschungserfahrung in den Bereichen Lexikografie und Korpuslinguistik. In der Forschung zu Wörterbuchbenutzung zeigt sie, wie sich Auswertungen von großen Mengen an Sprachdaten benutzer:innenadäquat darstellen lassen. — Autorin

In der Lehre verbindet sie korpuslinguistische Auswertungen mit diskurslinguistischen Fragestellungen.

https://www.zhaw.ch/de/ueber-uns/person/runm/

Thema 1.2.a Ein methodischer Zugang zu Sprache: Deshalb mit Korpora arbeiten!

Wie nutzen wir unsere Sprache(n)? – Um Aussagen über den Sprachgebrauch zu treffen, können verschiedene Methoden angewandt werden _{Albert, 2007, 15–16}. Beispiele:
- Man kann von dem eigenen Sprachgefühl ausgehen, also <u>Introspektion</u> betreiben,
- man kann einen Experten interviewen oder
- man kann eine (große) Gruppe von Sprecher:innen befragen.

<u>All diese empirischen Methoden</u> haben ihre Vor-, aber auch ihre Nachteile. Das eigene Sprachgefühl etwa kann bei der Beurteilung der grammatischen Richtigkeit einer Formulierung täuschen, eine einzelne Expertin repräsentiert nur eine einzelne Haltung und eine große Gruppe von Sprecher:innen kann sich bei einer Befragung beeinflussen lassen – etwa von dem, was sie für richtig halten oder was der Fragende von ihnen als Antwort erwartet; wir sprechen hier von Beobachtereffekten _{Albert, 2007, 20}. Auf die Frage, wie das Partizip Perfekt von *winken* lautet, können Sprecher:innen etwa *gewunken* antworten, obwohl sie in der spontanen Rede eher *gewinkt* verwenden würden.

Im Gegensatz zu diesen Methoden bietet die Sammlung von großen Mengen an Sprachdaten, also ein Datenkorpus _{I.1.2.c}, eine objektivere Methode, den Sprachgebrauch zu beobachten. In einem Korpus kann man etwa abfragen, welche der beiden Formen – *gewinkt* oder *gewunken* – häufiger verwendet wird, wie sich die Verwendung in den letzten Jahren verändert hat zugunsten einer der beiden Formen und welche Form in welcher Region des deutschen Sprachraums verwendet wird.

Eine Häufigkeitsabfrage ist ein typischer Fall quantitativen Vorgehens in der empirischen Forschung: Man zählt das Vorkommen bestimmter Merkmale eines Gegenstandes, hier eben, wie oft eine bestimmte Zeichenfolge in einem Korpus von Sprachdaten vorkommt. Im Gegensatz dazu fragt ein qualitatives Vorgehen nach dem Wie und dem Warum, hier etwa: In welcher Sprachumgebung kommt *gewinkt* vor und in welcher *gewunken*? Was könnte der Grund sein dafür, dass beide Formen existieren?

Diese methodische Form der Sprachgebrauchsuntersuchung hebt sich deutlich von Aussagen einzelner Expert:innen ab, die auf Grundlage ihres – häufig normativen ₁₁.₂.₁ – Sprachverständnisses bestimmte Formen als richtig oder falsch beurteilen, was dem tatsächlichen Sprachgebrauch allerdings widersprechen kann.

Erklären Sie, warum sich Korpora zur Untersuchung von Sprachgebrauch eignen. — Schnelltest

Auf der Webseite zum Buch finden Sie zum Beispiel eine Kolumne von Bastian Sick, die zum Thema *gewinkt/gewunken* Stellung bezieht, und Sprachdaten zu beiden Varianten. — Training

Thema 1.2.b Empirisches Arbeiten und Korpuslinguistik: Abschied vom Armchair-Linguisten

Korpuslinguistik ist eine vergleichsweise junge Disziplin ₁.₁.₁.f der Linguistik, welche sich erst mit maschinell abfragbaren Sammlungen von Sprachdaten entwickeln konnte. Bis dahin kamen Linguist:innen durch Introspektion oder (begrenzte) Formen von Beobachtung des Sprachgebrauchs zu Urteilen darüber, welche Merkmale, Funktionen etc. Sprachgebrauch hat. Im Rückblick hat Charles Fillmore, Experte für Grammatik und Semantik, die introspektiv zu Erkenntnissen kommenden Sprachwissenschaftler:innen „Armchair Linguists" getauft und diesen Typus so karikiert: „Er sitzt in einem bequemen Sessel, die Augen geschlossen. Ab und zu öffnet er die Augen, schreit ‚Wow, was für eine tolle Tatsache', nimmt seinen Bleistift und schreibt etwas auf. Dann stolziert er ein paar Stunden lang umher, aufgeregt über das Ergebnis" übersetzt nach Fillmore, 1992, 35.

Die frühen Korpuslinguist:innen waren dagegen sehr auf die Größe ihrer Sprachdatensammlungen fokussiert und weniger auf die Ergebnisse, die sie durch das Korpus gewinnen konnten. Eine Karikatur dieses Korpuslinguisten könnte laut Fillmore so aussehen: „Er verfügt über ein Korpus von etwa einer Zillion Wörter, das alle seine primären Daten enthält. Seine Arbeit besteht darin, aus primären Daten sekundäre Daten abzuleiten. Im Moment ist er damit beschäftigt, die relativen Häufigkeiten der elf Wortarten als erstes Wort eines Satzes gegenüber denen des zweiten Worts eines Satzes zu bestimmen" übersetzt nach Fillmore, 1992, 35.

Wie verhalten sich die beiden Vorgehens-Typen mit den unterschiedlichen methodischen Ansätzen – introspektiv vs. empirisch – zueinander? Auch hierzu hat Fillmore eine Antwort: „Diese beiden sprechen nicht sehr oft miteinander, aber wenn sie es tun, sagt der Korpuslinguist zum Armchair-Linguisten: ‚Warum sollte ich glauben, dass das, was Sie mir sagen, wahr ist?' Und der Armchair-Linguist sagt zum Korpuslinguisten: ‚Warum sollte ich denken, dass das, was Sie mir sagen, interessant ist?'" übersetzt nach Fillmore, 1992, 35.

Auch in der Korpuslinguistik gibt es zwei Ansätze, mit Korpora zu arbeiten Lemnitzer & Zinsmeister, 2015, 33–37: *Corpus-based* oder *korpusgestützt* heißt, dass vorab aufgestellte Hypothesen zum Sprachgebrauch durch ein Korpus validiert, also auf ihre Gültigkeit hin überprüft werden (z. B. „Das Wort ‚der' ist das meistverwendete Wort der deutschen Sprache"). Beim corpus-driven oder *korpusbasierten* Ansatz wird ein Korpus systematisch mit quantitativen Verfahren ausgewertet, um auf Grundlage der Ergebnisse zu Hypothesen zu gelangen, die dann eingehender im Korpus analysiert werden (z. B. „Was sind die meistverwendeten Wörter der deutschen Sprache? Warum sind das genau diese Wörter?").

Schnelltest — Beschreiben Sie die Unterschiede zwischen corpus-based und dem corpus-driven Verfahren in der Korpuslinguistik.

Training — Auf der Webseite zum Buch finden Sie zum Beispiel die folgenden weiterführenden Übungen: einen Blick hinter die Kulissen des Dudens und einen Blick in die Kinderstube neuer Wörter.

Thema 1.2.c Anforderungen an Korpora: Warum nicht einfach googeln?

Ein Korpus ist „eine Sammlung schriftlicher und gesprochener Äußerungen" Lemnitzer & Zinsmeister, 2015, 13 – da die Transkription gesprochener Daten aber sehr arbeitsaufwendig ist, gibt es nur wenige Korpora zu gesprochener Sprache. In aktuellen Korpora sind die Daten digitalisiert und bestehen „aus Daten selbst sowie möglicherweise aus Metadaten, die diese Daten beschreiben, und aus linguistischen Annotationen, die diesen Daten zugeordnet sind" ebd.[5].

---

5 Die Abkürzung *ebd.* steht für *ebenda* und bedeutet, dass das Zitat aus der gleichen Textstelle stammt wie das Zitat zuvor.

- Ein Korpus besteht einerseits aus den Texten selbst, den Primärdaten, die ins Korpus aufgenommen werden, andererseits aus Daten, die diesen Texten zugeordnet sind.
- Als Metadaten bezeichnet man Informationen, welche einzelne Texte als ganze näher beschreiben, etwa wer den Text verfasst hat oder wann der Text wo in welchem Medium publiziert worden ist.
- Die Primärdaten können auf linguistischer Ebene noch weiter beschrieben und damit für die korpuslinguistische Analyse besser nutzbar gemacht werden. Solche Annotationen liegen meist in Form von Wortarten- bzw. Part-of-Speech (POS)-Tagging vor. So nennt man den Prozess, durch den einzelne Primärdaten automatisch einer Wortart zugeordnet werden. Erst durch das Tagging wird es möglich, etwa alle Adjektive zu analysieren, die in der Nähe des Worts *Flüchtling* verwendet werden. Auch die Annotation syntaktischer Strukturen, das Parsing, ist möglich, etwa die Unterscheidung und Benennung von Verbal- und Nominalphrasen. Allerdings sind aufgrund der Komplexität syntaktischer Strukturen das Parsing und die Auswertung dieser Daten schwieriger.

Wichtige Anforderungen an ein modernes Korpus, neben der Digitalisierung der Daten Lemnitzer & Zinsmeister, 2015, 48–51:
- Ein Korpus enthält authentischen Sprachgebrauch – im Gegensatz etwa zu fiktiven Sätzen, wie sie etwa als Beispiele in Sprachlehrwerken verwendet werden.
- Ein Korpus sollte repräsentativ sein – immer mit Blick auf die Fragestellung. Repräsentativ bedeutet: Die Sprachdaten im Korpus sind so ausgewählt, dass sie fürs Ganze stehen, das untersucht werden soll. Die Forderung nach Repräsentativität macht meistens eine Eingrenzung der Fragestellung sowie eine Relativierung der Ergebnisse notwendig. Aussagen über DEN Sprachgebrauch des Deutschen lassen sich nicht machen, da die Grundgesamtheit (ALLE Äußerungen in einer Sprache in ALLEN Medien) kaum abbildbar ist. Trotzdem ist beim Aufbau eines Korpus darauf zu achten, dass – in Abhängigkeit von der Fragestellung – alle relevanten Textsorten, Quellen etc. berücksichtigt sind.
- Das führt zur letzten wichtigen Anforderung an Korpora: Ausgewogenheit. Ausgewogen ist ein Korpus dann, wenn es auch

in sich selbst so aufgebaut ist, dass – unter Berücksichtigung der Fragestellung – die Verteilung der Daten im Korpus möglichst der Verteilung der Daten in der untersuchten Welt entspricht. Ausgewogenheit kann erreicht werden, indem zum Beispiel alle Äußerungen verschiedener Akteurinnen und Akteure zu einem Thema in einem bestimmten Zeitraum in das Korpus aufgenommen werden. Oder die Stichprobe enthält wichtige Quellen in gleicher Gewichtung. Ein Beispiel: Bei Analysen zu Deutschschweizer Medienberichterstattungen in den größten Qualitätszeitungen sollten 50 % NZZ und 50 % Tagesanzeiger und nicht 90 % NZZ und 10 % Tagesanzeiger aufgenommen werden.

Schnelltest Nennen Sie grundsätzliche Anforderungen an und Bestandteile von Korpora.

Training Auf der Webseite zum Buch finden Sie zum Beispiel eine Übung zum Einschätzen der Repräsentativität und der Ausgewogenheit eines Korpus.

Thema 1.2.d Ein vorhandenes Korpus nutzen: Arbeiten mit Swiss-AL

Am Departement Angewandte Linguistik der ZHAW entsteht seit 2015 das Schweizer Webkorpus für Angewandte Linguistik, kurz: Swiss-AL. Dieses Korpus enthält Primärdaten in allen Landessprachen der Schweiz, also Deutsch, Französisch, Italienisch und Rätoromanisch. Das Korpus ist linguistisch aufbereitet, enthält Sprachdaten zentraler Akteurinnen und Akteure der schweizerischen öffentlichen Kommunikation und ist deshalb besonders geeignet, um die mehrsprachigen gesellschaftlichen und politischen Diskurse der Schweiz zu untersuchen. Im Sommer 2021 umfasste es ca. 1.5 Milliarden Wörter in ca. 8 Millionen Texten _{Krasselt et al., 2020}.

Die einfachste Form des Zugriffs erhält man über die webbasierte Benutzer:innenoberfläche CQPWeb _{Hardie, 2012}, die Daten selbst werden in einer für linguistische Daten geeigneten Datenbank, der Corpus Workbench, gespeichert. Die Dokumentation zu Swiss-AL, CQPWeb und zum Vorgehen bei Abfragen ist online abrufbar _{www.language-matters.education}.

Da in Swiss-AL die Primärdaten getaggt sind, können zu einzelnen Abfragen gezielt sprachliche Strukturen untersucht werden, zum Beispiel, welche Wörter im Brexit-Diskurs insgesamt signifikant häufig verwendet werden, also Keywords; welche Wörter häufig zusammen mit dem Wort *Daten* verwendet werden, also Kollokationen; oder welche Formulierungen aus n Zeichen oder Wörtern den Flüchtlingsdiskurs in Europa prägen, also n-Gramme.

Ein Beispiel: Wie wird der Brexit in den Schweizer Medien im Jahr 2019 dargestellt? 2019 ist das Jahr, in dem der Brexit, der Austritt Großbritanniens aus der EU, konkret durchgeführt werden sollte, wegen innenpolitischer Unstimmigkeiten und einer fehlenden Regelung mit der EU aber immer wieder verschoben werden musste.

Die Abfrage in Swiss-AL nach adjektivischen Kollokationen, also Adjektiven, die signifikant häufig mit dem Wort *Brexit* verwendet werden Abb. 1, zeigt, dass besonders der Kontrast zwischen *hartem/weichem* und *geregeltem/ungeregeltem* Austritt thematisiert wird. Vergleicht man den Brexit-Diskurs in den Schweizer Medien mit einem größeren, themenunspezifischen Medien-Korpus, erhält man die Keywords zum Brexit-Diskurs in der Schweiz, also Wörter, die signifikant häufig in diesen Texten verwendet werden Abb. 2.

Es fällt auf, dass weniger über politische Lösungswege gesprochen wird als vielmehr über Akteurinnen und Akteure (*May*, *Johnson* etc.), die eine mehr oder weniger wichtige Rolle einnehmen, deren Funktion (*Premierministerin*, *Regierungschefin*), über Nationen bzw. Orte (*Großbritannien*, *London*, *Brüssel*) und Institutionen (*EU*, *Unterhaus*).

Diese beiden kurz angerissenen Ergebnisse, die weiter durch (qualitative) Analysen in den Texten untersucht werden müssten, zeigen, dass introspektive Einschätzungen durch systematische Untersuchung authentischen Sprachgebrauchs, also empirische Daten, bestätigt oder widerlegt werden können.

Erklären Sie den Unterschied zwischen *Keyword* und *Kollokation* und umreißen Sie, was Sie unter *n-Gramm* verstehen. | Schnelltest

Auf der Webseite zum Buch finden Sie zum Beispiel eine Übungsanleitung für eine einfache Abfrage in Swiss-AL. | Training

No.	Word	Total no. in whole corpus	Expected collocate frequency	Observed collocate frequency	In no. of texts	Log-likelihood
1	harten	22,098	3.206	824	622	7539.488
2	ungeregelten	485	0.07	200	167	2878.082
3	ungeordneten	513	0.074	188	150	2649.523
4	harter	8,957	1.299	202	186	1642.188
5	chaotischen	2,449	0.355	108	102	1024.515
6	ungeregelter	138	0.02	61	59	888.992
7	weichen	14,231	2.064	137	117	881.028
8	ungeordneter	143	0.021	57	56	815.544
9	vertragslosen	374	0.054	54	44	645.755
10	geordneten	2,102	0.305	68	58	602.238
11	britische	60,111	8.72	155	154	600.09
12	weicher	1,283	0.186	61	51	587.995
13	verwaltungstechnischer	86	0.013	36	36	519.311
14	weicheren	316	0.046	33	32	371.941
15	einseitig	7,556	1.096	61	61	371.027

Abb. 1: Brexit-Adjektive.

Abb. 2: Brexit-Keywords.

I.2 Front Stage – Blick auf die Kulissen

Die nächsten beiden Kapitel führen Sie auf die Vorderbühne. **FRONT STAGE** sind Sie selbst die Sprachbenutzer:innen – also diejenigen, die mit Sprache durchs Leben gehen und ihr Leben gestalten. Sie lernen in diesem Themenfeld, dass Sprache ein skalierendes Konzept ist – einfach gesagt: dass Sprachen wie Deutsch oder Japanisch wiederum Sprachen enthalten können, wie etwa die Fachsprache eines bestimmten Berufs oder die Umgangssprache einer bestimmten Altersgruppe. Und Sie verstehen, warum zwischen diesen Sprachen übersetzen können muss, wer in Sprachberufen erfolgreich und für die Gesellschaft nützlich sein will.

Im ersten Kapitel dieses Themenfelds I.2.1 loten Sie aus, mit welchen **Sprachen** Sie im Leben unterwegs sind und wie wir alle unsere Mehrsprachigkeit einsetzen. Sie unterscheiden zwischen der Mehrsprachigkeit von Gesellschaften, Organisationen und Individuen und verstehen, wie wir uns Sprachen aneignen und was diesen Prozess fördert oder hemmt. Dieses Wissen brauchen Sie, wenn Sie im Beruf Verständigung herstellen, es also Menschen mit verschiedenen Literacies ermöglichen, einander zu verstehen I.3.1 – gerade in einer Gesellschaft mit immer raffinierteren digitalen Werkzeugen für sprachliche Kommunikation I.3.2.

Nach Ihrer biografischen Sprachreise tauchen Sie im zweiten Kapitel I.2.2 ein in die Sprachen innerhalb einer Sprache: die **Varietäten**. Alte und Junge, Fachleute und Laien, Stadt und Land reden und schreiben nicht gleich. Wie verändert sich das mit der Zeit, und mit welchen Folgen für Sie als Sprachprofi? Sie legen hier einen tragfähigen Boden für den zweiten Teil des Bandes, in dem Sie erkunden, mit welchen sprachlichen Mitteln die Kommunikation zwischen Menschen besser gelingt II.1, was sich ändert, wenn Maschinen mitreden II.2, und was wir jetzt schon wissen zum professionellen Sprachgebrauch in der Zukunft II.3.

Nachdem Sie die beiden Kapitel durchgearbeitet haben, sind Sie bereit zum Schreiben einer **Portfolio-Arbeit** von etwa drei Seiten. Sie tun dies wieder allein oder in Gruppen, Arbeitsaufwand vier Stunden. Zuerst skizzieren Sie Ihre eigenen Sprachbiografien auf je einer halben Seite. Dann befragen Sie zwei Bekannte nach deren Sprachbiografie, von denen nur eine die Erstsprache Deutsch spricht und deren keine einen Sprachberuf erlernt oder Sprache studiert. Auch diese Biografien halten Sie auf je einer halben Seite

fest. Schließlich stellen Sie Unterschiede und Gemeinsamkeiten aller Biografien auf einer Seite dar:
- Welche Gemeinsamkeiten und Unterschiede erkennen Sie in den Sprachbiografien Ihrer Gruppe und wie erklären Sie sie? Achten Sie dabei auch auf Varietäten.
- Das Gleiche mit den Sprachbiografien der zwei Personen, die nicht Sprache studieren oder in einem Sprachberuf arbeiten wollen: Gemeinsamkeiten, Unterschiede?
- Finden Sie im Quervergleich der Biografien Ihrer Gruppe gemeinsame Muster von Umständen, die Sie bewogen haben, einen Sprachberuf zu wählen?

Patrick Studer
I.2.1 Mit Sprache unterwegs: Mehrsprachigkeit

Kein Mensch ist einsprachig. In diesem Kapitel erarbeiten Sie die Grundlagen, um Mehrsprachigkeit als Ressource mit einzigartigem Potenzial zu erkennen und dieses Potenzial in einen größeren sozialen Zusammenhang zu stellen. Sie vertiefen und reflektieren Ihr Wissen über Mehrsprachigkeit von einzelnen Menschen, Gemeinschaften und Organisationen sowie der ganzen Gesellschaft. Das hilft Ihnen bei all den Aufgaben im Beruf, in denen Sie Sprachen vermitteln oder zwischen den Sprachen mitteln, also etwa Fach- in Laiensprache übersetzen oder Deutsch ins Japanische.

Haltung: Sie entwickeln eine offene, reflektierte und differenzierte Einstellung zur Mehrsprachigkeit. **Wissen:** Sie verstehen die zentralen theoretischen Konzepte zum Thema. **Können:** Sie können berufsbezogene Fragestellungen zur Mehrsprachigkeit, die sich Ihnen im Beruf stellen werden, erkennen und bearbeiten. — Lernziele

Die Schwerpunkte des Kapitels führen von ausgewählten Grundbegriffen bis zur Bedeutung reflektierter Mehrsprachigkeit für unsere Sprachberufe: — Aufbau

a   Mehrsprachigkeit als Kompetenz:
    Schlüssel zur Welt

b   Switching und Transfer:
    Wenn Sprachen im Kopf interagieren

c   Drill und Immersion?
    Neue Sprachen erwerben und erlernen

d   Repertoire und Sprachbiografie:
    Am Anfang waren die Wörter

Prof. Dr. Patrick Studer befasst sich in Forschung und Lehre mit Fragestellungen zur Ausprägung und Rolle der Mehrsprachigkeit in der globalisierten Gesellschaft. Insbesondere untersucht er die Schnittstelle zwischen Mehrsprachigkeit und Didaktik. — Autor

https://www.zhaw.ch/de/ueber-uns/person/stup/

Thema 2.1.a Mehrsprachigkeit als Kompetenz: Schlüssel zur Welt

Mehrsprachigkeit ist ein Schlüsselbegriff in der Angewandten Linguistik und eine Schlüsselkompetenz für Sprachberufe. Fachleute in Angewandter Linguistik teilen nicht nur ein Interesse an Sprachen, sondern bringen auch bestimmte Voraussetzungen mit, die für die Arbeit in den Sprachberufen einer immer stärker vernetzten, globalisierten Welt notwendig sind. Dazu gehört das Wissen, wie Sprachen zusammenspielen – in einzelnen Menschen wie in Gemeinschaften.

Kollektive Mehrsprachigkeit bezieht sich auf die Tatsache, dass in einer Gesellschaft natürliche Sprachen wie etwa Französisch und Deutsch zugleich existieren und dass deren Zusammenwirken auf gesellschaftlicher Ebene organisiert wird. Individuelle Mehrsprachigkeit hingegen bedeutet, dass ein Mensch mehrere dieser Sprachen sprechen kann. Ein Mensch ist jedoch nicht nur mehrsprachig, indem er mehrere natürliche Sprachen spricht: Jede natürliche Sprache ist auch in ihrem Inneren divers und kommt in verschiedenen Ausprägungen vor, wie etwa als Laien-, Jugend- oder Fachsprache. In diesem Fall sprechen wir auch von innerer Mehrsprachigkeit $_{I.2.2.}$

Mehrere Sprachen sprechen zu können, kann man als Fähigkeit bezeichnen, und einer Fähigkeit unterliegen Kompetenzen, die entweder direkt abrufbar sind oder durch Erwerb und Lernen aktiviert werden. In der Linguistik geht der Begriff der Kompetenz zurück auf Noam Chomsky $_{\text{Chomsky, 1965}}$, der ein bis dahin in der Linguistik vorherrschendes Begriffspaar, das der *Langue* und *Parole* von Ferdinand de Saussure $_{\text{De Saussure, 1916}}$, um ein neues Begriffspaar erweiterte. Was sich bei de Saussure *Langue* nannte, wurde bei Chomsky zur *Kompetenz*: Chomsky ging davon aus, dass die Sprache so komplex sei, dass es dafür eine dem Erwerb unterliegende angeborene kognitive Bereitschaft, eine Prädisposition geben musste. Er führte den Begriff des *Language Acquisition Device (LAD)* ein. Dieses LAD wird aktiviert, wenn wir heranwachsen. Wir entwickeln dann sprachliche Fähigkeiten, die sich in der Performanz zeigen: in der Fähigkeit, uns sprachlich so zu äußern, dass es zur Situation passt und unseren Absichten entspricht $_{I.1.1.c.}$

Aus diesem Gegensatzpaar von Performanz und Kompetenz entwickelten Linguist:innen in der Folge Sprachkompetenzmodelle, die nach und nach um Teilkompetenzen ergänzt wurden. Bezog sich Chomsky noch ausschließlich auf die grammatische Kompetenz, sprachen Dell Hymes ~Hymes, 1972~ sowie Michael Canale und Merrill Swain ~Canale & Swain, 1980~ von soziolinguistischer und pragmatischer Kompetenz – also den Fähigkeiten, mit Sprache in Gemeinschaften sinnvoll handeln zu können. Aktuell orientieren sich Kompetenzstandards an Kompetenzmodellen wie demjenigen von Lyle Bachman ~Bachman, 1990~, darunter auch der Gemeinsame Europäische Referenzrahmen (GER) der Sprachen, mit dem wir Sprachkompetenzen klassieren.

Ein besonderer Fall der Mehrsprachigkeit ist Bilingualismus. Der Begriff Bilingualismus wird in der Literatur jedoch unscharf verwendet. Leonard Bloomfield sprach in den 1930er-Jahren noch von einer Native-Like Control von zwei Sprachen ~Bloomfield, 1933~. Spätere Definitionen öffneten diese enge Vorstellung und schwächten die Bedingung einer gleichwertigen Ausprägung der Sprachfähigkeit in mehreren Sprachen ab. Auch erkannten spätere Forschende, dass eine zweisprachige Person nicht einfach aus zwei monolingualen Identitäten besteht, sondern dass die Sprachen im Kopf und Verhalten der Sprechenden gemeinsam auftreten und interagieren.

Nennen Sie die theoretischen Grundlagen und Basiskonzepte der Mehrsprachigkeit und erklären Sie die Unterschiede zwischen individueller und kollektiver Mehrsprachigkeit. *Schnelltest*

Auf der Webseite zum Buch finden Sie zum Beispiel die folgenden weiterführenden Übungen: die Parodie *Gömmer Starbucks* und einen Fragebogen zur Ermittlung Ihrer Sprachbiografie. *Training*

Thema 2.1.b Switching und Transfer: Wenn Sprachen im Kopf interagieren

In welchen Lebensphasen und -kontexten werden Sprachen erworben oder gelernt? Wir unterscheiden grob zwischen Erstspracherwerb, Zweitspracherwerb und Fremdsprachenlernen. Als Erstspracherwerb bezeichnet man den Prozess, bei dem eine menschliche Sprache von einem Kind auf natürliche Weise ohne gezielte Anleitung schon sehr früh erworben wird. Man spricht heute nur noch im Volksmund vom Erwerb der Muttersprache, weil der Begriff der Muttersprache impliziert, dass es die Mutter ist, die dem Kind die Sprache weitergibt.

Ein zentraler Aneignungstyp im Zusammenhang mit der Mehrsprachigkeit ist der bilinguale Erstspracherwerb. Dabei erwirbt ein Kind mehrere Sprachen im frühen Kindesalter. Dominiert keine der Erwerbssprachen, kann sich eine ausgewogene Zweisprachigkeit einstellen. Die Sprachfähigkeit kann sich jedoch im Laufe des Lebens verändern, wenn sich neue Lebenssituationen ergeben und neue Sprachen hinzukommen. Generell kürzt man die Erstsprache mit L1 ab; mehrere Erstsprachen kann man als L1i, L1ii darstellen. Alle nachfolgenden Sprachen im Leben eines Menschen können fortlaufend nummeriert werden (L2, L3 usw.).

Der zweite wichtige Aneignungstyp ist der Zweitspracherwerb. Zweitspracherwerb geschieht, wenn eine Sprache zur Bewältigung des Alltags außerhalb der engsten Familie, also zum Beispiel in der Schule oder im Beruf, gesprochen werden muss. Der Erwerb läuft dabei ähnlich ab wie bei der Erstsprache: spielerisch, beiläufig, unbewusst. Die Zweitsprache kann im Leben eines Menschen zur stärksten Sprache werden, vor allem dann, wenn sie in einem schulischen Umfeld weiter vertieft wird.

Das Fremdsprachenlernen unterscheidet sich vom Spracherwerb dadurch, dass die Sprache gesteuert in Kursen erlernt wird. Das Lernen ist dabei nicht nur funktional und kommunikativ ausgerichtet, sondern fokussiert auch auf korrekten Sprachgebrauch als Ausdruck der Bildung.

Der Fall, dass wir die Sprachen in unserem Kopf immer klar voneinander trennen können, ist unwahrscheinlich. Sie interagieren. Code-Switching ist ein besonders gut erforschtes Phänomen von Menschen, die mehrsprachig aufgewachsen sind. Dabei wechseln sich zwei Sprachen in der Kommunikation schnell ab. Code-Switching wird besonders durch Wörter, die mit der jeweils anderen Sprache und Kultur verbunden werden, ausgelöst und erfüllt kommunikative Funktionen wie etwa das Mitteilen und Herstellen von sozialer Identität der Sprechenden.

Ein weiteres wichtiges Sprachphänomen ist der Transfer. Vor allem im Zweitspracherwerb und beim Fremdsprachenlernen kann sich die Situation einer temporären Überlagerung eines Sprachsystems über ein anderes einstellen. Transfer kann positiv oder negativ sein. Positiver Transfer zeigt sich zum Beispiel in echten Kognaten (lat. *cognatus*, *mitgeboren*), also in Wörtern, die in zwei

Sprachen in Form und Bedeutung sehr ähnlich sind, etwa in *Winter* dt. – *winter* engl. Öfter wird jedoch der negative Transfer wahrgenommen, was bedeutet, dass eine unpassende Eigenschaft einer Sprache auf eine andere übertragen wird, wie bei falschen Freunden: *Gift* dt. – *gift* engl.

Beschreiben Sie das mehrsprachige Profil von Menschen, die Sie kennen, und nennen Sie wichtige Eigenschaften von mehrsprachigem Kommunikationsverhalten. *Schnelltest*

Auf der Webseite zum Buch finden Sie zum Beispiel den Erfahrungsbericht von Ragib als Beispiel einer Sprachbiografie einer Frau mit Migrationshintergrund Jung & Günther, 2016, 164–165. *Training*

Thema 2.1.c Drill und Immersion?
Neue Sprachen erwerben und erlernen

Wie erwirbt oder erlernt man denn eine zusätzliche Sprache, eine Zweit- oder Fremdsprache? In den letzten 60 Jahren sind aus dem Zusammenspiel verschiedener Strömungen und Positionen Zweitsprach-Erwerbshypothesen entstanden, welche die Grundlage bilden für die Sprachdidaktik. Diese Hypothesen unterscheiden sich im Wesentlichen in den Annahmen dazu, wie Sprachsysteme im Kopf miteinander interagieren oder eben auch nicht. Die wichtigsten Hypothesen sind die Identitätshypothese, die Kontrastivhypothese und die Interlanguage-Hypothese. Keine der Hypothesen kann für sich allein das Wie des Spracherwerbs erklären, aber zusammen setzen sie wichtige Akzente für die Sprachdidaktik.

Die Identitätshypothese entspringt der Annahme, dass der Erwerb einer L2 im Wesentlichen identisch, also gleich verläuft wie derjenige einer L1. Dem Spracherwerb unterliegen demnach psychisch-kognitive Grundfähigkeiten, die wir zum Teil in unserem LAD als Disposition in uns tragen. Diese Disposition bedingt, wie eine Person sich auf eine neue Sprache einlassen kann. Der Zweitspracherwerb kann also als Prozess gesehen werden, der durch unsere intellektuellen Kapazitäten wie auch durch unsere psychische Entwicklung gesteuert wird. Die Identitätshypothese hat verschiedene Konsequenzen: Die Fähigkeit zum Spracherwerb ist angeboren, aber nicht deren Realisierung, also wie wir Sprachen lernen. Die Realisierung ist fehleranfällig und bedingt viel Übung. Wie beim Erwerb der Erstsprache, für welche die Sprechenden viel Zeit zum Erlernen hatten, brauchen die Erwerbenden einer L2 Zeit, um eine neue Zielsprache zu erlernen. Immersion, das Eintauchen ins natürliche Sprachumfeld der L2, wird dabei als Idealfall verstanden, damit sich kognitive Strukturen entfalten können.

Die Kontrastivhypothese ist die Umkehrung der Identitätshypothese: Sie versteht Sprache als aus der Umwelt erworbenes kommunikatives Regelsystem, welches auf überlieferten und aktuell verwendeten grammatischen Konventionen beruht. Wir können uns beim Zweitspracherwerb also nicht auf eine innere Disposition verlassen, sondern nur auf das Regelsystem der bereits erworbenen Sprache(n). Das führt oft zu negativem Transfer. Uns bleibt also nur, die grammatischen Strukturen der neuen Sprache durch ständige Wiederholung, also **Drill**, einzupauken und zu verarbeiten. Das Lernen einer neuen Sprache bedingt viel Arbeit durch Immersion im natürlichen Sprachumfeld und Übung.

Die Interlanguage-Hypothese kann als Versuch gesehen werden, die Identitätshypothese mit der Kontrastivhypothese zu verbinden. Sie basiert auf der Annahme, dass wir uns beim Zweitspracherwerb auf eine Reise begeben, die individuelle Zwischenstationen enthält, bevor wir am Ziel ankommen. Die Interlanguage-Hypothese baut auf der Identitätshypothese auf, indem sie einen inneren Spracherwerbsmechanismus anerkennt, geht aber davon aus, dass dieser Mechanismus beim L2-Erwerb nur eine kleine Rolle spielt. Der weitaus wichtigere Faktor beim Erwerb der L2 ist die psychosoziale Entwicklung des Menschen, also die Lernfähigkeit einer Person, die aus früheren Sprachlernerfahrungen hervorgeht. *Interlanguage* heißt es deshalb, weil wir – je nach Erfahrungsstand – als Sprachlernende ein eigenes Sprachsystem für eine L2 ausbilden, welches Elemente der Erst- und Zweitsprache, aber auch eigene sprachliche Merkmale aufweisen kann. Diese *Interlanguage* ist also sozusagen ein wenig erstsprachig und ein wenig zweitsprachig zugleich.

Schnelltest — Skizzieren Sie, wie Sprachen erworben und gelernt werden – zuerst aus Ihrer Erinnerung, dann nochmals mit Blick auf die drei Hypothesen.

Training — Auf der Webseite zum Buch finden Sie zum Beispiel eine weiterführende Übung zum Unterscheiden der Zweitspracherwerbshypothesen.

Thema 2.1.d Repertoire und Sprachbiografie: Am Anfang waren die Wörter

Die Mehrsprachigkeit ist unser Werkzeug, unser Repertoire an Ausdrucksmöglichkeiten, auf welches wir zugreifen, um Sprachlösungen für konkrete Kommunikationssituationen zu entwickeln. Die Fähigkeit, sich flexibel zwischen verschiedenen Einzelsprachen oder innerhalb einer Sprache zwischen verschiedenen Varietäten zu bewegen, ist essenzielle Voraussetzung dafür, dass Sprachexpert:innen beruflich erfolgreich sein können. Die Schärfung unserer Sprachfähigkeiten und -fertigkeiten bildet daher einen wichtigen Bestandteil des Studiums.

Sprachfähigkeiten und -fertigkeiten allein reichen für eine berufliche Beschäftigung mit Sprache jedoch nicht aus: Mehrsprachigkeit ist ein dynamisches Gebilde, welches sich im Laufe eines Lebens ändert und entwickelt. Als Sprachexpertinnen und -experten brauchen Sie entsprechendes Wissen, um diese Lernprozesse zu steuern und zu gestalten, für sich selbst, aber auch für andere.

Sprachlehrpersonen brauchen ein vertieftes Verständnis und Beschreibungshilfen dafür, wie Menschen Sprachen erwerben oder lernen und wie sich die Mehrsprachigkeit in Sprachbiografien zeigt. Mit diesem Verständnis können Sprachlehrpersonen nicht nur flexibler auf Sprachlernende reagieren; sie entwickeln auch Empathie für und Respekt vor Menschen mit anderen Sprachbiografien, seien es Asylsuchende oder Expats.

Übersetzerinnen und Dolmetscher arbeiten ganz direkt mit und an den Schnittstellen $_{II.1.2}$ zwischen Sprachen, aber auch an und mit den Schnittstellen zwischen Textsorten und kommunikativen Aktivitäten innerhalb einer Sprache. Nur wer sich der Geschichte, Grenzen und Möglichkeit der eigenen Mehrsprachigkeit bewusst ist, kann professionell zwischen den Sprachen anderer mitteln.

Journalistinnen und Organisationskommunikatoren sind versierte Textproduzent:innen: Sie bewegen sich zwischen Genres und Sprachen und bereiten neue Texte auf oder begleiten Sprachplanungsprozesse, immer häufiger in mehreren Sprachen. Im Beruf finden sie sich in einem sich stark globalisierenden und diversifizierenden Umfeld wieder: Unternehmen agieren global und mehrsprachige Nachrichtenketten werden zu neuen Texten verwoben. Wissen zur Mehrsprachigkeit, gerade in Organisationen, schärft Ihre Fähigkeit, auf Themen wie Diversität, Partizipation $_{I.3.2}$, aber auch erfolgreiche Kommunikation ₍ᵢᵢ.₁.₁₎ in mehrsprachigen Teams einzugehen.

Für alle Menschen in Sprachberufen gilt: Der Umgang mit Mehrsprachigkeit beginnt bei der Beschäftigung mit der eigenen <u>Sprachbiografie</u>: Wir alle haben Sprachlern- und Spracherwerbsprozesse durchlaufen und können durch Nachdenken über diese unsere Fähigkeiten, Fertigkeiten, aber auch unser einzigartiges Potenzial als Sprachexpertinnen und -experten besser verstehen, einordnen und weiterentwickeln.

Schnelltest	Begründen Sie, warum die Mehrsprachigkeit eine wesentliche Ressource für Ihren Sprachberuf darstellt.
Training	Auf der Webseite zum Buch finden Sie zum Beispiel die weiterführende Übung zum Verfassen und Verstehen Ihrer eigenen Sprachbiografie.

Raquel Montero Muñoz
I.2.2 Die unsichtbare Hand: Domäne und Sprachgebrauch

Varietäten sind unterschiedliche Ausprägungen einer natürlichen Einzelsprache, also etwa die Fachsprachen oder die Umgangssprachen im Englischen oder im Deutschen. In diesem Kapitel lernen Sie theoretische Grundlagen der Varietätenlinguistik kennen und anwenden. Ausgehend von der eigenen aktuellen Sprachhandlungskompetenz, setzen Sie Werkzeuge der Varietätenlinguistik ein, um Kommunikationssituationen zu analysieren und Sprache flexibler und kreativer zu nutzen. So werden Sie kompetenter und sensibler in der Selbstreflexion und im Sprachgebrauch, persönlich und im Beruf.

Haltung: Sie werden sensibilisiert für die Gründe der Heterogenität von Sprache und stehen Sprachvarietäten und deren Verwendungskontexten differenziert gegenüber. **Wissen:** Sie haben sich die Grundbegriffe angeeignet, mit denen Sie erfassen, wie Sprache in Domänen eingesetzt wird und wirkt. **Können:** Sie können sprachliche Varietäten und ihre Funktion in konkreten Situationen erkennen und einschätzen. *Lernziele*

Die Schwerpunkte des Kapitels führen von ausgewähltem Grundlagenwissen aus der Varietätenlinguistik hin zur Bedeutung dieses Wissens – und des darauf aufbauenden Könnens – für unsere Sprachberufe: *Aufbau*

a   Varietätenlinguistische Dimensionen und ihre Lekte:
    Die Sprachen in der Sprache

b   Sprachliche Variation und kommunikative Bedingungen:
    Was Varietäten unterscheidet

c   Fachsprachen und ihre Funktion:
    Alles zu seiner Zeit – und am richtigen Ort

d   Varietäten der Fachkommunikation:
    Warum jeder Arbeitsplatz mehrsprachig ist

Dr. Raquel Montero Muñoz greift zurück auf eine langjährige Lehrerfahrung in Linguistik, mit besonderem Schwerpunkt in der Varietätenlinguistik, Sprachpolitik und Migrationslinguistik. *Autorin*

https://www.zhaw.ch/de/ueber-uns/person/monr/

Thema 2.2.a Varietätenlinguistische Dimensionen und ihre Lekte: Die Sprachen in der Sprache

Mehrsprachig sind wir auch in Bezug auf unsere eigene Sprache. Wenn wir sagen, wir sprechen Deutsch, denken wir in der Regel an die Standardsprache. Hierbei handelt es sich streng genommen um eine Übergeneralisierung, denn wir sprechen und schreiben nicht nur ein einziges Deutsch, sondern verschiedene Formen der deutschen Sprache in Abhängigkeit von außersprachlichen Faktoren – wie beispielsweise der regionalen Herkunft, der Kommunikationssituation, den Kommunikationspartner:innen. Diese unterschiedlichen Ausprägungen einer natürlichen Einzelsprache nennt die Linguistik Varietäten $_{I.1.1.d}$, und die Tatsache, dass eine Einzelsprache verschiedene Varietäten hat, nennt sie Variation.

Die Varietätenlinguistik untersucht die verschiedenen Erscheinungsformen einer Sprache und interessiert sich für die Beschreibung der Varietäten aus linguistischer, sprachsystemischer Perspektive. Sie untersucht also „auffällige Sprachphänomene im Spannungsfeld von System und Gebrauch vor dem Hintergrund spezifischer Situationen (Kontextkonstellationen)" $_{Felder,\ 2016,\ 14}$. Zudem beobachtet sie den Sprachwandel; jede Sprache und ihre Varietäten verändern sich mit der Zeit, weil sich auch die Welt ändert, auf die sie sich beziehen $_{II.3.1}$.

Aufbauend auf Eugenio Coserius Unterscheidung sprachlicher Verschiedenheiten einer Einzelsprache $_{Coseriu,\ 1988,\ 280}$ können folgende Lekte oder Varietäten definiert werden:

Dialekte oder diatopische Varietäten (von griech. *dia* und *topos*, dt. *durch* und *Ort*). Die varietätenlinguistische Dimension ist die Diatopik. Das außersprachliche Kriterium, das einen Dialekt definiert, ist der geografische Raum, in dem er verwendet wird. Die Disziplin, die sich mit der Untersuchung und Beschreibung von Dialekten befasst, ist die Dialektologie. Unter anderem beschreibt die Dialektologie den Gebrauch und die Verbreitung der Dialekte in einem Sprachraum und dokumentiert diese beispielsweise in Sprachatlanten.

Soziolekte oder diastratische Varietäten (von lat. *stràtum*, dt. *Schicht*). Die varietätenlinguistische Dimension ist die Diastratik. Das außersprachliche Kriterium, das einen Soziolekt definiert, ist die Gruppenzugehörigkeit oder auch die soziale Schicht. Der Begriff

Soziolekt bezeichnet demnach die gruppen- oder schichtspezifische Verwendung von Sprache, wie etwa die Sprache der Jugendlichen, Genderlekte II.3.1.a, wie etwa die Sprechweise von Männern oder Frauen, die spezifische Sprachform von Fußballfans, die Sprachform einer Familie.

Funktiolekte oder diaphasische Varietäten (griech. *phásis, Ausdruck*). Die varietätenlinguistische Dimension ist hier die Diaphasik. Das außersprachliche Kriterium, das einen Funktiolekt definiert, ist die Situation, also der kommunikative Zweck in einer bestimmten Tätigkeitssituation II.1.1.d. Fachsprachen, Behördensprache, Pressesprache, Wissenschaftssprache sind Beispiele von Funktiolekten. Sie weisen bestimmte stilistische Merkmale auf, man spricht daher auch von Funktionalstilen.

Die Gesamtheit der Varietäten bildet das sogenannte Diasystem: „Die Summe der diatopischen, diastratischen und diaphasischen Varietäten einer Einzelsprache stellt in dieser Sicht ein Gefüge von sprachlichen Traditionen und Normen dar: ein Diasystem. Die je spezifische Ausprägung des Varietätengefüges wird auch Architektur genannt" Koch & Oesterreicher, 1990, 13.

Umreißen Sie die theoretischen Grundlagen und Basiskonzepte der Varietätenlinguistik. — Schnelltest

Auf der Webseite zum Buch finden Sie zum Beispiel eine weiterführende Übung zum Einordnen und Systematisieren von Varietäten im Gebrauch. — Training

Thema 2.2.b Sprachliche Variation und kommunikative Bedingungen: Was Varietäten unterscheidet

Sprachliche Variation drückt sich in linguistischen Einheiten auf den verschiedenen Beschreibungsebenen einer Sprache aus, zum Beispiel phonetisch/phonologisch (Laute), morphologisch (Wortbildung), lexikalisch (Wortschatz) und syntaktisch (Satzbau). Die linguistischen Einheiten, in denen sich linguistische Variation ausdrückt, werden als Varianten bezeichnet. Varianten sind demnach Einheiten eines Sprachsystems, die mit anderen Einheiten derselben linguistischen Ebene alternieren, also die das Gleiche bedeuten, aber eben in einer anderen Varietät verwendet werden.

Beispiele von Varianten auf der Ebene des Wortschatzes sind etwa diatopische Varianten wie *Anke* (schweizerdeutsch) und *Butter* (standarddeutsch); diastratische Varianten wie *flexen* (Jugendsprache) und *angeben* (Standardsprache); diaphasische Varianten wie *Appendizitis* (Fachsprache) und *Blinddarmentzündung* (Standardsprache).

Beispiele von Varianten auf der Ebene der Laute sind die folgenden diatopisch-diastratischen Varianten wie *wat* (Berliner Dialekt) und *was* (Standard) oder *jut* (berlinerisch) und *gut* (Standard).

Beispiele auf Ebene der Wortbildung sind dialektal unterschiedliche Endungen in der Bildung von Diminutiven wie *Fläschle* (schwäbischer Dialekt) und *Fläschchen* (Standard).

Ein Beispiel von Varianten auf der Ebene des Satzbaus ist die Verwendung von Dativ oder Genitiv, etwa in *dem Peter sein Freund* (Umgangssprache) und *Peters Freund* (Standardsprache).

Eine Varietät weist also eine Verdichtung oder ein Bündel von Varianten auf, aufgrund derer sie sich von anderen Varietäten unterscheidet. Allerdings stehen die Varietäten nicht isoliert für sich, sondern sie bilden ein Gefüge, ein Kontinuum, in dem sich die Sprecher:innen bewegen. So kommt es, dass die einzelnen Sprecher:innen Kenntnis von den verschiedenen Varietäten oder Lekten haben, die sie je nach Gesprächspartner:in und Kommunikationssituation wählen.

Die Sprache des Sprechers und der Sprecherin ist zu jeder Zeit durch die Varietäten bedingt, an denen er oder sie teilhat, etwa durch die Dialekte, Soziolekte, Genderlekte $_{II.3.1}$. Gleichzeitig bestimmt der kommunikative Zweck $_{I.1.1.c}$, den die Sprechenden in der Situation des Kommunizierens für angemessen erachten, die Wahl der Varietät. Die kommunikativen Bedingungen bestimmen zum einen die Varietät, die verwendet wird, und gleichzeitig kennen die Sprechenden die kommunikativen und sprachlichen Normen, die in einer bestimmten Situation maßgebend sind $_{II.2.1}$.

Die Differenzierung zwischen diatopischer, diastratischer und diaphasischer Varietät ist jedoch nicht immer eindeutig. So kann beispielsweise ein Dialekt auch gleichzeitig als Soziolekt fungieren, wenn dieser in der Gesellschaft oder Sprachgemeinschaft mit einer bestimmten Gruppe oder sozialen Schicht in Verbindung gesetzt wird. So ist je nach Gesellschaft der Gebrauch diatopischer Varietäten praktisch gleichgesetzt mit sozial niedrigerem Status: Es wird vorausgesetzt, dass gebildete Personen nicht Dialekt sprechen. Daraus ergeben sich Stereotype wie „Arbeiter, Bauern und Fischer sprechen Dialekt" Sinner, 2014, 123.

Nennen Sie die Beschreibungsebenen sprachlicher Variation und beschreiben Sie Ihre eigene Sprachverwendung in zwei unterschiedlichen Kommunikationssituationen. — Schnelltest

Auf der Webseite zum Buch finden Sie zum Beispiel eine weiterführende Übung zum Einordnen und Systematisieren von Varietäten im Gebrauch. — Training

Thema 2.2.c Fachsprachen und ihre Funktion: Alles zu seiner Zeit – und am richtigen Ort

Die Menschen, die sich in Tätigkeitsbereichen wie Wirtschaft oder Medizin bewegen, bewältigen kommunikative Aufgaben, sei es in schriftlicher oder mündlicher Form, mit spezifischen sprachlichen Mitteln. Sie wenden Muster und Routinen an, die sich in Text- oder Gesprächssorten zeigen Felder, 2016, 95. Dabei verwenden sie funktionale, bereichsspezifische Varietäten. Diese Varietäten werden unter dem Begriff <u>Fachsprachen</u> zusammengefasst. Tätigkeitsbereiche prägen also ihre eigenen Varietäten aus nach Hoffmann, 2007, 3.

Tätigkeitsbereich	Sprachliche Tätigkeiten	Funktionale Varietät	
Alltag	Besprechen familiärer Angelegenheiten; Pflege privater Kontakte; Freizeitgestaltung	Alltagssprache Funktionalstil des Alltagsverkehrs	
Bürokratie	Administrieren; Regeln offizieller Angelegenheiten	Behördensprache Funktionalstil des Amtsverkehrs	Fachsprache
Wissenschaft	Vermitteln theoretischer Erkenntnisse über die Welt	Wissenschaftssprache Funktionalstil der Wissenschaft	
Journalismus	Informieren über aktuelle Ereignisse; Beeinflussen der öffentlichen Meinung	Pressesprache Funktionalstil der Publizistik	

(fortgesetzt)

Tätigkeitsbereich	Sprachliche Tätigkeiten	Funktionale Varietät
Kunst, Poesie	Herstellen von Sprachkunstwerken; Bewirken von Kunsterlebnissen	Dichtersprache Funktionalstil der Belletristik

Diese Gliederung unterteilt die Varietäten nach dem Kriterium Tätigkeitsbereich, man spricht hier von einer horizontalen Gliederung. Eine vertikale Gliederung dagegen basiert auf der kommunikativen Funktionsreichweite der Fachsprachen, also dem Grad der Fachlichkeit einer Fachsprache für verschiedene Adressat:innen mit unterschiedlichen Wissensvoraussetzungen.

Fachsprachen zeichnen sich unter anderem durch folgende Merkmale aus Löffler, 2016, 105: hoher Anteil an Substantiven und nominalen Ausdrücken, Wortneubildungen, Bevorzugung von Ist-Verben (*ist, verhält sich, scheint, zeigt sich, besteht aus, beträgt*), keine Personalsubjekte (*der Sachverhalt erscheint dem Betrachter ...*), Passivierung (*wird angesehen als; es lässt sich zeigen, sagen, deuten; ist zu erkennen*).

Betrachtet man nun verschiedene Kommunikationskonstellationen, so wird sich der Grad der Fachlichkeit entsprechend unterscheiden. Wenn beispielsweise zwei Experten des gleichen Fachgebiets oder zwei Expertinnen unterschiedlicher, aber verwandter Fachgebiete miteinander kommunizieren, wird der Fachlichkeitsgrad recht hoch sein. Sie werden also beispielsweise ähnliche Fachbegriffe verwenden.

Findet die Kommunikation jedoch zwischen Expert:innen und Laien statt, also als fachexterne Kommunikation, muss der Fachlichkeitsgrad entsprechend angepasst werden, damit die Kommunikation gelingen kann. Dies ist zum Beispiel der Fall in der Arzt-Patienten-Kommunikation. Dort wird die Ärztin einen anderen Wortschatz verwenden, als wenn sie mit einem Kollegen über ein bestimmtes Verfahren oder die Wirksamkeit eines Medikaments spricht.

Schnelltest Beschreiben Sie eine Situation, in der Sie als Expert:in sprechen oder schreiben, und nennen Sie drei Merkmale, in denen sich Ihre Sprache dann von Ihrer Alltagssprache unterscheidet.

Auf der Webseite zum Buch finden Sie zum Beispiel eine weiterführende Übung zum Bestimmen von Faktoren, die funktionale Varietäten im Gebrauch prägen.   *Training*

Thema 2.2.d Varietäten der Fachkommunikation: Warum jeder Arbeitsplatz mehrsprachig ist

Die Heterogenität von Sprache spielt in der beruflichen und in der Fachkommunikation eine wichtige Rolle. Sie prägt etwa die Vermittlung von Wissen zwischen Expert:innen und Laien, zum Beispiel zwischen Ärztin und Patient, aber auch zwischen Behörden und Bürger:innen oder zwischen Fachspezialist:innen und an bestimmten Fachbereichen interessierten Laien, die sich über populärwissenschaftliche Schriften Zugang zu Wissen in lebenspraktischen Bereichen wie Ernährung, Gesundheit oder Psychologie erwerben.

Innerhalb der Fachkommunikation werden fünf Varietäten unterschieden $_{\text{Löffler, 2016, 104}}$:
- Die Theoriesprache als eigentliche Fachsprache im schriftlichen Austausch;
- die fachliche Umgangssprache als mündlicher Instituts-, Labor- oder Werkstattjargon, der auch auf Tagungen und Kongressen verwendet wird;
- die Lehrbuchsprache als Darstellungs- und Erklärungssprache im fachlichen oder wissenschaftlichen Lehrbuch;
- die Kurssprache als mündliche Darstellungs- und Erklärungssprache in der fachlichen Bildung;
- die Außen- oder Verteilersprache als populäre Erklärungssprache in Schule und Medien.

Die Außen- oder Verteilersprache wird in der Literatur auch als Vermittlungsvarietät bezeichnet. Sie vermittelt zwischen den Fachsprachen und der Alltagssprache $_{\text{Felder, 2016, 100}}$. Vermittlungsvarietäten sind gesellschaftspolitisch bedeutsam, weil sie es Laien ermöglichen, an der sogenannten Wissensgesellschaft partizipieren zu können $_{\text{ebd., 101}}$ – und Laien sind wir alle in fast jedem Fach.

Die adressat:innengerechte Umformulierung von Fachsprache in eine allgemein verständliche Vermittlungsvarietät für die Kommunikation mit Laien ist in vielen Organisationen wie Unternehmen oder Verwaltungen eine gefragte Kompetenz.

Das Bewusstsein um sprachliche Variation in der eigenen und auch in der Fremdsprache und das Wissen um die sprachlichen Eigenschaften und Verdichtungen innerhalb der Varietäten befähigen angehende Sprachprofis, diese Kompetenzen gezielt in den Sprachberufen einzusetzen, so etwa beim Verfassen von Texten für ein bestimmtes Publikum, beim Vermitteln von Sprachen mit Berücksichtigung ihrer Varietäten (z. B. in Kursen von Deutsch als Fremdsprache) und in der Kommunikation zwischen verschiedenen Interessensgruppen.

Schnelltest Finden Sie in diesem Buch zwei Passagen, die Sie unterschiedlichen fachsprachlichen Varietäten zuordnen.

Training Auf der Webseite zum Buch finden Sie zum Beispiel eine weiterführende Übung zum Erfassen sprachlicher Besonderheiten eines behördensprachlichen Funktiolekts.

I.3 Performance – und Non-Performance

Im dritten Themenfeld loten Sie die Grenzen aus für Ihre sprachliche **PERFORMANCE** auf der Bühne der Welt. Sie erkennen, wie neue **Medien** die Sprache und damit das Denken und Handeln beeinflussen. Und Sie verstehen, wie Sie dieses Spiel immer mitgestalten, ob bewusst oder unbewusst – und dass Sie, als Sprachprofi, besser unterwegs sind, wenn Sie das mächtige Mittel der Sprache überlegt einsetzen. Der reflektierte Einsatz setzt aber Wissen voraus: sowohl zum Zusammenhang von Sprache, Denken und Handeln $_{I.1}$ als auch zur Aneignung und Verwendung von Sprachen und ihren Varietäten $_{I.2}$.

Im ersten Kapitel dieses Themenfelds $_{I.3.1}$ erkunden Sie das Konzept der **Literacy** – also der Fähigkeit, mittels Sprache an Gemeinschaften und ihren Entwicklungen teilzuhaben. Sie erkennen, dass Literalität eng zusammenhängt mit der Fähigkeit, Kommunikationsmedien zielführend einzusetzen. Dies gilt sowohl für die Äußerung wie für die Aufnahme von Kommunikationsangeboten, also etwa fürs Sprechen und Schreiben so sehr wie fürs Hören und Lesen. In beiden Richtungen des Sprachgebrauchs wirken konstruktive Prozesse: Wir finden Worte für Gemeintes – oder re-konstruieren Bedeutung aufgrund verstandener Worte $_{I.1}$.

Das zweite Kapitel $_{I.3.2}$ fokussiert auf Folgen unseres Umgangs mit Literalität: Was richten wir gesellschaftlich an, wenn wir Sprache und Medien so nutzen, dass wir nur einigen statt allen damit die **Teilhabe** ermöglichen? – Wollen Sie im Sprachberuf überzeugen mit menschlichem Mehrwert, müssen Sie hier mit Antworten und Taten aufwarten. Dann kann die Kommunikation mit Ihren Anspruchsgruppen glücken $_{II.1}$, auch und gerade in einem Umfeld mit immer mehr künstlich-intelligenter Kommunikation $_{II.2}$. Mit anderen Worten: Dann sind Sie fit für Gegenwart *und* Zukunft $_{II.3}$.

Nachdem Sie die beiden Kapitel zu PERFORMANCE durchgearbeitet haben, sind Sie bereit zum Schreiben einer **Portfolio-Arbeit** von etwa drei Seiten. Sie tun dies wieder allein oder in kleinen Gruppen, Arbeitsaufwand etwa vier Stunden. Skizzieren Sie auf einer halben Seite die Sprachbiografie einer fiktiven Person, für die Sie anschließend eine existierende kurze Gebrauchsanleitung für einen Haushaltsgegenstand so umschreiben, dass die Person den Text gut verstehen kann. Kommentieren Sie schließlich auf zwei

Seiten, was Sie verändert haben und warum Sie diese sprachlichen Änderungen vorgenommen haben. Leitfragen dabei:
- Welche sprachlichen Mittel haben Sie so belassen wie im Ausgangstext – und welche haben Sie geändert?
- Welcher Ebene – Mikro-, Meso- oder Makroebene – ordnen Sie die Mittel zu, die Sie geändert haben, und welche Funktionen erfüllen sie im Text?
- Welche Ziele verfolgen Sie mit diesen Änderungen, und warum sind diese Ziele für das Glücken der Kommunikation mit diesem Text bedeutsam?

Ulla Kleinberger
I.3.1 „Ich ha das Buech glost": Literacy und Literacies

Lesen und Schreiben sowie Sprechen und Hören als Grundkompetenzen reichen nicht in allen Fällen. Entwicklungen in der Medientechnik sowie damit verbundene Veränderungen der Nutzungspraktiken verlangen unterschiedliche Literacies. In diesem Kapitel erkennen Sie, über welche Literacy wir verfügen müssen, wenn wir Kommunikationsbeiträge für den multimodalen digitalen Raum bereitstellen und dabei etwa Äußerungen von Verbalsprache in Bildsprache übersetzen oder auf mehreren Kanälen parallel vermitteln.

Haltung: Sie stärken Ihre Bereitschaft, den Zusammenhang von Sprachgebrauch und sozialer Teilhabe in unterschiedlichen medialen Umgebungen zu reflektieren. **Wissen:** Sie eignen sich grundlegendes Wissen an zu Literacies, Medieneinsatz und Textproduktion. **Können:** So können Sie berufliche und gesellschaftliche Herausforderungen im Spannungsfeld von Literacies, Medieneinsatz und Textverarbeitung bewusster und überlegter annehmen. — Lernziele

Die Schwerpunkte des Kapitels führen von der Mediennutzung überhaupt zur Abstimmung mehrerer Medien in Sprachberufen: — Aufbau

a Literacy und Literacy+:
   Mehr als schreiben und lesen können

b Text- und Medienkompetenz:
   Zum Beispiel Texte herstellen können im digitalen Raum

c Intertextualität und Medienwechsel:
   Text wird zu Text wird zu Text wird zu Text

d Text- und Medienparallelitäten:
   Wie Texte auf mehreren Kanälen zusammenspielen

Prof. Dr. habil. Ulla Kleinbergers Fokus ihrer medienlinguistischen Analysen liegt auf Aspekten der Medialität, auf dem Einfluss der Medienwahl auf sprachlich-stilistische Ausgestaltung, auf Literalitäten in Bezug auf Mediennutzungen, -verwendungen und -funktionen. Sie verfügt über langjährige nationale und internationale uni- — Autorin versitäre Lehr- ebenso wie Berufserfahrung in unterschiedlichen Unternehmen.

https://www.zhaw.ch/de/ueber-uns/person/klul/
https://orcid.org/0000-0002-4682-158X

Thema 3.1.a Literacy und Literacy+: Mehr als schreiben und lesen können

Der Fachbegriff für die Lese- und Schreibfähigkeit als Basis gesellschaftlichen Zusammenlebens heißt Literacy. Die Literacy ist eine der Grundkompetenzen unseres gesellschaftlichen Zusammenlebens, die üblicherweise in und durch die obligatorische Schule eintrainiert und optimiert werden. Dafür wirft etwa die Schweiz durchschnittlich ca. CHF 28.000 pro Einwohner:in auf. Jedoch wird das Ziel nur annähernd erreicht: 2024 können nach wie vor rund 800.000 Einwohner:innen der Schweiz laut dem Schweizer Dachverband Lesen und Schreiben nach der obligatorischen Schulzeit nicht oder nicht ausreichend lesen und schreiben. In anderen westlichen Ländern sind die Zahlen vergleichbar mit denjenigen der Schweiz.

Als Schlüssel zu gesellschaftlicher Teilhabe gleichen Lese- und Schreibkompetenz alltäglichen Fähigkeiten wie die Kompetenz, ein Auto zu fahren, was uns in einem bestimmten Rahmen eine Teilnahme am gesellschaftlichen Leben erleichtert oder erleichtern kann. Und ähnlich dem Autofahren, das eingebettet ist in Entstehungs- und Folgezusammenhänge wie Energiebereitstellung, Luftverschmutzung oder Verwendung des öffentlichen Raums für Straßen und Parkplätze, ist die Literacy eingebettet in Zusammenhänge wie Entwicklung der Schulsysteme und Medientechnologien sowie Veränderungen der Mediennutzung.

So ist Literacy durch die Mediendiversität erweitert worden. Um angemessen an unserem gesellschaftlichen Leben in der Schweiz teilhaben zu können, sollte man neben Lesen und Schreiben über zusätzliche Kompetenzen verfügen. Diese erweiterte Form der Literacy, Literacy+, umfasst Bereiche wie beispielsweise Begeisterungsfähigkeit, Abstraktionsvermögen und Interesse an sprachlicher und öffentlicher Kommunikation. Die Breite des Begriffs und die unscharfen Ränder zeigen, dass im Grunde sehr viele Kompetenzen nötig sind, damit sich jemand wirklich zielführend und dauerhaft an den Diskursen einer Gesellschaft beteiligt.

Digital Literacy schließlich betont den Medienbezug allen Lesens und Schreibens. In einer digitalisierten Welt kommt nur an Texte und kann selber Texte bereitstellen, wer sich Zugang zu digitalen Medien verschaffen kann und diese Medien zu nutzen weiß, multimodal, auf allen Sinneskanälen. Digital Literacy bedeutet also die Kompetenz, digitale multimodale Kommunikation im Kontext adäquat zu erfassen, zu reflektieren, zu verarbeiten und zu entwickeln, um sich an Diskursen zu beteiligen und so in der Lage zu sein, Beziehungen zu anderen Menschen und Gemeinschaften herzustellen.

Kritisch anzumerken ist: Oft boomen bestimmte Begriffe in der Geschichte eines Fachs und seiner Diskurse in der Gesellschaft. Literacy ist so ein Fall – und das gilt erst recht für Literacy+ und Digital Literacy. Freilich kann man sich fragen, was ein Begriff bringt, unter dem sehr viele unterschiedliche Phänomene eingeordnet werden. Im Fall der Literacies helfen die Begriffe, Fragen zu klären wie: Wie schreibe ich angemessen in den Medien – so, dass es zu den Gepflogenheiten passt, die sich etwa in der Nutzung von Sozialen Medien ausgeprägt haben? Für welche Kommunikationsangebote nutze ich welches Medium? Und was kommt an, wenn Adressat:innen Radio und Twitter zugleich nutzen?

Beschreiben Sie die Schritte von Literacy zu Literacy+ und Digital Literacy. *Schnelltest*

Auf der Webseite zum Buch finden Sie zum Beispiel eine weiterführende Übung zu fliegenden Kühen, die Diplomaten auf Trab halten. *Training*

Thema 3.1.b Text- und Medienkompetenz: Zum Beispiel Texte herstellen können im digitalen Raum

Texte sind sprachliche Gebilde, die ein Thema in sich zusammenhängend und einigermaßen vollständig und sinnvoll vermitteln. Für konkrete Aufgaben, wie die Nutzung eines Geräts erklären oder eine Beschwerde einreichen, haben sich bestimmte Textsorten herausgebildet, deren Muster reproduziert werden, aktuell etwa Erklärvideos auf YouTube und Beschwerdemails. Texte sind aber keine Felsen, sprachliche Ausdrücke keine Monolithen, Texte lassen sich wandeln, anpassen, einpassen. Das geschieht fortlaufend im

Gebrauch. Alle linguistischen und kommunikativen Ebenen spielen dabei eine Rolle, wie etwa Rechtschreibung, Grammatik, Syntax, Wortschatz, Stil oder Pragmatik.

Voraussetzung für gelingende Kommunikation ist Textproduktionskompetenz als Teil der Literacy. Texte werden durch Schreiben realisiert, was normalerweise kein linearer Prozess ist; Texte werden während ihrer Herstellung wiederholt überarbeitet. Mit digitalen Werkzeugen und in digitalen Medien fällt das scheinbar besonders leicht: Man kann den Text vielfach ändern. Es sind entsprechend mehrere Produktionsdurchläufe möglich – und bisweilen auch nötig –, bis ein Text fertiggestellt ist. Heutzutage werden aber viele Texte überhaupt nie mehr ganz fertiggestellt, sondern stetig überarbeitet, man denke nur an Webseiten von Organisationen. Digital Literacy schließt hier die Fähigkeit mit ein, Texte mit angemessenem Aufwand laufend zu aktualisieren und die Aktualisierung zu rezipieren.

So sind Texte immer Spuren von Prozessen – und lösen wiederum Prozesse aus. Die Textproduktion ist ein spiralförmiger Prozess, in dem Praktiken etwa der Sinnfindung, Planung, Schreibsteuerung und Überarbeitung zyklisch wiederholt werden, einander aber auch überlappen. Während der Produktion rezipieren die Autor:innen Quellentexte und den entstehenden neuen Text, kommunizieren mit Quellen und Kolleg:innen, lösen technische Probleme der Schreibumgebung wie etwa Softwareabstürze und bewältigen Nebenaufgaben wie Anrufe oder eilige Anliegen anderer. Ganz am Anfang eines solchen Prozesses steht das Begreifen der Aufgaben, ganz am Schluss das Implementieren des fertigen Produkts, etwa das Veröffentlichen eines Posts im Blog Perrin, 2013.

Aber auch die Textrezeption ist in einem gewissen Sinn ein Produktionsprozess: Jeder Rezipient, jede Rezipientin konstruiert sich eine eigene Vorstellung, eine kohärente I.1.1.b mentale Repräsentation der Bedeutung dieses Texts. Gesellschaftliche Partizipation I.3.2 führt dazu, dass ein Text von Menschen mit ganz unterschiedlichen Voraussetzungen genutzt wird; als Ergebnis zeigen sich bei den Adressat:innen weit auseinanderklaffende Bedeutungsvorstellungen zu ein- und demselben Text. Eingegrenzt wird die Beliebigkeit der Verstehensweisen, wie in der Produktion, durch gesellschaftliche und sprachliche Muster, die es allen Leuten nahelegen, Texte mit bestimmten Merkmalen auf eine bestimmte Art zu verstehen – etwa Witze nicht für bare Münze zu nehmen.

Erklären Sie, warum Texte in diskursive Muster und Praktiken der entsprechenden medialen Umgebung eingearbeitet sind. Schnelltest

Auf der Webseite zum Buch finden Sie zum Beispiel eine weiterführende Übung zum Umspielen von Textmustern. Training

Thema 3.1.c Intertextualität und Medienwechsel:
Text wird zu Text wird zu Text wird zu Text

Texte entstehen nicht im leeren Raum, sondern abhängig von Vorgängertexten, deren Schreiber:innen damit ähnliche Aufgaben gelöst haben. Diese Vorarbeiten können Sie übernehmen oder weiterentwickeln. Texte sind deshalb eingebunden in Traditionen: etwa fachliche, soziale und kommunikative Traditionen. Sie beziehen sich, ob ausdrücklich oder stillschweigend, immer auf frühere Texte. Fachlich ausgedrückt: Texte sind in Diskursen intertextuell miteinander verbunden. Intertextualität ist der ausdrückliche oder zwischen den Zeilen anklingende Zusammenhang eines Textes mit anderen, ähnlichen Texten – etwa Texten der gleichen Form oder Texten zum gleichen Thema.

Digitale Werkzeuge der Textproduktion tragen nun dazu bei, dass man beim Schreiben leichter auf etwas Vorgeformtes zurückgreifen kann. So lassen sich ganze Textteile oder gar Texte mit wenigem Tastendrücken in einen eigenen entstehenden Text einkopieren – rezyklieren sozusagen. Solch sprachliches Recycling _{Haapanen & Perrin, 2020} wird zunehmend auch über Mediengrenzen hinweg praktiziert. So lässt sich die Pointe einer Rednerin auf der politischen Bühne aufzeichnen und dann in einen Videobeitrag einbauen – aber auch in einen online bereitgestellten geschriebenen Beitrag, wodurch ein Medienwechsel stattfindet, ein Wechsel von einem Medienkanal in einen anderen.

In der neuen Umgebung, der neuen Kommunikationssituation, dem neuen Medium bedeuten die einkopierten Wörter und Sätze aber unter Umständen etwas anderes als in ihrer ursprünglichen Umgebung. Ein krasses Beispiel: Ein *Nein* einer Politikerin aus der Videoaufzeichnung herauszuschneiden und neu einzubauen in einen anderen Beitrag, in dem die Frage aber anders lautete, stellt eine klare Verletzung der Erwartung dar, die man als interviewte Person oder auch als Publikum an die Medienproduktion richten darf. Was aber, wenn im Medienbeitrag nur einzelne Teile der Frage oder der Antwort fehlen und sich damit der Sinn des *Neins* nur leicht verschiebt?

Dieses Einbetten in einen anderen Kontext und in eine andere Textumgebung, in der Fachsprache Rekontextualisierung genannt, schafft also Probleme. Das gilt nicht nur für den einzelnen Fall, sondern auch für gesellschaftliche Muster der Textproduktion. Immer, wenn sich der Kontext von Textsorten ändert, findet mit der Rekontextualisierung zugleich eine Transformation statt, eine Umgestaltung ihrer sprachlichen Einheiten. Ein Beispiel: Lautete die Anrede in Briefen oft *Sehr geehrte Frau X*, sind für E-Mails heute alltäglichere Formen wie *Guten Tag Frau X* üblich. Und plötzlich klingt das Gegenstück, *Herzliche Grüße*, schal und muss ersetzt werden.

Und mit *Liebe Grüße*? – *Lieb* passt auch nicht immer. Also gar nichts, nur noch den Namen? – Bildung, die sich in Literacy konkretisiert, ermöglicht es uns, an diesen Prozessen nicht nur verstehend, sondern auch gestaltend teilzunehmen.

Schnelltest Zeigen Sie am Beispiel des letzten Texts, den Sie gelesen oder gehört haben, wie Texte in ihre Umgebung eingebettet sind und warum das für die Kommunikation von Bedeutung ist.

Training Auf der Webseite zum Buch finden Sie zum Beispiel eine weiterführende Übung zur Varianz der Anreden und Abschiedsgrüße in Ihren eigenen Mails.

Thema 3.1.d Text- und Medienparallelitäten: Wie Texte auf mehreren Kanälen zusammenspielen

Medienparallelität ist das gleichzeitige Vorkommen mehrerer, stark miteinander verbundener Texte auf mehreren Kanälen. Solche Parallelitäten zeigen sich auf allen Ebenen der Sprache, von der Formulierung bis zum Diskurs. Sie entstehen oft durch rasches Rezyklieren von Textteilen in anderen Medien. Ergebnis ist immer, dass gleichzeitig in unterschiedlichen Medien sozusagen das Gleiche zur Verfügung steht, wobei die Angebote einander ergänzen, aber auch konkurrenzieren oder einander widersprechen können. Ob eine Nutzerin diese intertextuellen Zusammenhänge erkennt, hängt von ihrer Literacy+ ab.

Augenfällige Text- und Medienparallelen zeigen sich in der täglichen Berichterstattung über aktuelle Themen, etwa, wenn während einer Pandemiewelle die Behörden über Flugblätter zu Abstand raten und das Tragen von Atemschutzmasken als *Maskenpflicht* vorschreiben, während die Nachrichten Menschen zeigen, die dicht gedrängt und ohne Maske gegen diese *Maskenpflicht* demonstrieren. Noch kurz vor der Pandemie war *Maskenpflicht* ein exotisches Wort, genutzt von wenigen Fachleuten und Fasnächtlern; zu Beginn der Pandemie ist es dann rezykliert worden, im Prozess des „Upcycling" Haapanen & Perrin, 2020, 4, und hat sich im Themenfeld der Sicherheit im Alltag rasch verbreitet.

Ein komplexeres Beispiel ist das Bonmot *Wer zu spät kommt, den bestraft das Leben*. Zugeschrieben wird es Michail Gorbatschow, Staatspräsident der UdSSR bis 1991, dessen Politik beigetragen hat zur Beendigung des Kalten Krieges mit den USA. Heute wird vermutet, die Äußerung entstamme in Wirklichkeit der Feder eines Journalisten. So oder so – sie wurde in viele Sprachen übersetzt, zum Beispiel auch ins Englische und von da weiter ins Deutsche. Interessanterweise ist die Äußerung dann aus den englischsprachigen Diskursen und den sie vermittelnden Medien wieder verschwunden, während sie im Deutschen Fuß gefasst hat. Hier ist sie zur stehenden Wendung geworden, zum Phraseologismus.

Einen ähnlichen Weg gegangen ist das *Wir schaffen das* von Angela Merkel, deutsche Kanzlerin 2005–2021. Aus dem Kontext genommen, hat sich die Aussage verselbstständigt und hat eine Form angenommen, an die man sich erinnern kann. Man findet sie in vielen Texten und Übertragungsarten wieder, auf allen möglichen Kanälen, in allen möglichen Medien Kleinberger, 2019. So entstehen synchrone, also gleichzeitige intertextuelle Bezüge. Wer über die entsprechende Literacy verfügt, denkt beim Hören oder Lesen von *Wir schaffen das* an Angela Merkel und vielleicht zugleich auch an Barack Obama, den US-amerikanischen Präsidenten 2009–2017, und sein *Yes, we can*.

Text kann also in seiner Produktion und Rezeption auf verschiedenen Ebenen betrachtet werden, vom einzelnen Laut bis zum Diskurs, zu dem er beiträgt. Auf allen Ebenen zeigen sich Querbezüge über die Mediengrenzen hinweg, etwa als großflächige Parallelen ganzer Diskurse. Um an einer Informations- und Kommunikationsgesellschaft partizipieren I.3.2 zu können, muss man diese Zusammenhänge in und zwischen den Texten erkennen. Diese Literacy begünstigt eine kritische Produktion und Rezeption von Texten – und ermöglicht es damit, in Alltag und Beruf zu reflektieren, was man tut mit der Sprache – und was die Sprache mit einem tut, wenn man Texte aufnimmt oder herstellt.

Schnelltest Skizzieren Sie, wie es zu Medienparallelitäten in Diskursen kommt und warum es wichtig ist, sie zu erkennen.

Training Auf der Webseite zum Buch finden Sie zum Beispiel die Übung zur Realitätskonstruktion im Fall *Fliegende Kuh*.

Susanne Loacker, Guido Keel, Peter Stücheli-Herlach,
Wibke Weber und Vinzenz Wyss

I.3.2 Digital Divide? – Sprache und Partizipation

In Ihrem Berufsleben werden Sie mit verschiedenen Arten von Digital Divides und der Forderung nach Partizipation konfrontiert. Dieses Kapitel stellt deshalb scharf auf mögliche Folgen Ihres Umgangs mit Literalität und Literacies $_{I.3.1}$. An konkreten Beispielen erfahren Sie, wie Digital Divides entstehen, warum sie existieren und wo sie mit Sprache zu tun haben – etwa mit Mehrsprachigkeit, kognitiven Einschränkungen, funktionalem Analphabetismus, Varietäten und geschriebener vs. gesprochener Sprache.

Haltung: Sie entwickeln ein Bewusstsein dafür, was Partizipation in der digitalen Welt auf sprachlicher Ebene bedeutet und wie Sie Ihren gesellschaftlichen Beitrag dazu leisten können. **Wissen:** Sie vertiefen Ihre Kenntnis darüber, welche Implikationen sich aus Digital Divides und der Forderung nach verbesserter Partizipation auf sprachlicher Ebene ergeben für die Gesellschaft, die Politik, die Kultur, die Verwaltung. **Können:** Sie können Probleme von Digital Divides erkennen und benennen sowie zu deren Lösung beitragen.

Lernziele

Die Schwerpunkte des Kapitels führen von den Grundbegriffen der Teilhabe an wesentlichen Diskursen dieser Welt bis hin zu Lösungsansätzen in Ihrem beruflichen Wirkungsfeld:

Aufbau

a   Partizipation und Digital Divides:
    Was Sprache mit gesellschaftlicher Teilhabe zu tun hat

b   Leichte und verständliche Sprache:
    Informationen und Wissen zugänglicher machen

c   Index, Ikon und Symbol:
    Menschen verbinden mit Zeichen

d   Adressat:innenperspektive:
    Was heißt das alles für Sie, für Ihren Job, Ihre Berufung?

e   Media Literacy und Öffentlichkeit:
    Was es braucht, um mitreden zu können

f   Visuelle Kommunikation:
    Warum Bilder mehr sind als nette Illustration

g   Wert schöpfen mit Sprache:
    Organisationen entstehen durch Kommunikation

h   Die Sprache des Journalismus:
    Narration hält die Welt zusammen

Autor:innen   Prof. Dr. Guido Keel kennt die medienvermittelte Kommunikation aus beruflichen und akademischen Tätigkeiten im Journalismus und in der PR. Diese Erfahrungen nutzt er für den Forschungsbereich Media Literacy.

https://www.zhaw.ch/de/ueber-uns/person/kegu/

Lic. phil. I Susanne Loacker kennt die Problematik dieses Themas nicht nur aus akademischer Sicht, sondern auch durch langjährige Erfahrung in Journalismus und zweisprachiger Organisationskommunikation.

https://www.zhaw.ch/de/ueber-uns/person/loac/

Prof. Dr. Wibke Weber erforscht und lehrt visuelle Kommunikation im digitalen Zeitalter: von PR-Fotos auf Social Media, interaktiven Datenvisualisierungen im Journalismus bis hin zur Macht der Bilder in Virtual Reality.

https://www.zhaw.ch/de/ueber-uns/person/webw/

Prof. Dr. Peter Stücheli-Herlach war Medienredaktor und Kommunikationsberater. Seit 2005 erforscht er die Sprache strategischer Organisationskommunikation und berät und schult Menschen in Führungsverantwortung.

https://www.zhaw.ch/de/ueber-uns/person/stue/

Prof. Dr. Vinzenz Wyss, früher Journalist, hat sich als Professor für Journalistik spezialisiert auf die Themen journalistische Qualität und deren Sicherung, Medienethik und -kritik.

https://www.zhaw.ch/de/ueber-uns/person/wysv/

Thema 3.2.a Partizipation und Digital Divides:
           Was Sprache mit gesellschaftlicher Teilhabe
           zu tun hat

Partizipation findet auf verschiedenen Ebenen statt, kleinräumiger oder großräumiger. Der Begriff *Partizipation* bezeichnet die Möglichkeit, an den Infrastrukturen und Angeboten einer Gesellschaft umfassend teilzuhaben. Diese Infrastrukturen und Angebote verlagern sich immer mehr in den digitalen Raum. Wer keinen Computer und keinen Internetzugang hat, hat keine Chance. So entsteht Digital Divide.

Es reicht aber nicht, Zugang zu den Geräten zu haben. Wer über Medien und besonders über digitale Medien an den wesentlichen Diskursen dieser Welt teilhaben will, muss auch über die entsprechende Literacy $_{I.3.1}$ verfügen – muss also in und mit diesen Medien schreiben und lesen, sich angemessen mitteilen können. Das fängt beim Gebrauch der Sprache an: So schreiben und lesen können, wie man das heute macht.

Sprachprofis können dafür sorgen, dass die digitale Welt zugänglich ist. Sie können Sprache so setzen und über-setzen, dass Leuten mit (noch) etwas geringerer Digital Literacy der Anschluss gelingt, dass sie auf den Zug aufspringen und schließlich mithalten können. Adressat:innengerechter Sprachgebrauch holt die Leute dort ab, wo sie sind, und nimmt sie mit. So wird Sprache zum Kitt, der die Gesellschaft zusammenhält.

Um wissen zu können, wie wir angemessen kommunizieren, müssen wir also möglichst genau herausfinden, für wen wir das tun. Es gibt kein absolutes Richtig und Falsch, sondern ein relatives Angemessen. Ein Kommunikationsangebot kann den Erwartungen, der Motivation und den Fähigkeiten einer Zielgruppe mehr oder weniger angemessen sein $_{I.2.2}$. Sie als Profis können und müssen es angemessen gestalten.

Für ungeübte Kommunizierende gibt es da immer wieder Überraschungen. So können wir zum Beispiel davon ausgehen, dass viele Menschen im deutschsprachigen Raum Zugang zu Computer und Internet haben. Aber bei Weitem nicht alle können diese Technik gut nutzen – so, dass Kommunikation gelingt und am Ende die Schreiberin und der Leser eine ähnliche Vorstellung des Gemeinten im Kopf haben. Das fängt an beim Lesen-Können:

Man schätzt, dass im deutschsprachigen Raum rund 20 Prozent sogenannte funktionale Analphabet:innen leben – Menschen, die Mühe damit haben, Gelesenes wirklich zu verstehen oder Gemeintes aufzuschreiben. Nicht so gut Deutsch kann aber auch die hoch gebildete IT-Spezialistin aus Indien, die erst vor zwei Monaten nach Winterthur gezogen ist. Auch hier droht Ausschluss durch unangemessenen Sprachgebrauch.

Schnelltest Benennen Sie Digital Divides in Ihrer Erfahrungswelt und skizzieren Sie deren Ursachen und mögliche Konsequenzen.

Training Auf der Webseite zum Buch entdecken Sie zum Beispiel, wie Divides geschlossen oder verringert werden können.

Thema 3.2.b Leichte und verständliche Sprache: Informationen und Wissen zugänglicher machen

Es gibt verschiedene Ansätze dazu, wie man Sprache zugänglicher machen kann $_{Lutz,\ 2015}$. Ein gegenwärtig stark diskutierter Ansatz ist die sogenannte Leichte Sprache. Sie ist ein gutes Beispiel, weil sie sehr definiert ist, ein klares Regelwerk hat. Entstanden ist sie in der Absicht, Menschen mit kognitiven Einschränkungen, also mit leichten geistigen Behinderungen, den Zugang zu Texten zu ermöglichen. Hier ein paar Regeln als Beispiel:
- Kurze Sätze bauen aus Subjekt, Prädikat und Objekt
- Konjunktive, Genitive, Negationen, Synonyme und Abstrakta vermeiden
- Detaillierte Informationen ersetzen durch relative Angaben (*viel, wenig, früher*)
- Komposita mit Bindestrichen koppeln (*Welt-All, Bundes-Haus*)

Das alles macht die Sprache natürlich unpräziser. Stellen Sie sich vor, Sie bekommen ein Schreiben, in dem steht, dass Sie „viel" Steuern zahlen müssen ...

Es gibt eine ganze Anzahl von weiteren Modellen, die dazu beitragen können, Sprache verständlicher zu machen. Wenn diese Modelle gut sind, sind sie in aller Regel aber auch sehr komplex: Es kommt auf viele Faktoren an. Um genau zu wissen, wie man diese Faktoren umsetzt, muss man wissen, auf welchen Ebenen man sprachliche Zeichen anschauen kann:
- Syntax, also Sprachstruktur, z. B. Wortbau, Satzbau, Textstruktur

  Syn-tagma, griech., das *Zusammen-Fügen*

  Schachtelsätze können, wenn sie, wie hier, überkomplex gebaut sind, überfordern.
- Semantik, also Sprachbedeutung, z. B. Wortbedeutung, Satzaussage, Textthema

  sēmaínein, griech., *bezeichnen*

Zeige mehr Ambiguitätstoleranz funktioniert nur, wenn die Adressatin, der Adressat das Fachwort versteht.
- <u>Pragmatik</u>, also Sprachfunktion, z. B. Kontakt aufnehmen, informieren, überzeugen
  pragma, griech., *Handlung, Tun*
  Finde mich toll ist eine Aufforderung, die sprachlich total klar ist, aber kaum überzeugt.

Wer erfolgreich kommuniziert, verfügt über die Werkzeuge, Sprache auf allen drei Ebenen zu gestalten – und kann dieses Werkzeug zielführend und adressat:innenspezifisch einsetzen.

Nennen Sie ein Beispiel für misslungene digitale Teilhabe. Finden Sie eine Erklärung dafür, die Sie überzeugt, und schlagen Sie vor, wer was tun muss, damit die Teilhabe gelingt. — Schnelltest

Auf der Webseite zum Buch finden Sie zum Beispiel die folgenden Werkzeuge zum Ausprobieren: eine automatische Messung der Textverständlichkeit und alle Regeln Leichter Sprache auf einen Blick. — Training

Thema 3.2.c Index, Ikon und Symbol: Menschen verbinden mit Zeichen

Wir können <u>verbale</u> Sprache aber auch mit sprachlichen <u>Bildern</u> versehen – und mit nicht-sprachlichen Bildern ergänzen oder ersetzen. Dann kommen Überlegungen zu visueller Kommunikation ins Spiel ~Engebretsen & Weber, 2022~, zusätzlich zu den Überlegungen zur Gestaltung der Verbalsprache. Zu diesen Überlegungen gehört grundlegend die Unterscheidung zwischen den Zeichentypen Index, Ikon und Symbol ~Peirce, 1932~ und ihren Wirkungen:

Ein <u>Index</u> (lat. *indicare, anzeigen*) ist ein Zeichen, das physikalisch mit seinem Urheber verbunden ist. Ein Beispiel: Rauch ist ein indexikalisches Zeichen für Feuer. Der Volksmund sagt: Wo Rauch ist, muss auch Feuer sein. So, wie der Rauch aufs Feuer verweist, verweist jede Äußerung auf ihren Urheber. Mit anderen Worten: Wer Lärm macht in Social Media, Massenmedien oder auch in einem Gruppengespräch, wird wahrgenommen – egal, was sie oder er sagt. Es ist das Röhren des Hirsches im Wald. Deshalb sind viele Politikerinnen und Stars so bemüht, mit irgendwelchen Themen im Gespräch zu bleiben. Aufgrund der Indexikalität aller Zeichen werden sie dadurch wahrgenommen.

Ein Ikon (griech. *eikṓn, Bild*) ist ein Zeichen, das ähnlich aussieht oder klingt wie die Sache, die es bezeichnet. Im Grunde sind alle Abbildungen von Wesen oder Gegenständen Ikonen: farbige Spuren auf andersfarbigem Grund, die ähnlich aussehen wie der Gegenstand, der damit gemeint ist. Wie beim Index hat jedes Zeichen auch eine ikonische Komponente. Zum Beispiel nehmen wir selbstredend und unreflektiert an, dass das, was räumlich oder zeitlich nahe beieinandersteht, auch inhaltlich enger zusammengehört als das Ferne. Dies ist der Grund, warum Werbetreibende ihre Anzeigen nicht in einem Nachrichtenumfeld schalten wollen, in dem von schlimmen Ereignissen die Rede ist. Geschieht das doch, schwappt das Schlimme sozusagen auf die Anzeige über und färbt sie beim Verstehen in den Köpfen der Zielgruppen um.

Ein Sonderfall der Ikonen sind die (standardisierten) Icons. Solche Zeichen finden Sie an Flughäfen und überhaupt überall, wo viele Menschen sind, die unterschiedliche Verbalsprachen sprechen. Obwohl Icons immer eine optische Ähnlichkeit mit dem haben, wofür sie stehen, kann diese Ähnlichkeit deutlicher oder entfernter sein. Je abstrakter das Icon, desto entfernter in der Regel die Ähnlichkeit. Das bedeutet, dass es weniger Menschen sofort klar ist, was gemeint ist.

Ein Symbol (griech. *symbàllein, zusammenbringen, vergleichen*) schließlich ist ein Zeichen, das weder physikalisch mit dem Gegenstand verbunden ist, auf den es verweist, noch ähnlich aussieht wie dieser. Die Zuordnung von Laut- und Bedeutungsvorstellung beim Zeichen ist ganz willkürlich. Man sieht es daran, dass die gleiche Sache in unterschiedlichen Sprachen anders heißt: *Hund* (deutsch), *dog* (englisch), *chien* (französisch), *pies* (polnisch). Diese willkürliche Zuordnung wird in der Fachwelt arbiträr genannt. Allerdings funktioniert eine Sprache nur, wenn alle Mitglieder einer Sprachgemeinschaft die Zuordnung von Laut- und Bedeutungsvorstellung kennen. Nur wenn auch unsere Adressat:innen wissen, was unter *Hund* zu verstehen ist, ist es sinnvoll, dieses Wort in der Kommunikation zu benutzen. Symbolische Zeichen sind deshalb nicht nur arbiträr, sondern auch konventionell.

Wer Grundlagen des Zeichengebrauchs kennt, kann verbale und visuelle Zeichen leichter so gestalten, dass sie die Adressat:innen ansprechen und erreichen.

Erklären Sie an konkreten Beispielen, warum jedes Symbol auch eine ikonische und eine indexikalische Seite hat.   Schnelltest

Auf der Webseite zum Buch finden Sie zum Beispiel einen Beitrag, der Symbole verschiedener Kulturen so erklärt, dass sie alle verstehen können.   Training

Thema 3.2.d Adressat:innenperspektive:
Was heißt das alles für Sie, für Ihren Job,
Ihre Berufung?

Um wissen zu können, wie Sie sinnvoll kommunizieren, müssen Sie zuerst möglichst präzise wissen, mit wem Sie kommunizieren. Dazu gehören etwa Merkmale der Adressat:innen wie Sprachbiografie, Alter, Bildungsnähe/-ferne und Vorwissen zum jeweiligen Thema. Dann können Sie mögliche Klüfte zwischen Ihrem Vorwissen und Können und dem Ihrer Adressat:innen erkennen und schließlich überwinden: Sie können deren Perspektive einnehmen. Wo geschriebene Sprache nicht oder nur partiell funktioniert, setzen Sie Tondokumente oder Bildsprache ein. Auch hier müssen Sie die Vorkenntnisse und Bedürfnisse der Rezipient:innen so genau wie möglich kennen. Schließen Sie nicht von sich auf andere – weder in der Sprache noch in der besprochenen Sache. Verfallen Sie also nicht der Innensicht; ein typischer Fehler, den zum Beispiel Behörden machen.

Ein Beispiel: Den folgenden Text publiziert das Zürcher Amt für Justiz und Wiedereingliederung auf der Homepage zum Thema psychiatrisch-psychologische Betreuung: „Der Psychiatrisch-Psychologische Dienst stellt mit gut ausgebildetem Fachpersonal sicher, dass inhaftierte Personen mit rückfallpräventiven und deliktorientierten Therapien versorgt werden können. Hier finden Sie eine Übersicht über die angebotenen Dienstleistungen." – An wen richtet sich dieser Text? An interessierte Journalist:innen? Dann ist er angemessen, da diese Menschengruppe im Hinblick auf Bildungsnähe und Kenntnis der deutschen Sprache sehr heterogen ist.

Im Überwinden solcher Gräben wird uns bewusst, dass die Welt voller kommunikativer Hindernisse ist. Als Berufsleute mit Hauptwerkzeug Sprache können und müssen Sie diese Hindernisse erkennen und aus dem Weg räumen oder den Anspruchsgruppen darüber hinweghelfen. Das ist unsere Aufgabe in der Gesellschaft.

Aus genau diesem Grund finanziert die Gesellschaft unsere Ausbildung: weil Sie danach
- als Journalist:innen übersetzen zwischen der Sprache von Expert:innen, etwa der Wissenschaft und der Politik, und Laien;
- als Organisationskommunikator:innen übersetzen zwischen den Sprachen und Denkweisen von Management, Belegschaft, Kund:innen und anderen Anspruchsgruppen;
- als Fachleute sprachlicher Integration Menschen anregen und darin begleiten, am Arbeitsplatz und im Alltag mit einer neuen Sprache an eine neue Kultur anzuschließen;
- als Übersetzer:innen und Dolmetscher:innen vermitteln zwischen Ausdrucksweisen unterschiedlicher Kulturen und ihrer Sprachen.

Dies alles tun Sie in einer immer digitaleren Welt, in der Künstliche Intelligenz uns unterstützen kann, doch komplexe Situationen kulturell angemessen und empathisch erfassen, das können nur wir als Menschen. Verbinden Sie diese menschlichen Stärken mit der Haltung, dem Wissen und dem Können der reflektierten Kommunikationspraxis, schaffen Sie mit Kommunikation menschlichen Mehrwert: BACK STAGE, hinter dem Vorhang dessen, was Sprachbenutzer:innen im Alltag bewusst wird, erkennen Sie Muster $_{I.1.1,\ I.1.2}$. Und FRONT STAGE, wo Sie selbst die Sprachbenutzer:innen sind, entwickeln Sie Ihr Repertoire an Sprachen und Varietäten weiter $_{I.2.1,\ I.2.2}$. So werden Sie fit für die PERFORMANCE auf der Bühne der Welt, mit der Sie Digital Divides und kommunikative Gräben überwinden $_{I.3.1,\ I.3.2}$. Sie sind gefragt.

Schnelltest Zeigen Sie auf, welche Konsequenzen das Wissen um Digital Divides und den Umgang damit für Ihren späteren Beruf hat.

Training Auf der Webseite zum Buch finden Sie zum Beispiel einen Text, der zeigt, wie Teilhabe und Demokratie zusammenhängen.

Thema 3.2.e Media Literacy und Öffentlichkeit: Was es braucht, um mitreden zu können

Die nächsten vier Teile weiten den Blick von Digital Literacy und Digital Divides $_{I.3.2}$ zu Media Literacy und Öffentlichkeit. Media Literacy ist die Voraussetzung dafür, dass man an medienvermittelten

Diskursen kompetent teilnehmen kann. Eine sprachwissenschaftliche Annäherung geht vom zweiten Wort aus: *Literacy* bezieht sich zunächst auf die Fähigkeit, lesen und schreiben zu können ᵢ.₃.₁. In der Mediengesellschaft hat diese Fähigkeit mit der Ausweitung auf *Media* Literacy eine umfassendere Bedeutung erhalten:

<u>Media Literacy</u> beschreibt die Kompetenzen, an medialen Angeboten gewinnbringend teilhaben zu können, sie sinnvoll zu nutzen, ihren Wert einzuschätzen und selbst zur medialen Kommunikation beizutragen. Diese Kompetenzen haben mit der Digitalisierung und der Vervielfachung an Kommunikator:innen und Kommunikationsangeboten im Internet stark an Bedeutung gewonnen. Im Detail:

Media Literacy bedeutet zuerst einmal, bei den vielfältigen Angeboten und auf immer wieder neuen Plattformen geeignete mediale Angebote zu finden und die Codes der Vermittlung zu verstehen. So entwickeln sich auf Twitter Diskurse, die nur verständlich sind, wenn man die formalen Regeln von Twitter versteht, also zum Beispiel weiß, was eine Reply oder ein Retweet ist, wie man jemanden adressiert und was Hashtags und Likes bedeuten.

Medienspezifische Codes erfolgreich zu entziffern, bedeutet aber noch nicht, Kommunikationsangebote in Medien kompetent zu nutzen. In einem nächsten Schritt geht es darum, die Bedeutung und die Qualität eines Medienbeitrags zu beurteilen: Wenn eine Bank einen Blogpost über nachhaltige Anlagestrategien publiziert: Wie glaubwürdig ist diese Absenderin? Wie verlässlich ist die Information? Welche Positionen und Interessen stehen hinter dem Beitrag? Und was bedeutet das für den Inhalt? Dazu können Sie sich als Nutzer:in fragen: Was weiß ich über diesen Absender? Kann ich die gemachten Aussagen überprüfen? Sind die gezogenen Schlüsse plausibel und knüpfen sie an bestehende Diskurse an? Diese Fragen beantworten zu können, bedeutet, über die nötige Media Literacy zu verfügen, um die Qualität und den Wert eines Beitrags einzuschätzen.

Schließlich ermöglicht es das Internet auch, mit bestehenden Einträgen und Akteur:innen zu interagieren. Dabei ist wichtig, die Regeln der Interaktion zu kennen und sich seiner eigenen Rolle bewusst zu sein. Da mediale Kommunikation im digitalen Zeitalter keine Einwegkommunikation mehr ist, geht es bei der Media Literacy darum, eigene Beiträge zu erstellen, zu publizieren und die Konsequenzen abzuschätzen. Auf sozialen Medien publizierte Beiträge können Sie weiterleiten und in einen neuen Kontext stellen. Dabei geben Sie als Mediennutzer:in vielleicht Dinge über sich preis, die Sie eigentlich nur mit Ihren Freund:innen teilen möchten. Media Literacy bedeutet also auch, diese Folgen einschätzen zu können und so gemäß den eigenen Interessen und Bedürfnissen am öffentlichen Diskurs teilzunehmen.

Schnelltest Beschreiben Sie die drei Dimensionen von Media Literacy und überlegen Sie sich jeweils ein konkretes Beispiel für jede Dimension.

Training Auf der Webseite zum Buch finden Sie Übungen, anhand derer Sie Ihre eigene Media Literacy überprüfen können.

Thema 3.2.f Visuelle Kommunikation: Warum Bilder mehr sind als nette Illustration

Mit der Digitalisierung haben Bilder einen enorm hohen Stellenwert in der Gesellschaft erhalten. Webseiten, Online-Plattformen und Social Media kommunizieren zunehmend visuell. Spricht man von visueller Kommunikation, geht es nicht nur um Fotos, animierte Videoclips und Filme, sondern auch um andere visuelle Darstellungsformen wie etwa Augmented und Virtual Reality oder Infografiken und Datenvisualisierung. Wie wichtig etwa Karten und Liniendiagramme für das Verständnis einer globalen Gesundheitskrise sind, hat die COVID-19-Pandemie gezeigt.

Die visuelle Wende in der Kommunikation erfordert, dass wir verstehen, wie Bilder Sinn erzeugen und wie sie wirken. Genau wie Texte vermitteln auch Bilder immer eine bestimmte Sichtweise auf die Welt, indem sie bestimmte Aspekte eines Ereignisses betonen und andere weglassen. Auch Farbwahl, Bildkomposition oder Kameraperspektive haben einen Einfluss darauf, wie wir Bilder wahrnehmen und interpretieren.

Wenn Personen oder Objekte auf einem Foto aus einer erhöhten Kameraperspektive aufgenommen werden, wirken sie eher klein und bedeutungslos. Werden sie dagegen von unten aufgenommen, so wirken sie mächtig oder gar bedrohlich. Die Kameraperspektive zwingt uns dann, dass wir zu der abgebildeten Person heraufschauen. Daher ist es wichtig, Bildinhalte kritisch zu hinterfragen: Wer zeigt dieses Bild, warum wurde es so gestaltet und mit welcher kommunikativen Absicht?

Bilder sind Eyecatcher. Sie fallen auf. In Sekundenschnelle nehmen wir Bildinhalte wahr. Wir können sie mühelos verarbeiten – leichter als verbalsprachliche Texte, und sie prägen sich in unser Gedächtnis ein. Daher können wir uns auch besser an Bilder erinnern. Zudem funktionieren sie über Sprachgrenzen hinaus und ermöglichen so eine niederschwelligere Teilhabe: Bilder versteht auch, wer einer Sprache nicht mächtig ist oder nicht gut lesen kann.

Bilder unterscheiden sich von verbalsprachlichen Texten darin, dass sie auf Anhieb etwas zeigen können, was man sonst mit vielen Worten beschreiben müsste. Beispielsweise kann ein Foto sehr gut die Oberfläche eines Objekts zeigen, dessen Form und Farbe. Aber ein Foto kann nicht zeigen, wem das Objekt gehört oder wie viel es wiegt. Anders als Texte können Bilder auch nichts verneinen, sie können kein *Vielleicht* abbilden, kein *So könnte es gewesen sein*, kein *Warum*. Wer logisch argumentieren will oder in Gedanken etwas durchspielen möchte, wählt vermutlich die verbale Sprache. Wer emotional bewegen will oder etwas anschaulich erklären möchte, setzt auf die visuelle Sprache.

Bilder und andere visuelle Formen sind deshalb ein wichtiger Teil der öffentlichen Kommunikation. Sie haben einen Einfluss darauf, wie wir die Welt wahrnehmen: was wir über andere Menschen und andere Kulturen denken und wohin wir unsere Aufmerksamkeit lenken. Sie bestätigen, verstärken oder widerlegen Stereotypen. Sie konstituieren Realität. Darin liegt die Macht der Bilder.

Schauen Sie sich das Bild eines journalistischen Beitrags (Print oder online) an und beschreiben Sie, was das Bild aussagt und was der dazugehörige Artikel. — Schnelltest

Auf der Webseite zum Buch finden Sie Übungen zur visuellen Kommunikation, etwa des Schweizer Bundesrats. — Training

**Thema 3.2.g Organisation und Kommunikation:
Wert schöpfen mit Sprache**

Organisationen ermöglichen es der modernen Gesellschaft, Bedürfnisse von Menschen zu stillen und deren Interessen zu schützen. Und dazu tragen Sprachprofis Entscheidendes bei.

Wie das geht, lässt sich leicht erklären. Auf der einen Seite sind Menschen mit ihren Bedürfnissen und Interessen. Zum Beispiel eine Familie: Täglich soll der Hunger von Eltern und Kindern auf gesunde Weise gestillt werden. Und die Eltern sind daran interessiert, dass ihre Kinder eine gute Bildung erhalten.

Äußern die einen solche Bedürfnisse und Interessen, können andere sich darüber austauschen, welche Produkte sie herstellen und welche Services sie anbieten wollen, um die Erwartungen zu erfüllen. Sie beginnen sich so zu organisieren, dass sie Mehl einkaufen, Brote backen und diese attraktiv zum Verkauf anbieten können. Oder dass sie Räume einrichten und darin Lehrleistungen für Schulkinder erbringen können. Für beide Seiten, für die nachfragende wie für die anbietende Seite, ist Austausch entscheidend, um ans Ziel zu kommen. Dieser Prozess des Austauschs über Erwartungen und ihre Erfüllung ermöglicht die Wertschöpfung, welche eine Organisation erbringt.

Um gemeinsam Wertschöpfung zu betreiben, müssen die Beteiligten viel reden und schreiben, einander Überlegungen und Angebote präsentieren, miteinander verhandeln und entscheiden. Sprachprofis verfügen über die Kompetenzen, diese Kommunikationsprozesse voranzutreiben. Sie können Kommunikation koordinieren und strukturieren. Sie wissen durch Kommunikation zu integrieren, damit sich möglichst alle Beteiligten einbringen können und auch verstanden fühlen. Und sie können Kommunikationsangebote in Diskursen positionieren. Kurz, sie sind in der Lage, Diskurse der Organisationskommunikation zu beobachten, sie mitzugestalten und mitzusteuern.

Sprachprofis behalten dabei im Blick, wie sich Diskurse über Bedürfnisse und Interessen von Menschen wandeln. Sie entwickeln präzise Botschaften und geeignete Medienformate zur Vermittlung. Sie verbessern kommunikative Abläufe und Routinen für die Wertschöpfung durch eine Organisation. Und sie pflegen Beziehungen zwischen Organisationen und ihren Mitgliedern im direkten Austausch von Meetings und Veranstaltungen wie auch in der breiteren Öffentlichkeit.

Als Organisationskommunikator:in einen Beitrag an die Organisationen der modernen Gesellschaft zu leisten, ist ein Sprachberuf, der Menschen in einer arbeitsteiligen Gesellschaft direkt nützt und sie in ihrem vielfältigen Leben weiterbringt.

Zeigen Sie an einem Beispiel aus Ihrem Alltag, wie eine Organisation durch Kommunikation einen Mehrwert für alle Beteiligten schafft. *Schnelltest*

Auf der Webseite zum Buch finden Sie zum Beispiel eine Aufgabe, die Sie die besonderen Leistungen der Organisationskommunikation identifizieren lässt. *Training*

Thema 3.2.h Die Sprache des Journalismus: Narration hält die Welt zusammen

Viele meinen, Journalismus sei einfach das, was in Zeitungen oder Onlinemedien steht oder was in den Nachrichten am Radio oder Fernsehen gesendet wird. In der Journalismustheorie wird Journalismus als ein gesellschaftliches Teilsystem verstanden, das im Unterschied zu anderen Teilsystemen wie beispielsweise Politik, Wirtschaft, Wissenschaft oder Kunst ein Problem löst, das andere nicht lösen können.

Jedes gesellschaftliche Teilsystem erfüllt jeweils eine bestimmte Funktion im Ganzen und spricht eine eigene Sprache. Das Politiksystem zum Beispiel führt in der Sprache der Macht kollektiv verbindliche Entscheidungen herbei, die dann vom Rechtssystem durchgesetzt werden. Die Sprache der Politik hören Sie recht deutlich, wenn Sie sich etwa weigern, einen Strafzettel zu bezahlen, nachdem Sie bei Rot über die Kreuzung gefahren sind. Aus dem Wirtschaftssystem wird über die Sprache des Geldes kommuniziert. Denken Sie etwa an das Preisschild, über das der Bäcker Sie wissen lässt, was ein Zopf kostet. Oder im Bildungssystem wird über eine Note kommuniziert, wie erfolgreich Sie bei einem Test waren.

Worin erkennen wir nun die Funktion und die Sprache des Journalismus, der ja ebenfalls als ein Teilsystem der Gesellschaft ein bestimmtes Problem lösen soll? Dies lässt sich am besten mit einem Beispiel erklären: Wenn die städtische Baubehörde an einer dicht befahrenen Kreuzung einen Kreisel bauen will, benötigt sie in der Sprache der Politik einen Machtentscheid an der Urne. Gut möglich, dass dann einige in der Sprache der Wirtschaft sprechen und argumentieren, das Vorhaben sei zu teuer. Andere finden, es sei unmoralisch, sich aus ökonomischen Gründen dagegen zu entscheiden, weil doch wissenschaftliche Studien mehr Sicherheit prognostizierten. Wiederum andere wollen diesen Kreisel nicht, weil die darauf geplante Skulptur moderner Kunst ihre ästhetische Geschmacksempfindung stört.

So ist das häufig im gesellschaftlichen Zusammenleben: Deutungen und Argumente, die der einen Systemlogik folgen, irritieren die Logik anderer Systeme. Die Funktion des Journalismus besteht nun darin, den öffentlichen Diskurs – zum Beispiel über den Entscheid, einen Kreisel zu bauen – zu organisieren, zu moderieren und sicherzustellen, dass alle, die das möchten oder müssen, am Diskurs teilhaben, also mitdenken und mitreden können. Gerade dann, wenn widersprüchliche Deutungen aus verschiedenen Gesellschaftssystemen aufeinanderprallen.

Doch wie schafft es der Journalismus, diese unvereinbaren Systemperspektiven zusammenzubringen? Durch den Kommunikationsmodus der Narration! Der Journalismus gießt in seiner Sprache komplexe Sachverhalte mit Konfliktpotenzial in eine narrative Struktur. Es sind die journalistischen Geschichten, die es schaffen, nicht vergleichbare Sprachen verschiedener Systeme trotz ihrer Unverträglichkeit zu verbinden und zwischen ihnen zu vermitteln. Und so hören wir eben im Radio die leicht moralisierende Story über die Anwohnerschaft, welche den Kreisel aus ästhetischen und nicht aus wirtschaftlichen Gründen verhindern will, obwohl wissenschaftliche Studien zeigen, dass die bestehende Kreuzung weniger Sicherheit bietet.

Wie in jedem Märchen oder Trickfilm lässt auch der Journalismus uns längst vertraute Rollen wie Heldinnen, Gauner, Opfer oder Erlöserinnen anklingen, um seine Geschichten verständlicher zu machen. So kann der Journalismus für den kommunikativen Kitt sorgen, der die Gesellschaft zusammenhält. Wie auch beim Hören eines Märchens lechzen wir alle nach einem guten Ausgang der Geschichte, wenn wieder hergestellt ist, was wir als normales gesellschaftliches Gleichgewicht empfinden.

Schnelltest Suchen Sie einen journalistischen Artikel zur Solarenergie, finden Sie dort verschiedene Systemperspektiven und weisen Sie den auftretenden Akteur:innen narrative Rollen zu.

Auf der Webseite zum Buch finden Sie weiterführende Übungen, etwa zur Identifikation von Systemperspektiven in journalistischen Beiträgen.

Training

Teil II: **Die Zukunft unserer Sprachberufe mitgestalten**

Der zweite Teil des Buches führt über drei Themenfelder in die Zukunft unserer Sprachberufe, in der menschliche Intelligenz, Emotion, Intuition und Kreativität zusammenwirken und zusammen wirken mit Künstlicher Intelligenz. Er zeigt etwa am Beispiel des maschinellen Übersetzens auf, wo Menschen den Maschinen grundsätzlich überlegen sind in sprachlicher Kommunikation $_{\text{II.2.2}}$. Dort, beim menschlichen Mehrwert, liegt Ihre große Chance im Sprachberuf. Wie die Forschung herausfindet, was diesen Mehrwert ausmacht, zeigt das Buch dann im letzten Teil $_{\text{III}}$. Jetzt geht es erst mal ums Ergebnis: Ihr Reisegepäck für die Zukunft.

Ausgangspunkt $_{\text{II.1}}$ der Überlegungen bilden wir als **Menschen** mit unserem Gebrauch der Sprache als menschlicher Fähigkeit und der natürlichen Einzelsprachen, die wir im Lauf der Geschichte ausgeprägt haben. Diese Sprachen verwenden wir, um zu **kommunizieren**, also um damit Gedanken und Gefühle zu gemeinsamen Vorstellungen zu machen. Dazu treten wir in Austausch – in Interaktion – mit anderen Menschen. Wir orientieren uns also an den anderen und leisten damit auch Beiträge an öffentliche Diskurse. Wie können Sie in dieser Situation gemeinsam dafür sorgen, dass die Verständigung bei vertretbarem Aufwand gelingt?

Im zweiten Themenfeld $_{\text{II.2}}$ kommen **Maschinen** ins Spiel. Das Optimierungsstreben beim Herstellen von Kommunikationsangeboten mündet, wie früher schon in der Warenwelt, in Automatisierung. Computer unterstützen die Kommunikation, etwa in mehrsprachigen und multimodalen Diskursen. Diese Systeme aus Hard- und Software nützen uns nur, wenn wir sie zielsicher steuern und einsetzen können. Wissen über sprachliche Normen im Gebrauch der Sprache on- und offline gehören deshalb zum Rüstzeug für Sprachberufe. Wie wirken Sie also gekonnt zusammen mit Maschinen im beruflichen Alltag der **Sprachindustrie**?

Im dritten Themenfeld $_{II.3}$ fragen Sie nach der ZUKUNFT dieses Zusammenspiels von Mensch und Maschine in der Kommunikation. Mit Digitalisierung verändern wir unsere soziale Umwelt – im geplanten Sinn, aber auch mit ungewollten Folgen wie dem Digital Divide. In Sprachberufen befassen Sie sich deshalb mit sprachlichem **Wandel** und sprachlicher Inklusion. Wollen Sie in diesen Berufen bestehen und weiterkommen, müssen Sie Ihre Sprech- und Schreibwerkzeuge laufend neuen Entwicklungen und besonderen Bedürfnissen anpassen. Wie können Sie dabei an Routine gewinnen und zugleich wach bleiben für Veränderung?

II.1 Sprache und Mensch

Im ersten Themenfeld dieses Teils II beginnt der Weg in die Zukunft unserer Sprachberufe – und zwar bei Ihnen, bei uns allen, beim MENSCHEN, der sich mitteilt und so über sich hinauswächst. Sie vergegenwärtigen sich, wie Sprachen es Ihnen erlauben, mit anderen Menschen in Kommunikation zu treten und dadurch an Gemeinschaften, Organisationen und der Gesellschaft teilzuhaben und mitzuwirken. Soll sprachliches Handeln darüber hinaus zu Ihrem Beruf werden, gilt es, an wichtigen kommunikativen Schnittstellen Sprache und Sprachen so zu nutzen, dass Sie die wesentlichen Diskurse mitgestalten und steuern können.

Im ersten Kapitel II.1.1 erkennen Sie: Nicht alles im Berufsleben ist **Kommunikation** – aber ohne gelingende Kommunikation ist alles nichts. Sie erleben, warum es nicht selbstverständlich ist, richtig verstanden zu werden – und dass ein solcher Erfolg maßgeblich davon abhängt, wie Sie kommunikative Situationen einschätzen und sprachlich zu nutzen wissen, etwa im direkten Gespräch. Beispiele aus dem mehrsprachigen und interkulturellen Berufsalltag zeigen, dass es dabei häufig auf vermeintliche Details ankommt. Diese zu kennen und deshalb zielführend zu handeln, macht aus Sprachtalenten Sprachprofis.

Im zweiten Kapitel II.1.2 stellen Sie scharf auf die kommunikativen **Schnittstellen** in den Diskursen zwischen Einzelnen, Gemeinschaften und der ganzen Gesellschaft. Von der Zweierbeziehung bis zu weltumspannenden Gemeinschaften – jede Form gesellschaftlicher Organisation bildet ihre eigenen kommunikativen Schnittstellen aus, an denen wir so handeln, dass die Kommunikationsversuche möglichst selten misslingen und möglichst oft gelingen. Dabei helfen Muster, Praktiken und Routinen des Sprachgebrauchs: regelmäßige, wiederkehrende Strukturen in unseren Kommunikationsprodukten und -prozessen.

Nachdem Sie die beiden Kapitel zu SPRACHE UND MENSCH durchgearbeitet haben, sind Sie bereit zum Schreiben einer **Portfolio-Arbeit** von etwa drei Seiten. Sie tun dies wieder allein oder in kleinen Gruppen, Arbeitsaufwand etwa vier Stunden. Beschreiben und analysieren Sie auf je einer Seite drei Fälle aus Ihrer Lebenswelt, denen ein sprachliches Kommunikationsproblem zugrunde liegt. Zeigen Sie für jeden Fall, wie der Sprachgebrauch zum Problem beiträgt – und mit welchen anderen sprachlichen Mitteln das

Problem aus Ihrer Sicht vermieden wird. Begründen Sie jeden Lösungsvorschlag kurz. Leitfragen dabei:
- Welche Bedingungen prägen die Kommunikationssituation, in der das Problem entstanden ist, und sind diese Bedingungen veränderbar?
- An welchen kommunikativen Schnittstellen ist das Problem entstanden, und wer gestaltet die Kommunikation an diesen Schnittstellen?
- Welche sprachlichen Muster an diesen Schnittstellen haben zum Problem beigetragen, und welche würden eine Lösung begünstigen?

Oliver Winkler und Ursula Stadler Gamsa
II.1.1 Man kann nicht nicht? – Zugänge zur Kommunikation

Unser Alltag ist geprägt von Tätigkeiten. Welche davon sind kommunikativ? Worauf achten wir, bewusst oder unbewusst, beim kommunikativen Handeln, und was entscheidet über Erfolg oder Misserfolg von Kommunikation, etwa von Gesprächen? Durch Analyse und Diskussion praktischer Beispiele aus den Berufsfeldern lernen Sie in diesem Kapitel, wie kommunikative Situationen den Kommunikationserfolg mitprägen, und zwar im interpersonellen wie im interkulturellen Studien- und Berufskontext.

Haltung: Sie werden sich bewusst, wie Sie zu kommunikativen Normen und Konventionen stehen und wie man auch noch dazu eingestellt sein könnte. **Wissen:** Sie verfügen über die Grundbegriffe zum zielführenden Erfassen menschlicher Kommunikation im Kontext. **Können:** Diese Haltung und dieses Wissen können Sie anwenden und später einfließen lassen in berufliches sprachliches Handeln als Reflective Practitioner. — Lernziele

Das Kapitel führt vom kommunikativen Handeln $_a$ zu Bedingungen fürs Gelingen von Kommunikationsversuchen $_b$. Dann stellt es scharf auf den Beziehungsaspekt von Kommunikation $_c$ und beleuchtet, was zum Gesprächserfolg beiträgt, etwa in interkultureller Kommunikation $_{d-h}$. — Aufbau

a   Verhalten, Handeln, Kommunizieren:
    Wo beginnt communicare?

b   Darstellung, Ausdruck, Appell:
    Wie Kommunikation gelingt

c   Der Beziehungsaspekt in der Kommunikation:
    Zum Beispiel Facework

d   Modi, Medien und mehr:
    Kommunikationssituationen richtig einordnen

e   Turn und Turn-Taking:
    Das Einmaleins der Gesprächsanalyse

f   Implikatur und Kooperation:
    Maximen der Verständigung

g   Offen oder geschlossen:
    Die Wirkungsmacht von Fragen

h   Konventionen, Ziele, Symmetrie:
    Gespräche kompetent führen

Autorin und Autor   Ursula Stadler Gamsa und Dr. Oliver Winkler nutzen bei der inhaltlichen und didaktischen Ausgestaltung dieses Kapitels ihre Erkenntnisse aus Lehr- und Forschungsprojekten im Bereich der domänenspezifischen Kommunikation und greifen zurück auf ihre beruflichen Erfahrungen in interkulturellen Berufskontexten im akademischen und nicht-akademischen Bereich.

https://blog.zhaw.ch/languagematters/2019/11/29/ein-vielseitiger-beruflicher-weg/
https://www.zhaw.ch/de/ueber-uns/person/wino/

Thema 1.1.a Verhalten, Handeln, Kommunizieren: Wo beginnt communicare?

Sobald wir unser Verhalten mit Absicht auf Ziele hinsteuern, spricht die Soziologie von Handeln. Handeln muss aber noch nicht kommunikativ sein: Wenn Sie allein Gemüse schneiden oder Schnee schaufeln, tun Sie dies zwar mit Absicht und Ziel, aber ohne sich dabei mit anderen auszutauschen. Erst wenn Handlungen auch andere Menschen miteinbeziehen, sprechen wir von kommunikativem Handeln, kurz: von Kommunikation. *Miteinbeziehen* meint, dass wir im Moment des Kommunizierens in Beziehung zu einem Gegenüber treten, und zwar auch wieder mit Absicht.

Um dem Begriff *Kommunikation* auch sprachwissenschaftlich näherzukommen, hilft ein Blick in die Begriffsgeschichte, die Etymologie: *communicare* (lat.) bedeutet *etwas gemeinsam machen*, also etwas mit jemandem teilen. Kommunikation braucht ein Gegenüber. Dieses Gegenüber kann menschlich sein oder nicht (wir kommunizieren ja auch mit unserer Katze), real (tatsächliches Gespräch) oder fiktiv (dialogisches Selbstgespräch) oder auch nur erhofft und angestrebt (im Supermarkt ausgehängtes Inserat). Zudem können sowohl einzelne Menschen als auch ganze Gemeinschaften, Kollektive, miteinander kommunizieren.

Kommunikation kann sprachgebunden erfolgen, verbal, also mündlich, schriftlich oder mittels Gebärdensprache, aber auch nonverbal, über Klänge, Bilder und körperliche Äußerungen wie Mimik, Gestik und Proxemik, also den Abstand zwischen kommunizierenden Personen. Sie verläuft synchron, also gleichzeitig, wie im Gespräch, oder asynchron, also zeitlich versetzt, wie bei einer vertonten PowerPoint-Präsentation. Die Teilnehmenden sind ko-präsent im gleichen Raum, etwa wenn im Cockpit Pilotin und Co-Pilot kommunizieren, oder befinden sich in räumlicher Distanz zueinander, etwa beim WhatsApp-Chat.

Das Zusammenspiel verschiedener Mittel ist für den Erfolg von Kommunikation entscheidend: In der mündlichen Kommunikation ist nicht nur das wichtig, was wir sagen, sondern ebenso, in welche Worte wir unsere Nachricht kleiden und wie wir sie nonverbal, aber auch paraverbal untermalen: mit Lautstärke, Pausenverhalten, Sprechgeschwindigkeit, Tonhöhe und Intonation. Nicht immer erreichen wir das, was wir mit unserer Kommunikation beabsichtigen: Wir wählen einen nicht situationsgerechten Begriff oder lassen in einem Gespräch unsere Befindlichkeit durchschimmern, ohne es zu wollen, etwa durch Gähnen oder Erröten.

Erklären Sie, worin sich Verhalten von kommunikativem Handeln unterscheidet, und nennen Sie für die hier eingeführten Begriffe Beispiele aus Ihrem Alltag und Beruf. — Schnelltest

Auf der Webseite zum Buch finden Sie zum Beispiel die folgenden weiterführenden Übungen: Babys und Interaktion, der erfolgreiche Verkehrspolizist, Erfolg durch Stimmtraining. — Training

Thema 1.1.b Darstellung, Ausdruck, Appell: Wie Kommunikation gelingt

Kommunikation ist ein Prozess der Sinnproduktion. Sinnproduktion meint, dass wir Zeichen wie Schriftzeichen oder Laute produzieren; sie wahrnehmen; sie in Beziehung zueinander setzen, indem wir Wörter und Sätze bilden; sie in einen bestimmten Kontext einordnen und als bedeutungs- und sinntragend interpretieren. Die Sprache und damit auch die sprachlichen Zeichen sind nach Karl Bühler das Werkzeug (griech. *òrganon*), das uns zur Verständigung verhilft $_{Bühler, 1934}$. Das sprachliche Zeichen hat nach Bühler drei unterschiedliche Funktionen: (i) Darstellung: Das Zeichen verweist auf einen außersprachlichen Gegenstand oder Sachverhalt; (ii) Ausdruck: Das Zeichen verweist auf das innere Erleben des Zeichenbenutzers, das durch die Verwendung des Zeichens zum Ausdruck kommt; (iii) <u>Appell</u>: Das Zeichen soll beim Gegenüber etwas auslösen, etwas bewirken.

Die Verwendung eines einfachen Wortes wie *Hund* wird zu einem Zeichen, weil es auf ein Lebewesen in der (außersprachlichen) Welt verweist; wir sprechen dann von (i) Darstellung. Indem es etwas über den Zustand der Senderin verrät, etwa Furcht vor einem Hund, fungiert es als (ii) Ausdruck. Zudem ist das Zeichen auch ein (iii) Appell, weil es auch als Aufforderung einen Sinn ergibt, etwa *Pass auf, ein Hund!* Die Wirksamkeit eines solchen Appells ist natürlich von der Interpretation abhängig.

Überprüfen Sie dies anhand der Äußerung *Wir haben das doch damals entschieden*, die die Ressortleiterin an den Chefredaktor richtet. In dieser Äußerung gibt es verschiedene Interpretationsmöglichkeiten in Bezug auf die drei Seiten des Zeichens. So ist denkbar, dass die Ressortleiterin dem Wort *damals* einen anderen Zeitpunkt zuschreibt als der Chefredaktor. Ebenfalls wäre es möglich, dass das Wort *wir* nicht gleich verstanden wird, etwa als *wir samt dir* gegenüber *wir ohne dich*; in beiden Fällen handelt es sich um unterschiedliche Darstellungen (i). Es könnte auch sein, dass sich Personen zwar auf den gleichen Zeitpunkt beziehen, der Chefredaktor damals aber nicht anwesend war, woran die Ressortleiterin womöglich nicht denkt – oder nicht denken will. Ein solches bewusstes Verdrängen ist dann auch ein Beispiel für Ausdruck (ii). Für ein gemeinsames Verständnis der Darstellung (i) müssen Zeit- und Ortsangaben von allen Beteiligten gleich interpretiert werden. Zeit- und Ortsangaben wie *gestern, damals, da, dort*, aber auch Personalpronomen wie *wir* nennt man <u>deiktische Ausdrücke</u> (griech. *deixis*, dt. *Zeigewort*). Ihre Bedeutung erschließt sich aus der Situation, in der sich alle Beteiligten befinden. In Gesprächen greifen wir deshalb mit größerer Selbstverständlichkeit auf deiktische Ausdrücke zurück als in schriftlichen Texten.

Das obige Beispiel, der Austausch zwischen Ressortleiterin und Chefredaktor, verweist auf ein generelles Phänomen der Kommunikation: Kommunikative Prozesse sind geprägt von Unschärfen durch <u>Mehrdeutigkeiten</u> oder, pointierter formuliert: Missverständnisse sind eher die Norm als die Ausnahme $_{\text{II.1.2}}$. Zustande kommen sie aufgrund der Kontextgebundenheit aller Kommunikation $_{\text{I.1.1.b}}$, aber auch aufgrund unterschiedlichen Hintergrundwissens der Teilnehmenden. In der Mehrdeutigkeit von Zeichen liegt sowohl eine Chance als auch eine Gefahr der menschlichen Kommunikation. Mehrdeutigkeit kann missbraucht werden, um bestimmte Ziele zu erreichen – bis hin zur Manipulation. In ihr liegt aber auch ein großes kreatives und schöpferisches Potenzial. Werbekommunikation, politische Reden, aber auch Ironie, Witz sowie Literatur und Kunst sind ohne Ambivalenz und Mehrdeutigkeit gar nicht denkbar.

Umreißen Sie am Beispiel des letzten Gesprächs, das Sie geführt haben, die Mechanismen der Sinnproduktion und zeigen Sie, wo Kommunikation zu scheitern droht. — Schnelltest

Auf der Webseite zum Buch finden Sie zum Beispiel die folgenden weiterführenden Übungen: das Memes-Experiment, den Fall *Tödliches Missverständnis*. — Training

Thema 1.1.c Der Beziehungsaspekt in der Kommunikation: Zum Beispiel Facework

Wenn Bühlers Organon-Modell ॥.1.1.b den Ausdrucks- und den Appellcharakter aller kommunikativen Äußerungen aufzeigt, liegt auf der Hand, dass Beziehung ein wichtiges Thema in der Kommunikationsforschung ist. Sprache und Beziehung stehen in einem wechselseitigen Verhältnis zueinander. Das heißt: (i) Die Beziehung zu einem Gegenüber zeigt sich im jeweiligen Sprachgebrauch, gleichzeitig (ii) wird eine zwischenmenschliche Beziehung durch Sprachgebrauch aber auch geformt und ständig verändert Linke & Schröter, 2017.

Ein Beispiel: In einer Führungsausbildung stellt die Kursleiterin die Frage „Darf ich Sie fragen, was diese Rückmeldung bei Ihnen persönlich ausgelöst hat?" Hier wird durch die Wahl der Pronomen *Sie, Ihnen* sowie durch die Formulierung *Darf ich ...* die Qualität einer formellen, höflich-distanzierten Beziehung zum Gegenüber erkennbar. Dies könnte paraverbal durch eine leise, warme Stimmführung signalisiert werden – sowie nonverbal durch eine zurückhaltende Mimik und Gestik, eine unauffällige Körperhaltung und genügend räumliche Distanz (i). Gleichzeitig ist die Frage ein Beziehungsangebot an die andere Person mit der Erwartung, dass dieses angenommen wird. Reagiert die angesprochene Person mit der Antwort „Was geht dich das an, Alte?" und unterstützt diese durch aggressive Mimik und Körperhaltung, entsteht eine Störung auf der

Beziehungsebene. Das zeigt, dass eine Beziehung durch sprachliches Handeln gestaltet werden kann (ii): Sie kann aufgebaut oder auch zerstört werden.

Stellen Sie sich vor, dass die hier als Möglichkeit aufgeführte Antwort tatsächlich so unhöflich und brüskierend geäußert wird. Durch eine solch direkte negative Reaktion wird das Selbstbild der Kursleiterin verletzt. In der linguistischen Forschung wird hierfür der Begriff des *Face* verwendet. Facework ist, davon ausgehend, die Bezeichnung für kommunikative Strategien, mit denen wir sowohl unser eigenes als auch das Gesicht des Gegenübers wahren oder – wie im obigen Fall – verletzen. Im Falle einer Verletzung des Gesichts spricht man von einem Face-Threatening Act; das Konzept wurde durch Penelope Brown und Stephen Levinson geprägt. Brown und Levinson haben aus dem Konzept des Facework eine Theorie der Höflichkeit abgeleitet, in der sie allgemeine Strategien beschreiben, mit denen Individuen solche Gesichtsbedrohungen zu vermeiden versuchen _{Brown & Levinson, 1987}.

Die Theorie wurde in der linguistischen Forschung breit rezipiert, aber auch vielfach kritisiert und weiterentwickelt. Weitgehend einig ist man sich heute darin, dass Beziehungsgestaltung und Höflichkeit stark kontextabhängig sind _{I.1.1.c}: Sie sind an die Individuen, die Gruppe, aber auch an gesellschaftliche Normen und Konventionen gebunden und damit veränderbar _{II.2.1} und neu verhandelbar. Facework als kommunikatives Phänomen ist allgegenwärtig im beruflichen Alltag: sowohl in der interpersonalen Kommunikation, etwa von Projektsitzungen und Team-Gesprächen, als auch in organisationaler, gemeinschaftlicher und öffentlicher Kommunikation, etwa in CEO-Ansprachen, Shitstorms und Talkshows. Rechtfertigungsstrategien von Behörden, zum Beispiel zum Thema Masken in der COVID-Pandemie, gehören ebenso dazu wie individuelle Grenzüberschreitungen in Form von Beleidigungen und Drohungen in den Sozialen Medien, etwa gegenüber Politikerinnen und Politikern.

Schnelltest — Erklären Sie, was der Beziehungsaspekt in der Kommunikation bedeutet und welche Relevanz er für die alltägliche und berufliche Kommunikation hat.

Training — Auf der Webseite zum Buch finden Sie zum Beispiel weiterführende Übungen, und zwar zu schlechten Nachrichten im Pausenraum sowie zu Macht und Gestik auf der Weltbühne.

**Thema 1.1.d Modi, Medien und mehr:
Kommunikationssituationen richtig einordnen**

Kommunikation ist lernbar, zumindest zu einem großen Teil. Wir werden in ein kommunizierendes Umfeld hineingeboren und erlernen dessen kommunikative Muster _{II.1.2.c}. Im Lauf des Lebens lernen wir, kommunikative Modi wie Mimik, Gestik, mündliche und schriftliche Sprache, aber auch Medien wie Voicemails und Videos bewusst einzusetzen, sowohl in der digitalen als auch in der analogen Kommunikation. Waren früher Briefe und Flugblatt wichtige Kommunikationsmedien, sind es heute Social-Media-Plattformen. So setzen wir uns etwa mit Netiquetten auseinander, mit Verhaltensregeln für Online-Besprechungen im digitalen Raum.

Inhalt und Form unserer Nachricht passen wir bewusst oder unbewusst dem Kommunikationsmedium an: Die WhatsApp-Nachricht klingt anders als der eingeschriebene Kündigungsbrief. Aber auch die kommunikativen Modi werden fein aufeinander abgestimmt: Wenn wir in der Kaffeeküche unserer Teamkollegin begegnen und ihr zum Verlust ihres Ehemannes kondolieren, passen wir Stimmlage, Mimik und Gestik dem belastenden Thema an. Stimmen sie aus Sicht der Adressatin nicht überein, entstehen modale Inkongruenzen im Ausdruck, etwa, wenn wir lachen bei einer traurigen Neuigkeit. Auf solche Inkongruenzen reagieren wir irritiert, weil wir sie als Verstöße gegen Normen und Erwartungen empfinden. Sobald wir über Hintergründe des kommunikativen Handelns informiert sind, können wir solche wahrgenommenen Inkongruenzen einordnen: etwa dann, wenn wir das vermeintlich arrogante Lächeln des neuen Abteilungsleiters als Zeichen von Unsicherheit zu deuten lernen.

Die Frage, woran wir uns beim Kommunizieren bewusst oder unbewusst orientieren, führt uns zum Frame-Modell von Hans Jürgen Heringer, das vor allem im interkulturellen Kontext Verwendung findet, welcher unter anderem in Translationsberufen, in der internationalen Organisationskommunikation oder der Lehrtätigkeit mit Studierenden unterschiedlicher Herkunftsländer von Bedeutung ist. Das Modell geht davon aus, dass jede kommunikative Handlung gerahmt werden kann _{Heringer, 2017}. Der Rahmen oder Frame umfasst sechs Eckpunkte: das Szenario, also Ort und Zeit der kommunikativen Handlung; die an der Kommunikation Beteiligten und ihre Rollen; die Medien, die wir für unsere Kommunikation wählen; die Themen, um die es geht; und die Intention, also die Absicht, die wir in einem Gespräch verfolgen. Schließlich ist auch der Modus zentral, die Art und Weise, wie die Beteiligten miteinander kommunizieren: verbal mündlich oder schriftlich, direkt oder gewunden, aber auch non- oder paraverbal, etwa über Gestik und Mimik.

Diese Eckpunkte beeinflussen unser kommunikatives Handeln, sie eröffnen und begrenzen die Möglichkeit kommunikativer Strategien im Berufsalltag: Das Hauptthema eines Gesprächs ist oft abhängig vom Szenario, also orts- und zeitgebunden; das zeigt sich etwa, wenn sich das Arbeitsteam nach einer Sitzung gemeinsam zum Feierabendbier begibt: Bereits auf dem Weg ändern sich die Gesprächsthemen. Das Thema hängt aber auch von den Beteiligten und ihren Rollen ab, wie das Beispiel des CEO zeigt, der unerwartet zum Kaffeetisch der Mitarbeitenden stößt und dort, ohne es zu wollen, einen Themenwechsel hervorruft: Hierarchien beeinflussen die Wahl der Themen. Allerdings sind Themen in Gesprächen ohnehin kaum je statisch: Sie ändern und überlagern sich im Laufe eines Gesprächs, sie werden ständig neu verhandelt. Wichtig ist aber auch, an welcher Stelle im Kommunikationsverlauf ein Thema üblicherweise aufgegriffen wird: Im deutschsprachigen und anglo-amerikanischen Arbeitskontext wird das Kernthema eines Verhandlungsgesprächs oft an den Anfang gestellt, im französischen und asiatischen Raum gilt es als eher unhöflich, sofort und direkt auf den Punkt zu kommen.

Schnelltest
Nennen Sie die Parameter, die Kommunikation beeinflussen, und illustrieren Sie den Einfluss an einem Beispiel.

Training
Auf der Webseite zum Buch finden Sie zum Beispiel, als weiterführende Übung, den Fall *Bambi-Award*.

Thema 1.1.e Turn und Turn-Taking: Das 1x1 der Gesprächsanalyse

Am Anfang der sprachlichen Kommunikation steht das Gespräch, das gilt für die Entwicklung der Menschheit ebenso wie für diejenige des Individuums: Ohne lebende, interaktive Gesprächspartner:innen bleiben kleine Kinder sprachlos. Sie entwickeln im eigentlichen Sinn keine Sprache, auch wenn sie von Medien umgeben sind, und können das ab der Pubertät nicht mehr nachholen.

Gespräche werden von vielen Faktoren beeinflusst: vom Ort, Thema oder den Teilnehmenden (vgl. Frame-Modell _{II.1.1.d}). Immer aber weisen Gespräche Gemeinsamkeiten auf. Um diesen Eigenheiten von Gesprächen auf die Spur zu kommen, entwickelten die Soziologen H. Sacks und E. Schegloff und die Linguistin G. Jefferson in den 1960er-Jahren die Konversationsanalyse (KA). Sie untersuchten Alltagsgespräche, etwa Telefongespräche oder Gespräche am Mittagstisch. Den Aufbau eines Gesprächs beschreibt die KA so:

Gespräche bestehen aus Turns. Ein Turn ist alles, „[...] was ein Individuum tut und sagt, während es jeweils an der Reihe ist" _{Goffman, 1974, 201}. In einem Gespräch folgt auf einen ersten Turn („Morgen, Katy") meistens ein zweiter („Hallo, Timo"). Natürlich verläuft das Turn-Taking, der Sprecher:innenwechsel, nicht immer so reibungslos wie in unserem Beispiel: Oft sprechen die Beteiligten gleichzeitig, unterbrechen einander oder legen lange Pausen ein.

Zwei aufeinanderfolgende Turns werden als Paarsequenz bezeichnet. Typische Paarsequenzen bestehen aus einem initiierenden und einem respondierenden Turn, etwa Frage und Antwort, Gruß und Gegengruß, und laufen nach festen Mustern ab. In einem dritten Turn dann haben wir als Sprecher:in die Möglichkeit, das Gespräch zu steuern: Timo kann im dritten Turn „Schönes Wetter heute, nicht wahr?" sagen oder auch: „Du, Katy, ich muss ganz dringend mit dir reden." Die KA berücksichtigt für ihre Forschung deshalb oft drei Turns, sogenannte Dreiersequenzen. Wichtig ist das etwa in Beratungsgesprächen, wie das folgende Beispiel zeigt:

„Wie fühlen Sie sich so, wenn dieser innere Schweinehund, wie Sie ihn nennen, sich wieder zeigt und Sie wieder losschimpfen?"	Turn 1 (Coach)
„Ja, mmh, also, das findet niemand cool, wenn einem das passiert."	Turn 2 (Klient)

Der Coach hat nun unendlich viele Möglichkeiten, seinen dritten Turn zu gestalten, z. B.:

„Ja, das kenne ich von mir selber, mir geht's dann auch immer so mies."	Turn 3a
„Warten Sie mal ... wenn das nicht ein Trauerschnäpper ist, dort auf dem Fenstersims ..."	Turn 3b
„Und wie fühlen Sie sich dann?"	Turn 3c

Aus professioneller Sicht ist nur die dritte Antwort (3c) angemessen. Die anderen beiden würden den Klienten wohl befremden (3a: Coach verliert die professionelle Distanz; 3b: Coach ist unaufmerksam). Die große Chance von Gesprächen liegt allerdings auch darin, dass wir unpassende Äußerungen spontan korrigieren können, weil wir über Reparaturmechanismen verfügen. Mit der Erklärung „Das war jetzt nicht passend, entschuldigen Sie, aber meine Tochter schreibt gerade ihre Maturarbeit über Zugvögel" wäre der Klient in 3b wohl wieder einigermaßen beschwichtigt.

Turns können wir auch im Hinblick auf andere Aspekte analysieren: Wer spricht wie lange? Wer unterbricht andere oft? Wer bricht immer wieder Sätze ab oder weicht aus? Und wie wird das Ausweichen sprachlich gestaltet? Der Klient oben wechselt zum Beispiel die Perspektive von *ich* zum unverbindlichen *niemand*. Das Verständnis solcher Aspekte ist für eine achtsame und zielführende Gesprächsführung hilfreich.

Schnelltest Beobachten Sie in den Gesprächen, die Sie heute führen, wie Turn-Taking verläuft: Wer spricht wann wie viel? Wer unterbricht? Wo sind Reparaturmechanismen notwendig?

Training Auf der Webseite zum Buch finden Sie weiterführende Übungen zu Regeln und Regelbrüchen beim Turn-Taking.

Thema 1.1.f Implikatur und Kooperation: Maximen der Verständigung

Menschen verstehen sich, weil sie es gewohnt sind, aus dem, was gesagt wird, das herauszulesen, was gemeint ist. Die Frage der gehetzten Passantin am Bahnhof „Entschuldigen Sie, haben Sie eine Uhr?" beantworten wir mit „9:15 Uhr", weil wir wissen, was sie damit meint. Die Linguistik spricht hier von **Implikaturen:** Wir interpretieren eine Aussage so, dass sie Sinn ergibt.

Von einem Kooperationsprinzip in der Kommunikation geht der Sprachphilosoph Paul Grice aus $_{\text{Grice, 1967}}$: Kommunikationsbeiträge werden so gestaltet, dass sie für den Zweck eines Gesprächs zielführend sind. Das bedeutet: Wir streben im Grunde eine kooperative Interaktion an. Gemäß Grice dürfen wir also davon ausgehen, dass die Behörden die kantonalen Abstimmungsunterlagen so verfassen, dass wir sie verstehen, und dass der Content Creator das Meme für die angestrebte Zielgruppe verständlich gestaltet. Und ebenso darf die Dozentin davon ausgehen, dass die studentische Mail mit dem Inhalt „Ich reiche den Leistungsnachweis erst jetzt ein, mein Hund ist angefahren worden" eine logisch sinnvolle Verbindung zwischen Nicht-Abgabe und Unfall herstellt; dies auch dann, wenn die Empfängerin nicht bereit ist, die Begründung zu akzeptieren.

Grice legt in seinen Konversationsmaximen genauer fest, wie ein Beitrag beschaffen sein muss, um dem Kooperationsprinzip zu genügen: Er muss nicht nur relevant sein, sondern auch angemessen, etwa in Länge, Ausführlichkeit, Klarheit und Höflichkeit: „Sehr geehrte Frau X" und nicht „Hallo, liebes Studiengangteam". Eine weitere Bedingung ist, dass der Beitrag wahr ist, dass also die Tatsache wahrheitsgetreu wiedergegeben wird.

Von einer Grundhaltung der kooperativen Interaktion gehen wir auch bei Konfliktgesprächen aus, denn auch da gilt, dass der oder die Sprecher:in verstanden werden möchte. Es hilft dabei, sich bewusst zu machen, dass unsere Gesprächsbeiträge in Situationen emotionaler Intensität manchmal wenig wahr, relevant oder angemessen sind, etwa wenn der Projektleiter ein Gespräch mit seiner Vorgesetzten mit den Worten einleitet: „Ich erwarte eine Erklärung zu dieser total intransparenten Stellenausschreibung, das ganze Team findet das Vorgehen völlig daneben. Unter wertschätzender Führung verstehe ich etwas anderes."

Die Formulierung ist hier unangemessen; so darf der Projektleiter als Unterstellter keine Klärung „erwarten", auch „völlig daneben" ist in diesem Kontext nicht angemessen. Der Wahrheitsgehalt müsste überprüft werden („das ganze Team", „total intransparent"). Die Vorgesetzte muss also hier eine Implikatur vornehmen: Vielleicht wäre der Projektleiter gern persönlich für die ausgeschriebene Stelle angefragt worden und ist nun gekränkt? In ihrem Turn kann die Vorgesetzte nun deeskalierend eingreifen, etwa durch sachliche Reformulierung wie: „Ich höre, dass die Stellenausschreibung dich überrascht hat." Hilfreich ist auch eine Klärungsfrage: „Verstehe ich das richtig, dass du das Vorgehen im Hinblick auf die Stellenausschreibung nicht richtig findest?"

Die Chance von Gesprächen liegt ja darin, dass wir in unserem Turn dem Gespräch jederzeit eine neue Richtung geben können. Nirgends sonst ist das so wichtig wie in Konfliktgesprächen. Das Wissen um Konzepte wie dasjenige der Konversationsmaximen kann hier hilfreich sein.

Analysieren Sie eine E-Mail, die Sie selbst verfasst haben, im Hinblick auf die Konversationsmaximen: Ist die Form angemessen, die Länge sinnvoll und ist der Inhalt klar? *Schnelltest*

Training Auf der Webseite finden Sie Übungen zu den Konversationsmaximen und erfahren dabei, welche Rolle sie in der politischen Kommunikation spielen.

Thema 1.1.g Offen und geschlossen: Die Wirkungsmacht von Fragen

In einer Welt, in der nicht gefragt wird, kann keine wirkliche Verständigung stattfinden. Der zentrale Stellenwert von Fragen ist in der Kommunikation von Kindern beobachtbar: „Warum ...?" Durch Fragen und Antworten lernen Kinder, das sinnlich Erfahrene einzuordnen. Mit Fragen erschließen sie sich die Welt. Aber nicht nur für den kindlichen Sozialisationsprozess sind Fragen zentral, sondern auch für das soziale Zusammensein im Erwachsenenalter.

Fragen unterscheiden sich in ihrer Funktion und sprachlichen Gestalt, weshalb wir auch von Fragetypen sprechen. Einer der wichtigsten Fragetypen ist die W-Frage, welche mit Interrogativpronomen wie *wer* oder *wann* am Satzanfang eingeleitet und als offene Frage bezeichnet wird. Mit offenen Fragen lassen wir dem Gegenüber bei der Antwort viel Freiheit. Dieser Fragetyp kommt oft bei helfenden Gesprächsformen wie Coaching oder bei Gesprächen im Krankenhaus zum Einsatz: Auf die Frage „Wie sind Sie mit dem neuen Medikament zurechtgekommen?" kann man kurz antworten mit „Danke, war ok" oder mit einer ausführlichen Schilderung.

Das Gegenstück zu den offenen Fragen bilden die geschlossenen Fragen, die sprachlich durch die Verb-Erststellung im Satz gekennzeichnet sind: „Kannst du mir heute dein Fahrrad leihen?" Sie werden mit *Ja* oder *Nein* beantwortet. Dieser Fragetyp schränkt den Handlungsspielraum der Befragten ein und kann dadurch konfrontativ wirken. Geschlossene Fragen werden in der politischen Kommunikation und der Werbung eingesetzt: „Stellen Sie sich zur Wiederwahl als Parteipräsident?", „Bist du bereit zu helfen?"

Es gibt aber auch Fragen, die sprachlich weniger eindeutig markiert sind: Auch eine Feststellung kann eine Frage sein, wenn sie durch Anheben der Stimme am Satzende oder durch Mimik und Gestik markiert wird. In diesem Fall sprechen wir von Deklarativsatz-Fragen.

Für die Wahl des richtigen Fragetyps im beruflichen Kontext ist entscheidend, welchen Zweck wir mit einer Frage verfolgen. Zu den wichtigsten Funktionen von Fragen gehört das Ausgleichen von Informationsdefiziten zwischen Gesprächsteilnehmenden. Das kann sich auf die Vergangenheit beziehen, etwa beim Polizeiverhör („Wann waren Sie zum letzten Mal in der Wohnung Ihrer Ex-Frau?"), auf die Gegenwart, etwa in der Pressekonferenz („Wie beurteilen Sie die aktuelle Pandemielage, Frau Bundesrätin?"), oder auf die Zukunft, etwa beim Mitarbeiter:innengespräch („Wo siehst du dich in unserem Unternehmen in drei Jahren?").

Gerade das letzte Beispiel zeigt, dass Fragen vielfach mehr meinen, als sie äußern. Würde der Mitarbeiter hier mit „Immer noch am gleichen Schreibtisch" antworten, würde das die Erwartungen der Vorgesetzten nicht erfüllen. Denn hier fragt das *Wo* nicht nach dem Ort, sondern nach Zielen und Visionen. Fragen haben also eine stark gesprächssteuernde Funktion, die im Sprichwort *Wer fragt, der führt* deutlich wird. Mit gezieltem, achtsamem Fragen beeinflussen wir nicht nur den thematischen Verlauf eines Gesprächs, sondern erfahren viel über Haltungen, Meinungen, Widersprüche, Wünsche und Bedürfnisse von Menschen.

Fragen stellen ist ein wirksames Mittel, um aufmerksam zuzuhören. Zuhören bedeutet, Menschen in ihrem Facettenreichtum und ihren Zwischentönen wahrzunehmen und darauf situativ angemessen zu reagieren. Und diese Fähigkeit zum situativen und dynamischen Handeln hebt die menschliche von der maschinellen Kommunikation ab.

Achten Sie beim nächsten Gespräch am Küchen- oder Bürotisch darauf, wie Sie Ihre Fragen stellen und welche Antworten Sie darauf erhalten. Schnelltest

Auf der Webseite zum Buch finden Sie weiterführende Übungen zu Fragetypen, -techniken und zur Wirkung von Fragen, zum Beispiel beim Beratungsgespräch. Training

Thema 1.1.h Konventionen, Ziele, Symmetrie: Gespräche kompetent führen

Gespräche führen ist etwas Selbstverständliches, etwas, was wir von früher Kindheit an tun. Wir fragen uns selten, was ein gutes Gespräch überhaupt ausmacht. Diese Frage wird oft erst dann wichtig, wenn wir, etwa in der Rolle einer Führungsperson, herausfordernde Gespräche führen. Aber auch ohne Führungsrolle führen wir ständig berufliche Gespräche: als Mitarbeiter in der Marketingabteilung eines Medienunternehmens, als Projektmanagerin in der Online-Konferenz einer internationalen NGO oder auch nur vor der Kaffeemaschine. Gerade wer in der Arbeitswelt oder einer bestimmten Branche neu Fuß fasst, muss sich an die kommunikativen Konventionen, an einen bestimmten Gesprächsstil wie den Bürojargon einer Organisation gewöhnen.

Ein Merkmal institutioneller Gespräche ist, dass sie zielgerichtet sind: Die Gespräche finden statt, weil die Institution damit ein Ziel verfolgt: Das Kund:innenakquise-Gespräch in einem Unternehmen verfolgt das Ziel der Vergrößerung des Kund:innenkreises, das Bewerbungsgespräch das der Rekrutierung von neuem Personal. Aber nicht die Institution, sondern die darin arbeitenden Menschen führen die Gespräche. Und so kommt es oft vor, dass – wenn überhaupt – Gesprächsziele vage festgelegt werden, im Mitarbeiter:innengespräch etwa als *Rückblick und Ausblick*.

Diese Unbestimmtheit ist auf den ersten Blick vorteilhaft, sie ermöglicht Gesprächsteilnehmenden, ihre eigene hidden agenda zu verfolgen: Die Abteilungsleiterin möchte im Gespräch mehr über die sich häufenden Kund:innenreklamationen erfahren, der Mitarbeiter die Spannungen im Team aufs Tapet bringen. Keine:r der beiden spricht das Ziel explizit aus. Das verhindert nicht nur eine effiziente Gesprächsführung, sondern birgt auch die Gefahr von Frustration durch fehlende Zielerreichung oder sogar eines Konflikts. Ein wichtiges Merkmal kompetenter Gesprächsführung ist also, Ziele zu identifizieren, widersprüchliche Ziele und Zielkonflikte offenzulegen und so ein gemeinsames Gesprächsziel auszuhandeln, das von allen Seiten mitgetragen wird.

Asymmetrie ist ein weiteres wichtiges Merkmal institutioneller Gespräche. Asymmetrien sind Formen von Ungleichgewicht im Gespräch. Basis dieses Ungleichgewichts können institutionelle Hierarchien, aber auch eine ungleiche Verteilung von Wissen sein. So weiß in einem Bewerbungsgespräch die Geschäftsleiterin, die das Gespräch führt, viel mehr über die Organisation, die Produkte, die Probleme und Herausforderungen als der Bewerber. Zudem kennt sie die Begrifflichkeiten und den Kommunikationsstil, die man verwendet: Spricht man von *Klient:innen* oder von *Kund:innen*, von *lehren* oder von *unterrichten*, von *Inklusion* oder *Integration*? Institutionelle Ziele und Asymmetrien beeinflussen die Art und Weise der Gesprächsführung. Asymmetrische Gesprächsführung zeigt sich auch auf der Ebene des Sprecher:innenwechsels, etwa wenn die Geschäftsführerin die Fragen stellt und der Bewerber antwortet, oder im Recht, Themen und Gesprächsdauer festzulegen, also ein Gespräch zu beginnen und zu beenden.

Gespräche sind immer dynamische Konstrukte: Zwei Bewerbungsgespräche für die gleiche Stelle laufen nie identisch ab und sind in ihrem Verlauf deshalb auch nicht voraussagbar. Gespräche kompetent zu führen, bedeutet, Gesprächskonventionen, aber auch den eigenen Handlungsspielraum, zu erkennen sowie Ziele transparent zu machen und sich so auf einen offenen Austausch mit dem Gegenüber einzulassen.

Denken Sie an Ihr letztes Bewerbungsgespräch: Welche Art von Asymmetrien kamen vor? Wie sind Sie damit umgegangen? — Schnelltest

Auf der Webseite zum Buch finden Sie weiterführende Übungen zu den Merkmalen und Herausforderungen institutioneller Kommunikation, zum Beispiel beim Mitarbeiter:innengespräch. — Training

Ulla Kleinberger
II.1.2 Murphy's Law: Kommunikative Schnittstellen

Kommunikatives Handeln ist interaktives Handeln. So entstehen Diskurse, in kleinen Gruppen wie in der Öffentlichkeit. Sie dienen den Teilnehmenden dazu, sich über einzelne Situationen, Texte, Medien und Sprachen hinweg zu verständigen – und damit kommunikative Schnittstellen zu bewältigen. Dabei kann einiges schiefgehen. Praktiker:innen beobachten, analysieren und nutzen die Muster von Diskursen, um Risiken in kommunikativen Situationen zu minimieren und gelingende Kommunikation zu fördern.

Lernziele **Haltung:** Sie respektieren Diskurse und ihre Muster als wichtige Voraussetzung beruflichen Sprachhandelns und sind bereit, sie in diesem Sinn zu nutzen. **Wissen:** Sie verfügen über eine linguistische Basis zum Beschreiben und Verstehen kommunikativer Schnittstellen. **Können:** Sie können Diskursmuster auf konkrete berufliche Handlungssituationen an den kommunikativen Schnittstellen produktiv anwenden.

Aufbau Die Schwerpunkte des Kapitels führen von wichtigen Schnittstellen in der Kommunikation zu typischen Praktiken in Sprachberufen:

a   Kommunikative Schnittstellen:
    Transformationsaufgaben auf drei Ebenen

b   Diskurspraktik, Diskurspragmatik:
    So nehmen Sie teil an dem, was um Sie geschieht

c   Muster und kulturspezifische Ausprägung:
    Zurück zum Beispiel Höflichkeit

d   Reibungsverlust, Effizienz und Praxis:
    Diskurspraktiken in beruflichen Profilen

Autorin Prof. Dr. habil. Ulla Kleinberger verfügt über langjährige Erfahrung in Forschung und Lehre von Gesprächs-, Text- und Diskurslinguistik. Ein Schwerpunkt liegt auf Herausforderungen organisationalen Kommunizierens im mehrsprachigen, intra- und interdisziplinären Kontext. Mit der Venia Legendi für Germanistische Linguistik lehrt sie auf allen akademischen Stufen Themen der (Angewandten) Linguistik.

https://www.zhaw.ch/de/ueber-uns/person/klul/

Thema 1.2.a Kommunikative Schnittstellen:
Transformationsaufgaben auf drei Ebenen

Die kommunikative Schnittstelle ist eine offene Stelle in einem kommunikativen System, an der sich das System mit anderen Systemen verbindet. Kommunikative Schnittstellen in einer bestimmten Situation können zum Beispiel mit diesen geometrischen Formen visualisiert werden. Die Punkte dieser Grafik _{Abb. 3} stehen für Personen oder Personengruppen. Die Striche sind Kommunikationswege zwischen diesen Personen oder Gruppen. Jeder Strich bedeutet damit auch eine Schnittstelle. In den vier ersten Beispielen kommunizieren einige mit einigen, im Beispiel ganz rechts alle mit allen _{Von Rosenstiel & Nerdinger, 2011, 368, beruht auf Leavitt, 1951}.

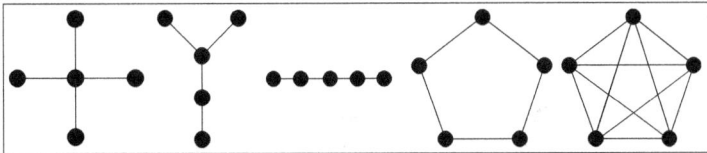

Abb. 3: Kommunikationswege.

An den Schnittstellen entstehen Transformationsaufgaben. Hier müssen die Beteiligten die sprachlichen Einheiten und Funktionen anpassen, übersetzen, damit diese über die Schnittstelle hinweg verstanden werden können. Dies geschieht auf drei Ebenen: _{Roberts, O'Reilly, Bretton, & Porter, 1977}.

Auf der Mikroebene tauschen sich Menschen mit anderen Menschen oder mit Maschinen aus _{Thar, 2015}. Im beruflichen Alltag geschieht dies in einer Vielzahl von kommunikativen Gattungen, also Gesprächs- und Textsorten: von der Begrüßung am Morgen, über Sitzungen, Projektentwicklung, Beratung, Beschwerden, Verträge, strategische Beratungen, Softcommunication bis hin zu Klatsch und Tratsch _{Kleinberger, 2020}.

Die Mesoebene umfasst die Kommunikation zwischen einzelnen Abteilungen oder Organisationen. Hier kommunizieren zum Beispiel die Entwicklungs- und die Verkaufsabteilung eines Betriebs miteinander, indem sich Vertreter:innen beider Organisationseinheiten wöchentlich zum Austausch treffen, um neue Produkte und ihre Verkaufschancen zu diskutieren.

Auf der Makroebene laufen die Kommunikationsprozesse zwischen Organisationen und der Gesellschaft. Hier gestaltet zum

Beispiel eine Behörde in einem demokratischen System ihre Kommunikation mit der Öffentlichkeit, um die Menschen möglichst transparent zu informieren und zugleich zu erfahren, was die Bevölkerung bewegt.

Selbstverständlich sind diese Ebenen nicht trennscharf zu verstehen. Lösen sich traditionelle Strukturen auf, wie etwa gegenwärtig, entsteht eine beeindruckende Dynamik. Gleichwohl schimmert dieses Modell der drei Ebenen perlmuttartig durch.

Schnelltest — Definieren Sie *kommunikative Schnittstelle* und nennen Sie kommunikative Aufgaben an solchen Schnittstellen auf mehreren Ebenen in Ihrem Alltag und Beruf.

Training — Auf der Webseite zum Buch finden Sie zum Beispiel eine weiterführende Übung zum Überarbeiten einer Webseite im Team, mit Fokus auf kommunikative Schnittstellen.

Thema 1.2.b Diskurspraktik, Diskurspragmatik: So nehmen Sie teil an dem, was um Sie geschieht

Mikro, Meso, Makro – auf diesen drei Ebenen also setzen wir Praktiken ein, um kommunikative Schnittstellen zu bearbeiten und an Diskursen teilzuhaben. Diskurspraktiken sind Muster von kommunikativen Handlungen zur Teilnahme an Diskursen. Welche Diskurspraktiken sich an welchen Schnittstellen und unter welchen Bedingungen ausprägen und bewähren, untersucht die Diskurspragmatik, die Lehre der sprachlichen Tätigkeiten in Diskursen. Beispiele dafür nennt die folgende Grafik.

Ebene	Berufliches Setting	Diskurspragmatik	Diskurspraktiken
Makro	Organisation – Gesellschaft	Untersucht den Diskurs zu Impfverzögerungen in der Gesellschaft während der Pandemie	Szenarien aufzeigen Verantwortung übernehmen Schuld zuweisen ...
Meso	Organisation – Abteilung	Untersucht den Diskurs zu Mobbing und Belästigung in einer Organisation	Fälle benennen Handlungen beschönigen Beteiligte verwarnen ...

(fortgesetzt)

Ebene	Berufliches Setting	Diskurspragmatik	Diskurspraktiken
Mikro	Mensch – Mensch	Untersucht den Diskurs in Paaren im Verlauf einer Beziehung	Interesse an der anderen Person ausdrücken Standpunkte klären Versöhnungsangebote machen ...

Die Diskurspragmatik zeigt uns: Menschen erfinden kaum neu, was sie sagen möchten. Sie greifen an den kommunikativen Schnittstellen auf kulturell geprägte Einheiten, auf Muster von Praktiken zurück, damit sie eine (sprachliche) Handlung effizient und sinnvoll durchführen können. Durch die musterhafte Grundlage ist der gemeinsam konstruierte Sinn der Aussage ebenfalls abschätzbar.

Alle Unternehmen und Organisationen heben sich über Muster von Praktiken von ihrem Umfeld ab, und doch sind viele der Praktiken und Muster weitverbreitet. Jede Gesellschaft verfügt über ein ausreichendes Repertoire von Praktiken und Mustern, aus dem Individuen und Kollektive auswählen können, um ihr kommunikatives Handeln sinnvoll und effizient zu gestalten und das (berufliche) Leben zu bewältigen.

Reflektierte Praktiker:innen beobachten, analysieren und nutzen die Praktiken und deren Verbindung in festen Mustern in Diskursen, um gezielt passend oder abweichend zu handeln, um Erwartungen zu erfüllen oder zu übertreffen, um Interessen anzumelden oder zu wahren. Mit guten Praktiken kann das gelingen – auch wenn dem stets so vieles entgegensteht: Wenn, wie Murphy's Law behauptet, alles scheitern wird, was scheitern kann.

Nennen Sie Muster von Praktiken sprachlichen Handelns auf Mikro-, Meso- und Makroebene sowie deren Wert, Rolle und Potential. — *Schnelltest*

Auf der Webseite zum Buch finden Sie zum Beispiel eine weiterführende Übung zum Nutzen kommunikativer Praktiken im beruflichen Alltag. — *Training*

Thema 1.2.c Muster und kulturspezifische Ausprägung: Zurück zum Beispiel Höflichkeit

Wenn eine Person sprachlich handelt, entwickelt sie die sprachlichen Einheiten dafür nicht neu, sondern greift auf Bestehendes zurück, auf Muster von Praktiken, die allenfalls neu oder unüblich kombiniert werden. Einfluss auf diese Ausprägung komplexer Muster haben dabei die aktuelle Situation und die historischen Zusammenhänge, in die sie eingebettet ist.

(Un-)Höflichkeit $_{\text{II.1.1.c}}$ beispielsweise lässt sich je nach Konstellation unterschiedlich realisieren: über spezifische syntaktisch verbundene Lexeme wie ein *Bitte sehr*, über die Wahl des Modus vom Indikativ zum Konjunktiv oder Imperativ – oder über Modalverb-Konstruktionen wie *könnten Sie*. Welche Mittel jemand wählt, ist eine stilistische Entscheidung. In jeder Situation kann die interagierende Person aus einem Repertoire vorgeprägter Muster auswählen und sich so in einem Netz von Konventionen und Anforderungen positionieren.

Vergleichbar mit diesen individuellen Entscheidungen steht es Organisationen und ihren Abteilungen frei, durch sprachliche Praktiken ihr Profil nach außen zu schärfen. Da dies an kommunikativen Schnittstellen geschieht, ist die Wirkung im Sinne der Produzent:innen nicht immer gewährleistet. So können etwa ungehaltene Callcenter-Mitarbeitende der Reputation eines Unternehmens schaden. Eine misslungene Produktbezeichnung für ein Süßgetränk wie *Fuze(tea)* rührt an Tabus, womit der Ruf eines Unternehmens tangiert wird.

Kommunikative Entscheidungen, ob individuell getroffen oder in einer Organisation ausgehandelt, unterliegen kulturellen Gepflogenheiten. Deshalb zeigen sich in allen Kulturen spezifische Muster von Entscheidungen und Praktiken. Mental abgelegt sind die Denk- und Handlungsbedingungen als Frames $_{\text{II 1.1.d}}$, die Handlungsmuster als Skripts. Innerhalb einer Kultur hilft uns ein Repertoire von Frames und Skripts zu kommunizieren und zu kooperieren, ohne dass grundsätzliche Diskussionen stattfinden müssen.

Eine höfliche Gepflogenheit ist etwa, dass diejenige Person, die einen Raum betritt, als erstes grüßt. Das Skript setzt sich fort, indem die anderen anwesenden Personen diesen Gruß erwidern sollten $_{\text{I.1.1.c}}$. Geschieht dies nicht, wird eine kommunikative Schnittstelle überdeutlich, wenngleich suboptimal realisiert: Vom Schweigen zum Gespräch braucht es den Gruß sowie den Gegengruß. Wie diese beiden Grüße sprachlich ausgestaltet werden, ist ein Stück weit die Angelegenheit der jeweiligen Personen – und somit eine Stilfrage I.1.1.d.

Stilistische Varianten einer kulturspezifischen Ausprägung finden sich auf unterschiedlichen Ebenen: etwa auf der sprachlichen Oberfläche (z.B. Syntax von *Moin!* und *Ich grüße Sie recht herzlich*) oder bei stilbildenden Verfahren (z.B. Wiederholung in *Moin moin!*). Erst in der Abweichung (markiert) von einer gängigen Realisierung (unmarkiert) wird die Wahl einer Praktik und der damit verbundenen Formulierungen, der stilistischen Varianten also, auffällig – etwa, wenn jemand gezielt überschwänglich zurückgrüßt. Eine solche Praktik wird zu einem Phänomen, das man neben dem Normalfall betrachten, untersuchen und optimieren kann.

Zeigen Sie an einem erlebten Beispiel die Bedeutung stilistischer Varianten in Situationen betonter (Un-)Höflichkeit für das Gelingen von Kommunikation.   Schnelltest

Auf der Webseite zum Buch finden Sie als weiterführende Übung zum Beispiel eine Einladung, sich an peinliche und gelungene Begrüßungssequenzen zu erinnern.   Training

Thema 1.2.d Reibungsverlust, Effizienz und reflektierte Praxis: Diskurspraktiken in beruflichen Profilen

Der berufliche Alltag ist im Allgemeinen effizient organisiert. Das Zusammenspiel der Mitarbeitenden, der Abteilungen und der Organisationen, ja, der Gesellschaft als Ganzes, ist wie ein gut geöltes Räderwerk. Trotz allen Öls treten aber an den Schnittstellen, also zwischen den Rädern, Reibungsverluste auf. Geeignete Diskurspraktiken helfen, diese Verluste tief zu halten, indem sie beispielsweise beeinflussen,
- welche Sprache wann gesprochen wird. Ein Gegenbeispiel: Sulzer Management führte vor Jahren in der internen Kommunikation des Standorts Winterthur Englisch als Unternehmenssprache ein, selbst Sitzungen mit ausschließlich Schweizerdeutsch Sprechenden mussten auf Englisch geführt werden. Nach wenigen Monaten wurde diese Weisung zurückgenommen.

- welche Medien für welche Information bzw. Rezipientengruppen genutzt werden. Zum Beispiel ist *Alter* eines der Kriterien für die Medienwahl: Ältere Personen in der Schweiz erreicht man eher über Massenmedien wie den Schweizer Rundfunk und über etablierte soziale Medien wie Facebook, LinkedIn, jüngere Personen eher über Instagram, TikTok, Izzi und Influencer.
- wie man sich als mittelständisches Unternehmen im Gleichschritt über seine Produkte politisch positioniert. So werden etwa Bioprodukte von anderen Vertreter:innen mit anderen Medienkanälen unter anderen sprachlich-stilistischen Besonderheiten aufbereitet als genetisch veränderte Produkte, was bedeutet, dass kommunikative Schnittstellen unterschiedlich auszugestalten sind.

Vielfältige Strukturen und Muster helfen, diese Effizienz aufrechtzuerhalten: Genres, Textsorten, Gesprächssorten, Textbausteine liefern musterhafte Angebote, die in den unterschiedlichen beruflichen Profilen und Traditionen ihren Niederschlag finden. Beispielsweise garantieren Europäische DIN-Normen, so der Normbrief DIN 5008 (seit 2020), effiziente Verarbeitungsmöglichkeit mit Textvorlagen. Betreff, Anrede und Grußformen etwa, passend zur Größe und Position der Sichtfenster bei den Briefumschlägen, sind wichtige Aspekte, die eine digitale, technische Weiterverarbeitung vereinfachen.

In diesem Rahmen werden Unternehmen, die auf Individualität und Exklusivität setzen, bewusst Abweichungen suchen: die eigenständige, auffällige und dabei überzeugende Mustervariation. Zweckmäßigkeit und Übersichtlichkeit sind dabei wichtige Kriterien, aber auch vermeintlich Sinnfernes bzw. -loses kann Aufmerksamkeit verschaffen. Dabei machen kulturelle Erwartungen in Bezug auf Höflichkeit, Gender $_{II.3.1}$, Alter und Hierarchie jedes kommunikative Vorgehen zu einem besonderen Unterfangen mit gut verborgenen Fettnäpfchen. Murphy's Law grüßt.

Sprachliche Schnittstellenarbeit erweist sich so als eine typisch praktische, anwendungsorientierte Herausforderung, die im beruflichen Alltag gemeistert werden muss. Unterschiedliche berufliche Profile folgen eigenen Traditionen und Gepflogenheiten, verstärkt von Zeitgeist und aktuellen Anforderungen, heruntergebrochen auf die Aufgabenstellungen, die einen Rahmen hinsichtlich der Praktiken setzen und die zu realisierende Muster virtuell zur Verfügung stellen. Reflektierte Praxis erkennt, nutzt und umspielt die Muster entsprechend.

Beschreiben Sie erlebte Folgen Ihres Handelns an kommunikativen Schnittstellen. Schnelltest

Auf der Webseite zum Buch finden Sie zum Beispiel eine weiterführende Übung zum Fall von Alexei Anatoljewitsch Nawalny. Training

II.2 Sprache und Maschine

So, wie sich Zahlen, Bilder und Klänge digital speichern und verarbeiten lassen, ist das auch für geschriebene und gesprochene Sprache möglich. Sprachverarbeitung durch Maschinen wird immer geschmeidiger, und oft macht es den Eindruck, als würden etwa schreibende und übersetzende Computer die Menschen überflüssig machen, die vorher diese Tätigkeiten ausübten. Die beiden Kapitel im Themenfeld SPRACHE UND MASCHINE zeigen aber: Der Schein trügt. Allerdings gilt es herauszufinden, wo genau der Mensch der Maschine überlegen ist und wie er sie nutzen kann für berufliche Kommunikation.

Im ersten Kapitel II.2.1 erkennen Sie, warum es unterschiedliche **Normen** gibt für den Gebrauch von Sprache. Diese zu kennen, zu befolgen, aber auch gezielt verletzen zu können, ist eine wichtige Voraussetzung für die Spracharbeit mit Maschinen und macht zugleich einen entscheidenden menschlichen Mehrwert aus in digitalisierter Kommunikation. Deshalb lernen Sie in praktischen Fällen kennen, wie Sie geschickt mit Sprachnormen umgehen – und warum Sprachprofis, die das flexible Wesen von Sprachnormen verstanden haben, immer wichtiger werden in einer Welt künstlicher Intelligenz.

Im zweiten Kapitel II.2.2 zoomen Sie auf Maschinen, die aus der professionellen Arbeit mit der **Mehrsprachigkeit** kaum mehr wegzudenken sind. Mehrsprachige Kontexte mit ihren internationalen Geschäftssprachen reizen zum flinken und oberflächlich sauberen Einsatz maschineller Übersetzung. Wie so etwas funktioniert – und wo nicht –, zeigt das Kapitel an Beispielen von Programmen und Datenkorpora. Am Beispiel maschineller Übersetzung wichtige Stärken und Schwächen digitaler Denk- und Kommunikationswerkzeuge zu kennen, hilft Ihnen, Ihre eigenen, menschlichen Werkzeuge für den Sprachberuf besser zu schärfen.

Nachdem Sie die beiden Kapitel zu SPRACHE UND MASCHINE durchgearbeitet haben, sind Sie bereit zum Schreiben einer **Portfolio-Arbeit** von etwa drei Seiten. Sie tun dies wieder allein oder in kleinen Gruppen, Arbeitsaufwand etwa vier Stunden. Übersetzen Sie eine Gebrauchsanleitung, einen Kommentar des Guardian www.language-matters.education und einen Songtext, den Sie gerne hören, mit DeepL ins Deutsche. Zeigen Sie dann an Textstellen der Ergeb-

nisse auf, was Ihnen als Stärken und Schwächen der maschinellen Übersetzung ins Auge sticht. Leitfragen dabei:
- Welche Zielnormen und welche Gebrauchsnormen sind im Alltag einzuhalten, damit die Zielgruppen die Anleitung, den Kommentar und den Songtext angemessen finden können?
- Wo wirkt die Übersetzung für Sie nicht gelungen, und an welchen dieser Stellen sehen Sie interkulturelle Unterschiede als die Ursache der Übersetzungsprobleme?
- Welche Lösungen, welche Verbesserungen schlagen Sie für diese Stellen vor, und auf welches Wissen müssen Sie zugreifen, um solche Post-Edits durchführen zu können?

Christa Stocker
II.2.1 To be or not to be: Sprachnormen online und offline

Adäquater Sprachgebrauch ist für Sprach- und Kommunikationsprofis zentral. Als Sprachprofi entscheiden Sie in jeder Situation, an welchen Sprachnormen – sprachlichen Zielnormen oder Sprachgebrauchsnormen – Sie sich orientieren. In diesem Kapitel schärfen Sie Ihr Bewusstsein dafür, dass für einen adäquaten Sprachgebrauch manchmal eine Zielnorm verletzt werden muss; denn: Menschen sind flexibler als Maschinen _{II.2.2}. Entsprechend vertiefen Sie das Verständnis von sprachlicher Variation _{I.2.2}.

Haltung: Sie sind bereit für einen reflektierten und produktiven Umgang mit sprachlich-kommunikativen Zielnormen. **Wissen:** Sie vertiefen und flexibilisieren Ihr Wissen zu Variation, Normenbildung und Normenwandel im Sprachgebrauch online und offline. **Können:** Sie können deskriptive und präskriptive Ansätze unterscheiden und mit Blick auf Zielgruppe und Situation adäquate Kommunikationsangebote erkennen und produzieren. — Lernziele

Das Kapitel beginnt mit der linguistischen Reflexion über sprachlich-kommunikative Normen und die Adäquatheit von Sprachgebrauch _{a, b}. Danach wenden Sie das Wissen auf Fallbeispiele im Spannungsfeld von Online- und Offline-Kommunikation an _{c, d}. — Aufbau

a Kodifizierung und Standardsprache:
   Warum Sprache offline mehr Normen braucht

b Prä- und deskriptive Normen:
   Wenn sich Regeln im Sprachgebrauch wie von selbst ändern

c Mündlichkeit, Schriftlichkeit und Norm:
   Wie neue Medien alte Grenzen verwischen

d Nonstandardvarietäten:
   Gezielte Abweichung ja, Anbiederung nein

Prof. Dr. Christa Stocker baut bei der Auswahl der Themen und der Herangehensweise auf ihre fachliche und didaktische Kompetenz und Erfahrung als Linguistin und Dozentin in Angewandter Lingu- — Autorin istik. Diese verbindet sie mit der praktischen Anwendung aus dem Kommunikationsalltag der Berufspraktikerin.

https://www.zhaw.ch/de/ueber-uns/person/stoc/

Thema 2.1.a Kodifizierung und Standardsprache:
Warum Sprache offline mehr Normen braucht

In frühen Kulturen wurde nur mündlich kommuniziert, im gleichen Wahrnehmungsraum und in Echtzeit – sozusagen online. Erst die Schrift ermöglichte Offline-Kommunikation: die Verständigung über Raum und Zeit hinweg, mit Menschen, die bei Unklarheiten nicht zurückfragen konnten. Für solche Situationen war ein möglichst einheitlicher und eindeutiger Sprachgebrauch notwendig. Dafür wurden Sprachnormen wichtig, die den richtigen Sprachgebrauch markierten: die Zielnormen. Sie sind heute in Grammatik- und Wörterbüchern festgehalten, also kodifiziert – im Deutschen nach dem Motto: Richtig ist, was im Duden steht.

Diese Sprachnormen sind das Ergebnis eines historischen Normierungs- und Standardisierungsprozesses. Im deutschen Sprachraum setzte dieser Prozess im 14. Jahrhundert mit der Bildung von Kanzleisprachen ein. Diese vermittelten zwischen den regionalen Dialekten und ermöglichten als überregionale Schreibsprachen die Verständigung in einem größeren geografischen Raum. Über die Jahrhunderte entstand daraus die deutsche Standardsprache. Ihre Kodifizierung, also das schriftliche Festhalten ihrer Normen, hat begünstigt, dass heute überall auf der Welt Deutsch gelehrt und gelernt werden kann und dass sich Sprach- und Kommunikationsprofis über Ländergrenzen hinweg in einer Sprache verständigen können.

Aber die Sprache, ob online oder offline, gesprochen oder geschrieben, verändert sich weiter $_{II.3.1}$. So sind auch Standardsprachen und -varietäten $_{I.2.2}$ nicht unveränderlich. Sie stehen in einem sozialen Kräftefeld von Sprachnorminstanzen. Diese wirken im Zusammenspiel verändernd auf die Standardsprache ein. Ihr Einfluss kommt von ihrer
- Öffentlichkeit, sprachlichen Meisterschaft und ihrem sozialen Status. Das gilt für Modellsprecherinnen und -schreiber wie etwa Nachrichtensprecher, Journalistinnen und Lehrer;
- Macht, das Sprachhandeln anderer zu korrigieren. Das gilt für Normautoritäten wie etwa Verlagslektorinnen, Redakteure;

- Anerkennung als Sprachnorminstanz. Das gilt für Kodifizierungsstellen wie etwa autoritative Nachschlagewerke, Politikerinnen;
- systematischen Beschreibung des Sprachgebrauchs und ihrer wissenschaftlich fundierten Kritik an kodifizierten Normen. Das gilt für Sprachwissenschaftlerinnen und -experten.

In jedem Land legen andere Instanzen und Institutionen die sprachlichen Zielnormen fest. In Frankreich etwa ist es die Académie française, im deutschen Sprachraum der Rat für deutsche Rechtschreibung. In den englischsprachigen Ländern gibt es keine offizielle Regulierungsbehörde; hier nehmen Kodifizierer:innen eigenständig neue Wörter und Regeln auf.

Nennen Sie sprachliche Zielnormen für eine Stellenbewerbung in Ihrem Sprachraum, benennen Sie die Sprachnorminstanzen und schätzen Sie an diesem Beispiel deren Einfluss ein. *Schnelltest*

Auf der Webseite zum Buch finden Sie Beispiele von Sprachnorminstanzen und ihrem Rollenverständnis, darunter sind der Dudenverlag und der Rat für deutsche Rechtschreibung. *Training*

Thema 2.1.b Prä- und deskriptive Normen:
Wenn sich Regeln im Sprachgebrauch
wie von selbst ändern

In Printmedien oder auch online begegnen Sie Fragen und Kommentaren zur Sprache, sei es von Privatpersonen, Fremdsprachenlernenden, Journalistinnen, Übersetzern oder Kommunikatorinnen. Ausgangspunkt ist oftmals eine Frage wie: Was ist richtig, A oder B? Je nach Hintergrund und Haltung der Autor:innen richtet sich der Fokus in den Antworten auf die Beschreibung, d.h. die Deskription der Sprachpraxis, oder darauf, was sie für richtig oder falsch halten, also auf eine Vorschrift, die sogenannte Präskription.

Die Sprachwissenschaft ist in weiten Teilen eine beschreibende Wissenschaft. Sie analysiert und beschreibt die Sprache und den Sprachgebrauch. Wissenschaftliche Grammatiken erfassen die Regularitäten und Varianten im Sprachgebrauch unter anderem mit Hilfe der Korpusanalyse $_{I.1.2}$ – deskriptiv und wertungsfrei. Sie beschreiben Sprachgebrauchsnormen $_{Hennig, 2009, 28}$ und zeigen auf, was im Sprachgebrauch möglich und gebräuchlich ist – bisweilen auch in Abweichung von der kodifizierten Standardsprache. Sie beobachten also, was sich im Gebrauch an Regularitäten herausgebildet hat.

Demgegenüber orientieren sich sprachlich-kommunikative Laien gern an präskriptiven Grammatiken oder Wörterbüchern ebd., 2. Diese formulieren die kodifizierten Zielnormen und damit die Regeln für den sogenannt richtigen Sprachgebrauch. Linguistische Variation und Variabilität von Sprache in verschiedenen Varietäten und Kommunikationszusammenhängen werden nicht systematisch berücksichtigt.

Dementsprechend vertreten Sprachkolumnen und -ratgeber für Laien oftmals eine präskriptive Haltung mit dem sprachpflegerischen Ziel, die Sprache in einem angeblich reinen und ursprünglichen Zustand zu bewahren – frei von fremden Einflüssen wie etwa dem Englischen aufs Deutsche, das dadurch angeblich zum Denglisch verkommt. Argumentiert wird mit historischen, ästhetischen oder persönlichen Begründungen für oder gegen bestimmte Wörter, Ausdrucksweisen, syntaktische Fügungen. Die Normorientierung geht dabei so weit, dass orthografische Fehler mit mangelnder Intelligenz gleichgesetzt werden. Die Bezeichnung *Deppenleerzeichen* für den fehlenden Bindestrich in Komposita (*Linguistik Vorlesung* statt *Linguistik-Vorlesung*) ist nur ein Beispiel; Veränderungen im Sprachgebrauch werden in diesem Zusammenhang als Zeichen des Sprachverfalls bewertet II.3.1.

Schulgrammatiken vereinen deskriptive und präskriptive Ansätze. Dadurch ermöglichen sie Sprachlernenden und Berufsleuten in Sprachberufen, sich die Standardsprache und die Varianten verschiedener Varietäten einer Sprache anzueignen. Insbesondere für letztere ist das wichtig, damit sie ihre kommunikativen Ziele über zielgruppenadäquate Versprachlichungen erreichen können.

Schnelltest: Nennen Sie die Unterschiede zwischen deskriptivem und präskriptivem Umgang mit Sprachnormen und umreißen Sie den Nutzen beider Herangehensweisen.

Training: Auf der Webseite zum Buch finden Sie zum Beispiel den Fall *Sprachpantscher des Jahres* – und die Zwiebelfischkolumne, die zeigt, wie Zielnormen und Sprachgebrauchsnormen ineinandergreifen.

Thema 2.1.c Mündlichkeit, Schriftlichkeit und Norm: Wie neue Medien alte Grenzen verwischen

Die kodifizierten Zielnormen der Standardsprache führen nicht in allen Situationen zu adäquatem Sprachgebrauch. Sie richten sich vorrangig auf die geplante und elaborierte Schriftlichkeit zum Beispiel in Zeitungsartikeln Dürscheid, 2016, 24. Für andere Anwendungen haben sich davon abweichende Sprachgebrauchsnormen herausgebildet. Beispielsweise besteht im Mündlichen eine größere Offenheit bezüglich verschiedener syntaktischer Strukturen oder orientiert sich die Schreibung in SMS- oder WhatsApp-Nachrichten nicht selten an der Aussprache.

Dem schriftlichen Sprachgebrauch aus vor-digitaler Zeit steht in der digitalen Online-Kommunikation ebenfalls schriftbasiert eine komplexe sprachlich-kommunikative Realität gegenüber aus quasi-synchroner Kommunikation in Chats und Instant Messaging und asynchroner Kommunikation in E-Mails oder auf Webseiten ebd., 46.

Die charakteristischen Merkmale der digitalen Online-Kommunikation sind Dialogizität, Hypertextualität, Multimodalität und Fluidität Marx & Weidacher, 2020, 212–228, wobei nicht alle vier Merkmale in jeder Online-Kommunikation vorkommen. Stark geprägt wird der Sprachgebrauch aber auch von Kommunikationsbedingungen wie Privatheit, Emotionalität und Spontaneität. Diese sind bei der Rahmung jeder Kommunikationssituation II.1.1 zentral. Weniger stark beeinflusst wird der Sprachgebrauch hingegen durch das Medium selbst, also dadurch, dass die Kommunikation übers Web, über E-Mail, Chat, SMS oder WhatsApp erfolgt.

Neue Sprachgebrauchsnormen zeigen sich beispielhaft in Emojis – oder in Abkürzungen wie *bff: best friends forever; yolo: you only live once; thx: thanks; omg: oh my God; diy: do it yourself*. In der Deutschschweiz ist eine weitere Besonderheit der privaten digitalen Online-Kommunikation, dass in großen Teilen der Bevölkerung in Dialekt, also in der Sprache der Nähe, geschrieben wird, die explizit keinen Zielnormen verpflichtet ist.

Für die erfolgreiche Kommunikation in Sprachberufen müssen diese Besonderheiten berücksichtigt werden – etwa im Community Management über Social Media, beim Festlegen von Standards für die sprachliche Integration – oder wenn eine Organisation über Sprach- und Kulturgrenzen hinweg junge Leute ansprechen will. Je nach Kontext, Illokution und Zielgruppe sind andere Versprachlichungen angemessen und führen andere Sprachgebrauchsnormen und Diskurspraktiken $_{II.1.2}$ kommunikativ zum Erfolg.

Für Sprach- und Kommunikationsprofis setzt das einerseits Toleranz im Umgang mit Verletzungen der standardsprachlichen Zielnormen voraus. Andererseits sollten sie im Sinne der inneren Mehrsprachigkeit $_{I.2.1}$ über ein großes Repertoire an Versprachlichungsstrategien verfügen – für Anwendungskontexte online und offline.

Schnelltest   Zählen Sie fünf Besonderheiten der digitalen Online-Kommunikation auf.

Training   Auf der Webseite zum Buch finden Sie zum Beispiel eine Übung dazu, was WhatsApp über die digitale Kommunikation verrät.

Thema 2.1.d Nonstandardvarietäten:
Gezielte Abweichung ja, Anbiederung nein

Die Varietäten einer Sprache entstehen durch sprachliche Variation $_{I.2.2}$. So ist es etwa für die sprachliche Integration in Gesundheitsberufen zentral, gezielt zwischen Allgemeinsprache und medizinischer Fachsprache wechseln zu können und zu wissen, wann *Schnupfen* und wann *Rhinitis* der adäquate Ausdruck ist. Im Journalismus ist es wichtig, Interviewten sprachlich auf Augenhöhe zu begegnen, und in der mehrsprachigen Kommunikation und in der Organisationskommunikation, in jeder Situation die passenden kommunikativen Muster und Praktiken anzuwenden $_{II.1.2}$.

Nicht alle Varietäten sind jedoch kodifiziert und können formal gelernt werden $_{Ammon,\ 2015,\ 145-146}$. Nonstandardvarietäten wie Dialekte, Ethnolekte, Umgangssprache oder Jugendsprachen weichen in der Regel auf mehreren linguistischen Ebenen von der Standardsprache ab. Die Abweichung kann alle linguistischen Ebenen betreffen: den Wortschatz, die Aussprache, die Wortbildung, den Satzbau, die Bedeutungen und die Pragmatik $_{I.2.2.b,\ I.3.2.b}$. Mit Ausdrücken wie *Wo gosch?* oder *Gömmer Bahnhof?* und der Auslassung von Präpositionen folgen aber auch sie bestimmten Sprachnormen – eben informellen Sprachgebrauchsnormen. Doch macht hier die Abweichung von der Standardsprache den adäquaten Sprachgebrauch aus. Überspitzt gesagt: Die Normabweichung wird zur Norm.

Sprachgebrauchsnormen entstehen informell innerhalb einer sozialen Gruppe $_{II.2.1.b}$: Nur wer dazugehört, kennt die varietätenspezifischen sprachlichen Muster und Praktiken ₁₁.₁.₂ und weiß sie in der kommunikativen Praxis adäquat anzuwenden. Der Grad der Beherrschung wird zu einem Hinweis auf Gruppenzugehörigkeit, die Herausbildung der Varietät zum gruppenkonstituierenden Merkmal. Elemente aus Nonstandardvarietäten, die sich mit der Zeit ausbreiten in andere Gruppensprachen oder gar die Standardsprache, verlieren ihre gruppenkonstituierende Funktion.

Die Arbeit in Sprachberufen erfordert also einen sehr bewussten Umgang mit Nonstandardvarietäten. Sprach- und Kommunikationsprofis müssen dafür die Standardsprache beherrschen, um gezielt Nonstandardvarietäten nutzen zu können. Nur wenn sie situations- und zielgruppenadäquat die passende Versprachlichung wählen, den richtigen Ton treffen, kann Verständigung, kann Kommunikation gelingen.

Insbesondere bei Nonstandardvarietäten ist daher Vorsicht geboten: Bedienen sich Nicht-Gruppenmitglieder, etwa Lehrpersonen oder Marketing-Fachleute, einer Nonstandardvarietät, kann dies leicht zu Irritationen führen, beispielsweise weil sie die Muster und Praktiken der Gruppe ₁₁.₁.₂ nicht genügend gut beherrschen oder weil sich die Mitglieder der Gruppe vereinnahmt fühlen. Wenn diese Gefahr droht, kann ein Verzicht auf die sprachliche Annäherung zielführender sein.

Geben Sie ein Beispiel einer Nonstandardvarietät aus Ihrem Umfeld und skizzieren Sie Unterschiede zwischen den dort geltenden Normen und den Zielnormen der Standardsprache. — Schnelltest

Auf der Webseite zum Buch finden Sie zum Beispiel eine Übung dazu, wie Normverletzungen in der Jugendsprache abgefeiert werden. — Training

Alice Delorme Benites und Caroline Lehr

II.2.2 Mehrsprachigkeit und Technologie: Who's lost in translation?

Die Schweiz ist ein mehrsprachiges Land, gelegen mitten im mehrsprachigen Europa, dessen Wirtschaft und Politik international vernetzt sind. Da setzt professionelle Kommunikation voraus, dass die Sprachenfrage beantwortet ist: Welche Inhalte sollen in mehreren Sprachen zugänglich sein? Von Maschinen erstellte oder übersetzte Texte begleiten uns entsprechend durch den mehrsprachigen Berufsalltag – oft, ohne dass wir uns dessen bewusst sind. Aber welche Unterstützung bieten Sprachtechnologien wie DeepL oder ChatGPT für die mehrsprachige Kommunikation, und wo kann und muss der Mensch zusätzlich einen Mehrwert einbringen?

Lernziele **Haltung:** Sie nehmen die technologiegestützte Mehrsprachigkeit in Ihrem Umfeld reflektiert wahr und hinterfragen sie. Am Beispiel der Machine Translation Literacy entwickeln Sie eine kritisch-konstruktive Haltung zu den unterschiedlichen Sprachtechnologien in den Berufsfeldern. **Wissen:** Sie erweitern Ihr Wissen zu den Möglichkeiten und Grenzen Künstlicher Intelligenz in der (Teil-)Automatisierung der mehrsprachigen Kommunikation. **Können:** Sie steigern Ihre Fähigkeit, geeignete Lösungen für mehrsprachige Kommunikation in Studium und Beruf zu wählen.

Aufbau Das Kapitel baut auf drei Schwerpunkte auf, die ein Verständnis der Besonderheiten der mehrsprachigen Kommunikation und des gezielten Einsatzes von Künstlicher Intelligenz vermitteln: Mehrsprachigkeit und Maschine $_{a,\,b}$, Text und Maschine $_{c,\,d}$ und Mensch und Maschine in der Sprachindustrie $_{e-h}$.

a Mit Google Translate und CAT-Tools:
Technologiegestützte mehrsprachige Kommunikation

b Mehrsprachigkeit in Berufsfeldern:
Luxus, Problem oder Chance?

c Deep Learning und Big Data:
Was hinter KI-Lösungen steckt und was sie können

d Algorithmischer Bias und Gender Bias:
Probleme maschineller Übersetzung

e   Pre- und Post-Editing:
    Wofür KI-Lösungen eingesetzt werden können

f   Kontext, Kreativität und interkulturelle Kompetenz:
    Der menschliche Mehrwert im Sprachberuf

g   Die Sprachindustrie heute:
    Berufsprofile und Entwicklungen

h   Der Mensch in der Sprachindustrie:
    Kompetenzen und Berufsrollen

Dr. Alice Delorme Benites und Dr. Caroline Lehr befassen sich seit vielen Jahren mit mehrsprachiger Kommunikation. In der Praxis wirkten sie als professionelle Übersetzerinnen und später als Post-Editorinnen. In der Lehre arbeiten sie mit Computerlinguisten und Entwicklerinnen von maschinellen Übersetzungstools für die Ausbildung von Post-Editors zusammen und sind beteiligt an Forschungsprojekten zum Einsatz von maschineller Übersetzung.   Autorinnen

https://www.zhaw.ch/de/ueber-uns/person/delr/
https://www.zhaw.ch/de/ueber-uns/person/lehc/

Thema 2.2.a Mit Google Translate und CAT-Tools: Technologiegestützte mehrsprachige Kommunikation

Heutzutage treffen wir im Berufsalltag überall auf Sprachtechnologien: Automatische Spracherkennung, textgenerierende Chatbots, Rechtschreibprüfung, Autovervollständigung, maschinelle Übersetzung und Diktiersysteme $_{II.3.2}$ sind nur einige Beispiele. Grundsätzlich versteht sich Sprachtechnologie als die praxisorientierte Anwendung von Computerlinguistik. So beschäftigt sich Computerlinguistik generell mit der automatischen Verarbeitung der menschlichen Sprache durch den Computer, während Sprachtechnologie sich „mit der Entwicklung marktreifer Anwendungen der maschinellen Sprachverarbeitung" befasst $_{Carstensen,\ 2017b}$.

Eine besondere Dimension kommt hinzu, wenn sich Sprachtechnologie auf mehrsprachige Kommunikation bezieht. Noch bevor ChatGPT und generative KI die Welt eroberten, hat sich vor allem maschinelle Übersetzung oder Machine Translation (MT) als Technologie etabliert und eine Reihe an neuen Möglichkeiten eröffnet. Sie ist mittlerweile in viele Anwendungen eingebettet, etwa bei der Übersetzung von Social-Media-Posts (z. B. bei Facebook), der In-Browser-Übersetzung oder als Übersetzungsfunktion in Google Sheets. In Fällen wie Dolmetsch-Apps oder automatischer Untertitelung (z. B. bei YouTube) ist MT mit weiteren Sprachtechnologien kombiniert, zum Beispiel Sprachsynthese (künstlich erzeugte Stimmen), Diktiersystemen, Spracherkennung.

In der täglichen Arbeit mit mehreren Sprachen kann man heutzutage auf mehrere Ressourcen im Internet zurückgreifen. Online-Wörterbücher sind mittlerweile etabliert, zum Beispiel Duden oder PONS. Primär handelt es sich dabei nicht um Übersetzungslösungen, denn sie liefern vor allem lexikografische Informationen zu einzelnen Wörtern, die von Menschen professionell erfasst und dokumentiert wurden $_{II.2.1}$. In manchen Wörterbüchern umfassen diese Informationen Hinweise zu Stil, Register, Redewendungen. Online-Übersetzer hingegen sind Webseiten oder Programme, die vorrangig auf Technologien der maschinellen Übersetzung zurückgreifen, um ganze Texte von einer Sprache in eine andere zu übertragen. Im Gegensatz zu Online-Wörterbüchern wurden die auf diese Weise erzeugten Texte nicht von Sprachexpert:innen überprüft, und es werden keine Informationen zur Stilistik geliefert.

Professionelle Übersetzer:innen arbeiten seit Längerem mit sogenannten CAT-Tools (Computer-Assisted Translation Tools). Solche Werkzeuge bieten eine detaillierte Schnittstelle zwischen automatischer und menschlicher Sprachverarbeitung: Die übersetzten Texte werden automatisch so gespeichert, dass bei wiederkehrenden Sätzen oder Formulierungen das Programm frühere Übersetzungen wieder aufruft und vorschlägt. Oft kommt eine sogenannte Terminologie-Datenbank hinzu, in der wichtige Begriffe (Termini) und ihre Übersetzung gespeichert werden, damit diese automatisch in die Vorschläge aufgenommen werden. Diese Terminologie-Datenbank wird von professionellen Übersetzerinnen bzw. Terminologen erstellt und gepflegt. Heutzutage bieten KI- und CAT-Tools meistens auch die Möglichkeit, maschinelle Übersetzungen als Vorschlag einzubeziehen. So verfügen Übersetzende über eine umfangreiche Schnittstelle mit verschiedenen Arten von maschineller Sprachverarbeitung. Professionelle Übersetzungen entstehen demnach aus dem Zusammenspiel zwischen Mensch und Maschine.

Schnelltest   Nennen Sie konkrete Beispiele dafür, welche aktuellen Technologien für mehrsprachige Kommunikation verwendet werden.

Auf der Webseite zum Buch finden Sie zum Beispiel die folgenden weiterführenden Übungen: das PONS-Experiment und den Fall *DeepL in der schweizerischen Bundeskanzlei*.

Training

Thema 2.2.b Mehrsprachigkeit in Berufsfeldern: Luxus, Problem oder Chance?

Die Sprachpolitik der Schweiz folgt dem Territorialitätsprinzip: Kantone entscheiden über ihre Amtssprache. So werden die vier offiziellen Landessprachen der Schweiz nicht überall verwendet. Dennoch soll der politische Zusammenhalt des Landes gewährleistet werden – indem die öffentlichen Institutionen mehrsprachig kommunizieren. Auch in wirtschaftlicher Hinsicht ist Mehrsprachigkeit von Bedeutung, zum Beispiel muss sich die Vermarktung von Produkten den territorialen Gegebenheiten anpassen und mehrsprachig erfolgen. Öffentliche Institutionen und Unternehmen müssen Inhalte produzieren, die von allen verstanden werden.

In der Öffentlichkeitsarbeit sollen etwa Werbeslogans in allen relevanten Sprachen wirksam sein. In der Organisationskommunikation ist es wichtig, dass sich Mitarbeitende in allen Kantonen mit der Organisation identifizieren können. Die Mehrsprachigkeit spielt daher bei der Textproduktion eine wichtige Rolle. Journalist:innen sollen zudem auch erfahren können, worüber und in welcher Perspektive in anderssprachigen Landesteilen berichtet wird, um etwa Phänomene wie die Entstehung des Wortes *Coronagraben* im Jahr 2020 erklären zu können. Hier ist vor allem Mehrsprachigkeit auf der rezeptiven Ebene relevant.

Übersetzer:innen beschäftigen sich mit schriftlichen Texten, Dolmetscher:innen arbeiten mit mündlichen Aussagen. Mehrsprachigkeit ist der Nährboden beider Berufe. In ihrem Alltag spielen aber nicht nur Fremdsprachenkenntnisse eine wichtige Rolle, sondern auch vertiefte interkulturelle Kompetenzen, um ihre Adressat:innen publikumsgerecht zu informieren. Als Sprachmittler:innen arbeiten sie zwischen den Sprachen und den Kulturen und kennen sich mit deren Unterschieden und Ähnlichkeiten bestens aus.

Lehrende in der sprachlichen Integration erleben oft Mehrsprachigkeit in ihren Kursen, wenn die Lernenden verschiedenste Erstsprachen haben. Auch wenn nur eine Sprache im Fokus der

Lehrtätigkeit steht, ist ein bewusster und offener Umgang mit den Erstsprachen der Lernenden ein wichtiger Erfolgsfaktor: So lassen sich bestimmte Fehler vorhersehen, aber auch Parallelen zwischen den Sprachen ziehen, um das Lernen zu erleichtern. Hier ist Mehrsprachigkeit als verallgemeinertes Wissen über verschiedene Sprachsysteme relevant, mehr als das Beherrschen einzelner Fremdsprachen.

Wenn die eigene tägliche Arbeitsumgebung einsprachig ist, erscheint Mehrsprachigkeit [I.2.1] als ein verzichtbarer *Luxus*. Jedoch ist der Arbeitsmarkt globaler denn je, und zumindest Englisch wird mittlerweile in fast jedem Beruf vorausgesetzt. Aber Englisch als Lingua franca, als Verkehrssprache, toleriert unterschiedlichste Aussprachen und Niveaus und auch ein gewisses Maß an Fehlern. Das kann den Erfolg professioneller Kommunikation gefährden. Mehrsprachigkeit wird dann zu einem zu lösenden *Problem*. Die professionelle Auseinandersetzung mit den Bedürfnissen der eigenen Firma oder Institution in Bezug auf Sprachen eröffnet dagegen neue Möglichkeiten, so zum Beispiel die Erschließung neuer Märkte oder das Knüpfen neuer Partnerschaften. So ist Mehrsprachigkeit auch eine *Chance*.

Schnelltest Benennen und begründen Sie, welche Bedeutung die Mehrsprachigkeit in drei verschiedenen Sprachberufen einnimmt.

Training Auf der Webseite zum Buch finden Sie zum Beispiel die folgenden weiterführenden Übungen: den Fall *Can't Read Won't Buy* und den Fall *Duzen und Siezen in der Schweiz*.

Thema 2.2.c Deep Learning und Big Data: Was hinter KI-Lösungen steckt und was sie können

Maschinelle Übersetzung beruht auf Künstlicher Intelligenz (KI). 2016 änderte sich die Welt des Übersetzens und der Mehrsprachigkeit mit der Entwicklung von Neuronaler Maschineller Übersetzung (NMT). Diese Technologie basiert auf Deep Learning mit neuronalen Netzen: Algorithmen können aus großen Datenmengen Muster und Gesetzmäßigkeiten erkennen, um neue, bisher unbekannte Daten zu bearbeiten. Menschen greifen dabei nicht in den Lernvorgang der Maschine ein. Dank dieser neuen Technologie ist die Qualität der maschinellen Übersetzungen sprunghaft gestiegen, und sie hat sich innerhalb weniger Jahre in vielen Lebensbereichen etabliert.

Neuronale automatische Übersetzung basiert auf vorhandenen Daten in beiden Sprachen. Sowohl Google Translate als auch DeepL können auf immense mehrsprachige Textsammlungen $_{I.1.2}$ zurückgreifen. Durch die Alinierung der Texte bzw. der Textauszüge (das Zuordnen von originaler Textstelle und entsprechender Stelle in der Übersetzung) wird eine Datenbasis für die Algorithmen erschaffen. Wenn wir einen Text in DeepL bzw. Google Translate eingeben, wird Satz für Satz gearbeitet: Innerhalb eines Satzes werden Wörter und Wortteile anhand der vorhandenen Daten übersetzt. Das geschieht nicht linear (also ein Wort nach dem anderen), sondern rekursiv und unter Einbezug des Ko-Texts. So beeinflussen sich alle Wörter eines Satzes gegenseitig bei deren Übersetzung – ähnlich wie bei humaner Übersetzung.

Die Maschine entscheidet aufgrund des Ko-Texts, also der Wörter, die im Text das jeweilige Wort umgeben. Der Mensch hingegen bezieht in seine Entscheidungen sowohl Ko-Text als auch Kontext, also den kommunikativen Zusammenhang ein. Weil der Ko-Text für die Maschine wichtig ist, um möglichst akkurate Übersetzungen liefern zu können, ist die Menge an Daten, die ein NMT-System zur Verfügung hat, von zentraler Bedeutung. Wenn keine großen Datenmengen (Big Data) zur Verfügung stehen, ist die Qualität der Daten umso wichtiger. Generell ist es schwierig, sogenannte Parallelkorpora (alinierte Texte in zwei Sprachen) in ausreichender Qualität und Quantität zu finden. Leichter zu erstellen oder zu finden sind Textsammlungen in einzelnen Sprachen. Daraus lassen sich dann sogenannte *Language Models* für NMT-Systeme trainieren, die der Maschine helfen, grammatikalisch einwandfreie Texte in mindestens einer Sprache zu generieren.

NMT beruht auf Algorithmen, die aus Sprachkorpora und Language Models, also aus Trainingsdaten lernen und so ihre Leistung steigern. Dabei können NMT-Übersetzungen immer nur so gut sein, wie es die Trainingsdaten sind: Das ist das bekannte GIGO-Prinzip, *Garbage In, Garbage Out*. Demnach ist es von großer Bedeutung, qualitativ hochwertige Daten für das Training zu bekommen, weshalb viele Systeme zum Beispiel mit Parallelkorpora europäischer Institutionen (v. a. der EU) trainiert wurden. In solchen großen öffentlichen Institutionen durchlaufen Übersetzungen in der Regel eine Qualitätsüberprüfung, bevor sie veröffentlicht werden, anders als bei vielen anderen Organisationen, welche Text im Web publizieren.

Für *Voice Translators*, d. h. Geräte oder Apps, anhand derer eine mündliche Nachricht in eine Fremdsprache übersetzt und mündlich wiedergegeben wird, lässt sich die Technologie grob in zwei Kategorien unterteilen: Speech-to-Text-to-Speech und Speech-to-Speech. Im letztgenannten Fall stammen die Trainingsdaten nicht aus schriftlichen Texten, sondern aus Audioaufnahmen (Speech).

Schnelltest Erklären Sie den Zusammenhang zwischen maschineller Übersetzung und Big Data und nennen Sie neue, damit verbundene Aufgaben in den Sprach- und Kommunikationsberufen.

Training Auf der Webseite zum Buch finden Sie zum Beispiel eine weiterführende Übung zum Arbeiten mit dem Übersetzungswerkzeug Linguee.

Thema 2.2.d Algorithmischer Bias und Gender Bias: Probleme maschineller Übersetzung

Obwohl NMT-Systeme wie DeepL und Google Translate sich in kürzester Zeit in den Sprachberufen etabliert haben, sind diese Systeme nicht fehlerfrei. Einige immer wiederkehrende Probleme sind mittlerweile bekannt und werden in der Literatur besprochen. Viele dieser Probleme lassen sich auch auf Tools wie ChatGPT übertragen, da diese auf einer verwandten Technologie basieren _{Benites, Delorme Benites & Anson, 2023}.

Das bekannteste Problem betrifft den algorithmischen Bias, der nicht nur bei NMT berüchtigt ist. Ein Paradebeispiel ist die Gesichtserkennung, bei der dunklere Hautfarben nicht erkannt werden. Im Bereich NMT ist vor allem der Gender Bias bekannt: In den Trainingsdaten werden Frauen oft unterrepräsentiert, sodass neutrale bzw. weibliche Formen in maschinell übersetzten Texten immer wieder durch männliche ersetzt werden. Besonders Berufsbezeichnungen werden durch NMT-Systeme hinsichtlich der Geschlechterfrage stereotypisiert. Ferner fällt oft regionale Sprachvariation _{I.2.2} dem Big-Data-Prinzip zum Opfer: Bei plurizentrischen Sprachen führt die Überrepräsentation einer Variante (z. B. *Soße* in Deutsch aus Deutschland) in den Trainingsdaten dazu, dass NMT-Systeme nur mit

dieser Sprachvariante arbeiten. In einer Zeit, in der das Gendern II.3.1
zu einem politischen Statement und regionaler Sprachgebrauch zu
einem wichtigen Identitätsfaktor geworden sind, sollte man sich in
allen Sprachberufen dieser Gefahren bei NMT bewusst sein.

Ein weiteres Problem bezieht sich auf die jeweilige Kommunikationssituation, also den Kontext, und den jeweiligen diskursiven Ko-Text II.1.1, II.1.2. Bis heute sind gängige maschinelle Systeme nicht in der Lage, ganze Texte als eine Einheit zu übersetzen, sondern nur Sätze. Daraus ergeben sich gleich mehrere Probleme. Die Textsorten und -konventionen werden – zumindest primär – nicht berücksichtigt. So wird etwa bei der Auswahl von Begriffen nicht zwischen Fach- und Laiensprache unterschieden. Anredeformen und kulturelle Gepflogenheiten wie das Duzen und Siezen werden willkürlich behandelt, denn es fehlt das Wissen über kulturelle Umgangsformen. Schließlich wird aufgrund des Satz-für-Satz-Vorgehens die Fachterminologie in einem Text nicht konsistent übersetzt. Solche Ko-Text- und Konsistenzprobleme sind zum Beispiel für die technische Redaktionsarbeit oder die mehrsprachige professionelle Korrespondenz besonders relevant.

Das Bewusstsein für die oben genannten Probleme ist in unseren Sprachberufen wichtiger denn je, denn es können zudem zahlreiche weitere Fehler in Texten der NMT auftreten, für die keine systematische Erklärung gefunden werden kann. Vor allem professionelle Übersetzer:innen, die mit NMT arbeiten, klagen über die Unvorhersehbarkeit der Fehler. Texte, die mit NMT produziert werden, sind in der Regel grammatisch einwandfrei. Dennoch können immer wieder Textteile fehlen oder sogar welche hinzugefügt worden sein. Einfache Worte können falsch übersetzt worden sein, während komplexe Fachausdrücke korrekt übersetzt werden. Diese Unvorhersehbarkeit macht die Arbeit an maschinell übersetzten Texten anspruchsvoll. Als Rezipient:in solcher Texte, zum Beispiel bei der journalistischen Recherchearbeit, ist es aber oftmals schwer, einen maschinell übersetzten Text zu erkennen, zumal dieser nicht immer als solcher gekennzeichnet ist. So kann NMT – um bei diesem Beispiel aus dem Journalismus zu bleiben – eine Informationsquelle verfälschen.

Zeigen Sie an konkreten Beispielen je drei Chancen und Risiken maschinellen Übersetzens. — Schnelltest

Auf der Webseite zum Buch finden Sie zum Beispiel die folgenden weiterführenden Übungen: den Fall *Facial Recognition Technologies* und das Historiker:innen-Experiment. — Training

Thema 2.2.e Pre- und Post-Editing:
Wofür KI-Lösungen eingesetzt werden können

Texte können unterschiedlichen Textsorten mit bestimmten Sprach- und Gestaltungsmustern zugeordnet werden: Beispiele sind Pressemitteilungen, Gerichtsurteile, Packungsbeilagen, Geschäftsberichte oder Theaterstücke. Diese Textsorten unterscheiden sich durch ihren Aufbau, ihre Strukturierung und formale Gestaltung ebenso wie durch ihre Lexik und Wortwahl (z. B. Fachtermini), ihre grammatikalische Gestaltung und ihren Stil.

Aufgrund ihrer Unterschiede sind nicht alle Textsorten gleichermaßen für die Übersetzung mit maschinellen Tools geeignet. Gute Ergebnisse liefern Textsorten, die immer nach einem ähnlichen Muster aufgebaut sind und ähnliche Formulierungen verwenden. Anleitungen für IT-User:innen, Produktbeschreibungen, E-Learning-Material oder Pressemitteilungen kommen hier in Frage. Textsorten, bei denen MT weniger zufriedenstellende Ergebnisse liefert, sind Texte mit anspruchsvollem Stil, wie literarische Texte mit einer bildhaften Sprache und mit Wortspielen. Außerdem stellen Texte mit einem hohen Anteil an Fachvokabular die MT-Tools oft vor große Herausforderungen, ebenso wie Texte, die kulturelle Anpassungen erfordern.

Bei anspruchsvolleren Texten, die beispielsweise für Recherchezwecke übersetzt werden, kann durch ein Pre-Editing des Ausgangstextes der Output von MT verbessert werden. Bei einem Pre-Editing werden bereits vor der Übersetzung mit dem MT-Tool komplexe Strukturen des Ausgangstextes vereinfacht oder Inhalte einfacher formuliert. Wenn Texte veröffentlicht werden, ist ein Post-Editing des MT-Outputs durch Sprachexpert:innen, die sowohl die Ausgangs- als auch die Zielsprache gut beherrschen, nötig. Das Post-Editing, das aufgrund der Unvorhersehbarkeit der MT-Fehler eine hohe Konzentration erfordert, umfasst die Überprüfung und Korrektur der Übersetzung anhand des Ausgangstextes.

Darüber hinaus hat die Verwendung der MT auch rechtliche und ethische Seiten. Übersetzungsfehler wie Auslassungen oder Fehlübersetzungen können Schäden und Verluste verschiedener Art verursachen. Bei kostenlos zugänglichen Tools wie Google ist Haftung durch den Anbieter ausgeschlossen. Bei Tools auf Abo-Basis wie DeepL Pro hängt es von den Nutzungsbedingungen des jeweiligen Produkts ab. Ein weiteres Risiko besteht darin, dass Dokumente, die mit frei zugänglichen Online-Tools übersetzt werden, auch für das Training dieser Tools verwendet werden. Außerdem werden sie dazu genutzt, für Organisationen wertvolle Informationen zu generieren, die dann über Suchmaschinen zugänglich sind. Texte, die mit frei zugänglichen Online-Tools übersetzt werden, sind daher ein Hauptgrund für Datenleaks.

Bei der Entscheidung, ob ein MT-Tool verwendet werden kann, ist der Grad der Vertraulichkeit ein wichtiger Aspekt. Außerdem müssen Urheber:innenrechte berücksichtigt und Kundinnen bzw. Kollegen, die Übersetzungen in Auftrag geben, über die Verwendung der Tools informiert werden. Zudem kann insbesondere in Sprachkursen der sogenannte Translation Plagiarism eine Rolle spielen, also Texte, die mit MT-Tools aus einer anderen Sprache übersetzt, aber nicht als Übersetzungen gekennzeichnet werden.

Die sprachbezogenen, aber auch (inter-)kulturellen sowie ethischen und rechtlichen Überlegungen für eine sichere und kompetente Verwendung von KI-Lösungen in den Sprach- und Kommunikationsberufen werden unter dem Begriff Machine Translation Literacy zusammengefasst Bowker & Buitrago Ciro, 2019. Dazu gehört Bewusstsein für Möglichkeiten und Risiken, die mit dieser Sprachtechnologie verbunden sind. Es geht also darum, ein gutes Urteilsvermögen zu entwickeln, um zu entscheiden, ob, wann und wofür man maschinelle Übersetzung einsetzen sollte. Machine Translation Literacy ist Teil der Digital Literacy I.3.2.

Welche Folgen könnte eine fehlerhafte maschinelle Übersetzung in Ihrem Berufsumfeld haben? Welche Maßnahmen könnten Sie ergreifen, um diesen Folgen vorzubeugen? — Schnelltest

Auf der Webseite zum Buch finden Sie zum Beispiel den Fall *Facebook führt zur Verhaftung* und den Fall *Facebook beleidigt Präsidenten*. — Training

Thema 2.2.f Kontext, Kreativität und interkulturelle Kompetenz: Der menschliche Mehrwert im Sprachberuf

Maschinell übersetzte Texte können also Fehler enthalten, die zu schwerwiegenden Missverständnissen führen. Die Überprüfung und Überarbeitung von MT-Outputs durch Menschen, die sowohl die Ausgangs- als auch die Zielsprache gut beherrschen (Sprachprofis oder gegebenenfalls auch individuell und natürlich Mehrsprachige), ist notwendig. Deshalb eignen sich nicht alle Texte und Textsorten gleich gut für die Übersetzung mit MT-Tools. Das führt zurück zum Konzept des menschlichen Mehrwerts I.1.2 in einem Umfeld automatisierter Kommunikation.

Wenn Texte nicht für die Übersetzung mit MT geeignet sind, müssen Kompetenzen verfügbar sein, die diese Aufgaben lösen. In der übergreifenden interkulturellen Kompetenz liegt damit ein wichtiger menschlicher Mehrwert: Damit gemeint ist hier die Fähigkeit, zwischen kulturellen Zusammenhängen zweier Sprachen hin und her zu wechseln, kulturelle Unterschiede in der Kommunikation zu erkennen und die für den jeweiligen diskursiven Kontext richtige Bedeutung zu vermitteln II.1.2. Verschiedene Kulturen haben zum Beispiel unterschiedliche Konventionen beim Verfassen von Briefen und E-Mails. Während im Englischen ein *Yours sincerely* vollkommen ausreichen kann, verlangen die französischen Konventionen aufwendigere Formulierungen. Hier kann man sich nicht an der sprachlichen Struktur des Ausgangstextes orientieren, sondern muss mit der Kultur und mit den Diskursen in der Zielsprache vertraut sein, um die entsprechende Formulierung zu wählen. Werden diese Konventionen und Gepflogenheiten nicht eingehalten, besteht das Risiko, Lesende zu irritieren und den eigentlichen Zweck der Kommunikation zu verfehlen II.1.1.

Ein weiterer wichtiger menschlicher Mehrwert in der mehrsprachigen Kommunikation liegt in der sprachlichen Kreativität, die beim Übersetzen immer dann besonders gefordert ist, wenn der Stil eines Textes sprachliche Besonderheiten aufweist. Stilmittel wie Metaphern haben oft keine direkte Entsprechung über die Sprachen hinweg und erfordern kreative Übersetzungen, die bei den Textrezipient:innen ähnliche Bilder und Assoziationen hervorrufen. Auch idiomatische Formulierungen, also feste Verbindungen mehrerer Wörter, die eine übertragene Bedeutung haben, stellen die Maschine vor Herausforderungen. Wendungen wie *zwei Fliegen mit einer Klappe schlagen* oder *nicht alle Tassen im Schrank haben* kann die Maschine nicht immer erkennen und übersetzt sie eventuell wörtlich und damit sinnentstellt.

Ein wichtiger menschlicher Mehrwert im Zusammenspiel mit MT-Tools besteht zudem darin, dass nur der Mensch Kontextinformation einbeziehen kann. Man muss verstehen, in welchem Kontext eine sprachliche Äußerung getätigt wird I.1.1, um Wörtern mit mehreren Bedeutungen die richtige Bedeutung zuordnen zu können, Anredeformen richtig auszuwählen, Anspielungen auf die außersprachliche Realität oder Hinweise auf textbegleitende Bilder zu erkennen. Mündliche Kommunikation ist zudem spontaner multimodal als schriftliche. In ihrem Zusammenwirken spielen auch non-verbale Elemente wie Mimik, Gestik und sprachliche Tonlage eine wichtige Rolle für die Interpretation einer Äußerung. Nicht zuletzt sind ethische Grundsätze ein wichtiger Teil der professionellen Kompetenz und ein wichtiger menschlicher Mehrwert im Zusammenwirken mit der Maschine. Die ethische Verwendung der MT-Tools betrifft den Kontext der Verwendung und geeignete Vorsichtsmaßnahmen.

Erklären Sie am Beispiel des Übersetzens, wo Künstliche Intelligenz dem Menschen überlegen ist – und umgekehrt.   *Schnelltest*

Auf der Webseite zum Buch finden Sie weiterführende Übungen wie etwa das Redewendungen-Experiment.   *Training*

Thema 2.2.g Die Sprachindustrie heute: Berufsprofile und Entwicklungen

Neuronale maschinelle Übersetzung verändert also die Arbeit der Sprachprofis umfassend. Ähnlich wandelt sich die Sprachindustrie überhaupt. In einer zunehmend globalisierten Welt gehören sprach- und kulturübergreifender Wissensaustausch sowie gleichberechtigter, inklusiver Zugang zu Informationen zu den wichtigsten Forderungen $_{I.2.1,\ I.3.2}$. Und mit zunehmender Globalisierung und Digitalisierung werden die Rollen und Arbeitskontexte von Fachleuten in der Sprachindustrie immer vielfältiger und weiter ausdifferenziert.

So gliedert sich mittlerweile die traditionelle Kerndienstleistung *Übersetzen* in Bereiche wie (Fach-)Übersetzen und Terminologiearbeit, PEMT (Post-Editing of Machine Translation), Transkreation (sehr freie, kreative Übersetzung), Lokalisierung (Anpassung eines gesamten Produkts oder einer gesamten Dienstleistung an die Bedürfnisse eines bestimmten Kultur- und Sprachraums) und audiovisuelle Übersetzung (Synchronisation, Untertitelung usw.). Das Dienstleistungsspektrum der Sprachindustrie reicht aber noch viel weiter: von Content Creation (mehrsprachige Textproduktion, Informationsdesign, technische Dokumentation usw.) bis hin zu Compliance (Einhaltung von Gesetzen, Normen und Spezifikationen), barrierefreier Kommunikation (z. B. Gebärdendolmetschen), Content Management, AI Services (z. B. Annotieren und Pflege von Sprachdaten) und Beratung (inkl. Sprachtrainings).

Diese breite Auffächerung widerspiegelt sich im stetig wachsenden Weltmarkt der Sprachindustrie. Die hohe Nachfrage nach Sprachmittlung hat während der COVID-19-Krise kaum abgenommen. Europa ist in der Sprachindustrie die zweitaktivste Region nach Nordamerika, nicht zuletzt auch, weil Deutschland im Ländervergleich den zweitgrößten Markt bildet. Die Schweiz befindet sich auf Platz 13, noch vor bevölkerungsreicheren Ländern wie Russland oder Indien. Dies zeugt von einer starken Sprachindustrie mit hohem Bedarf an qualifizierten Sprachexpert:innen in der Welt, in Europa und im deutschsprachigen Raum. Bei den Gründen für diesen wachsenden Bedarf an Sprachdienstleistungen lassen sich drei wichtige Tendenzen erkennen.

Erstens wollen international tätige und exportierende Unternehmen neue Märkte erschließen. Ein einschlägiges Beispiel sind die vielen Streaming-Anbieter, die immer mehr nicht-englischsprachige Serien produzieren und diese in die Sprachen der Zielmärkte untertiteln und synchronisieren lassen. Der Trend widerspricht mancher Prognose, Englisch würde bald die einzige Sprache für alle Unterhaltungsangebote, und erhöht wesentlich die Nachfrage an Sprachexpert:innen.

Zweitens sind Unternehmen verpflichtet, durch entsprechende Dokumentation und sprachliche Ausgestaltung ihrer Produkte die Gesetze, Vorgaben und Normen nationaler und internationaler Zielmärkte einzuhalten. Hier sind sie ganz klar auf die Expertise von Übersetzungs- und Lokalisierungsdienstleister:innen angewiesen.

Drittens trägt die Sprachmittlung auch wesentlich dazu bei, auf gesamtgesellschaftlicher Ebene den Auftrag eines öffentlichen Zugangs zu Informationen für alle zu gewähren. Wie wichtig dies ist, hat die COVID-19-Pandemie gezeigt: Nicht alle Menschen, inklusive medizinischer Fachkräfte, hatten den gleichen Zugang zu den neusten Erkenntnissen. Obwohl das Internet den Zugang zu englischsprachigem Material verschaffte, reichten in vielen Regionen die Englischkompetenzen nicht aus, um sich zuverlässig zu informieren. Dadurch entstand ebenfalls ein erhöhter Bedarf an Sprachmittlung.

Erklären Sie, warum in der Welt ein wachsender Bedarf an Sprachdienstleistungen besteht.   Schnelltest

Auf der Webseite zum Buch finden Sie weiterführende Übungen wie etwa die Aufgabe *Barrierefreie Kommunikation*.   Training

Thema 2.2.h Der Mensch in der Sprachindustrie: Kompetenzen und Berufsrollen

Um die Anforderungen der sich rasch entwickelnden Sprachindustrie erfüllen zu können, benötigen Sprachprofis eine Bandbreite an Kompetenzen.

Ein zentraler Kompetenzbereich ist Sprache und Kultur. Dieser umfasst die fundierten sprachlichen und kulturellen Kenntnisse, über die Sprachprofis in ihren Arbeitssprachen verfügen.

Hinzu kommt das Wissen über die Vorgehensweise bei der Sprachmittlung und darüber, wie man in einer bestimmten Kommunikationssituation interkulturelle Kommunikation erfolgreich gestalten kann. Wenn Transcreator:innen zum Beispiel Werbematerial in einer anderen Sprache verfassen, müssen sie das Ziel des jeweiligen Textes erkennen und wissen, wie man dieses in der Zielkultur erreicht – also wie man potenzielle Käufer:innen in einer anderen Sprache und Kultur anspricht. Hierfür sind nicht nur ihre kulturellen Kenntnisse, sondern auch ihre sprachliche Kreativität wichtig.

Weiter müssen Sprachprofis bereit sein, ihre technologischen Kompetenzen ständig zu erweitern. Das ermöglicht ihnen, CAT-Tools $_{II.2.2.a}$ und maschinelle Übersetzung gezielt einzusetzen und so effizienter und produktiver zu arbeiten.

Bei Künstlicher Intelligenz wird zudem oft von *humans in the loop* gesprochen. Dieser Begriff bezeichnet die Arbeit mit KI, bei der Menschen immer ein unabdingbarer Teil des Arbeitsprozesses sind und dessen Ergebnis beeinflussen. So sind die meisten Sprachdienstleistungen nicht vollautomatisiert, sondern Sprachmittler:innen spielen für sie eine entscheidende Rolle, Menschen erbringen also den unabdingbaren Mehrwert im Prozess. Diese Rolle ist auf drei Ebenen sichtbar:

Die erste Ebene ist die Gestaltung von Texten, wo beispielsweise bei der Überarbeitung von maschinell übersetzten Texten die Post-Editors sich meistens nur noch auf inhaltliche, stilistische und kulturelle Anpassungen konzentrieren müssen. Die Technologie ergänzt die Arbeit der Sprachprofis, vor allem da, wo vorhersehbare, routinierte Aufgaben zu erledigen sind. Sprachprofis überprüfen den Output der technologischen Hilfsmittel und greifen gezielt dort ein, wo diese an ihre Grenzen stoßen, zum Beispiel, wenn Kreativität, interkulturelle Kompetenz und vertiefte Kenntnisse der Zielgruppen und deren Bedürfnisse gefragt sind.

Die zweite Ebene ist das Management von mehrsprachigen Textproduktionsprozessen, wo Sprachprofis ihre persönlichen und interpersonellen Kompetenzen sowie ihre Dienstleistungskompetenzen einbringen, wie beim Projektmanagement und bei der Anwendung von Qualitätssicherungsverfahren. Dies erfordert auch Soft Skills wie Verhandlungsführung, Stressmanagement oder die Fähigkeit, in Teams zu arbeiten, die mitunter virtuell und multikulturell sein können.

Die dritte Ebene umfasst die Wahrnehmung von Sprachprofis als Expert:innen für mehrsprachige Kommunikation in ihrem Umfeld, in ihrer Organisation und in der Gesellschaft allgemein. Zunehmend agieren diese für ihre Kund:innen und innerhalb ihrer Organisation auch als Berater:innen für Mehrsprachigkeit $_{I.2}$ und interkulturelle Kommunikation $_{II.1.2.c}$. Unter anderem beraten sie Firmen darin, welche Inhalte nicht nur ein-, sondern auch mehrsprachig veröffentlicht und zugänglich gemacht werden sollen.

Schnelltest Erläutern Sie den Begriff *humans in the loop*.

Training Auf der Webseite zum Buch vergleichen Sie zum Beispiel Interviewantworten der Übersetzerin Katja Mai von der Europäischen Kommission mit solchen von Slator-Gründer Florian Faes.

II.3 Sprache und Zukunft

Und was bedeutet das alles jetzt für Ihre ZUKUNFT in Sprach- und Kommunikationsberufen? Die Sprache, die Sprachen werden sich weiter wandeln, als Folge und als wichtiger Treiber gesellschaftlicher Entwicklung. Ein historischer Abriss zeigt, dass Sprachprofis dabei Verantwortung übernehmen müssen für zentrale gesellschaftliche Anliegen. Dazu zählt die möglichst uneingeschränkte Teilhabe aller am Ganzen. Im Abriss wird klar, dass Werkzeuge – und hier Denkwerkzeuge – an Raffinesse und Bedeutung gewinnen mit der Zeit. Deshalb diskutieren Sie zum Zwischenhalt, am Ende dieses Buches, Szenarien weiterer Digitalisierung.

Im ersten Kapitel II.3.1 dieses Themenfelds überblicken Sie den **Sprachwandel**, und zwar am Beispiel der Entwicklung der inklusiven und gendergerechten Sprache. Die Entstehung einer Genderlinguistik gehört zu dieser Entwicklung ebenso wie die Erkenntnis, dass Sprachprofis die ganze Diversität von Menschen in ihrem Sprachhandeln berücksichtigen können und müssen. Beispiele für gendergerechten Sprachgebrauch führen Ihnen vor Augen, dass die praktische Umsetzung gar nicht so einfach ist. Indem Sie an Diskursen zum Thema teilnehmen, kommen Sie dem Ziel näher, inklusive Kommunikation im Beruf zu fördern.

Im abschließenden Kapitel II.3.2 stellt der Blick nach vorn scharf auf **Entwicklungsszenarien** für geschriebene Verbalsprache. Computer werden nicht nur als maschinelle Korrektoren oder Lektoren, sondern auch als eigenständig agierende Text-Generatoren oder gar Sprachassistenten unsere Sprachberufe prägen. Mit Fallbeispielen und Experimenten bereiten Sie sich darauf vor, in dieser Welt das zu werden, wofür Sie sich entschieden haben: eine reflektierte Praktikerin, ein reflektierter Praktiker mit Erfolg in Berufsfeldern wie Translation, öffentlicher Kommunikation und sprachlicher Integration.

Nachdem Sie die beiden Kapitel zu SPRACHE UND ZUKUNFT durchgearbeitet haben, sind Sie bereit zum Schreiben einer **Portfolio-Arbeit** von etwa drei Seiten. Sie tun dies in kleinen Gruppen, Arbeitsaufwand etwa vier Stunden. Überarbeiten Sie einzeln einen Beispieltext www.language-matters.education so, dass er gendergerecht formuliert ist. Verwenden Sie als Hilfsmittel den Leitfaden Ihrer Hochschule oder zum Beispiel den Leitfaden Geschlechtergerechte Sprache der schweizerischen Bundeskanzlei www.language-matters.education.

Open Access. © 2024 bei den Autor:innen, publiziert von De Gruyter. Dieses Werk ist lizenziert unter der Creative Commons Namensnennung – Nicht-kommerziell – Keine Bearbeitungen 4.0 International Lizenz.
https://doi.org/10.1515/9783110786767-008

Überarbeiten Sie den Text selbst ohne automatische Hilfestellungen und lassen Sie sich anschließend von Künstlicher Intelligenz eine weitere Variante erstellen. Reflektieren Sie Ihre Redigier-Erfahrung gemeinsam. Leitfragen dabei:

- Worin unterscheiden sich Ihre Texte? Können Sie sich jeweils auf eine beste Formulierung einigen? Eignen sich diese Textstellen als Beispiel für die Regeln im Leitfaden?
- Welche Textstellen konnten Sie systematisch automatisch überarbeiten, durch Suchen und Ersetzen? Wo war das nicht möglich und warum?
- Ist die vollautomatische Überarbeitung durch KI möglich? Können Sie sich allenfalls einen Entwurf durch die KI generieren lassen, den Sie noch selbst überarbeiten? Ist ein solches Vorgehen hilfreich, warum oder warum nicht?
- Formulieren Sie zwei Prüfanweisungen für gendergerechte Sprache. Notieren Sie zwei Regeln, wie ein Programm etwas automatisch gendergerecht umformulieren könnte.

Christiane Hohenstein
II.3.1 Tempora mutantur, nos et mutamur in illis: Sprachwandel

Sprachwandel ist kein naturwüchsiger Vorgang. Das zeigt sich deutlich an umkämpften Innovationen wie dem Gender-Stern und den Kontroversen um das Duzen von Kund:innen. Vielmehr spiegeln sprachliche Innovationen die Veränderungen unserer Gesellschaft sowie unserer Bedürfnisse im gesellschaftlichen Miteinander. Zugleich fordern sie unser Normverständnis heraus $_{II.2.1}$. Weil umgekehrt Sprache auch unser Denken und Handeln beeinflusst, gestalten wir durch unseren Sprachgebrauch auch unsere Zukunft $_{I.1.1}$. Deshalb sind sprachliche Inklusion und nichtdiskriminierender Sprachgebrauch Pflicht für Sprachprofis.

Haltung: Sie entwickeln eine reflektierte Haltung zu sprachlicher Innovation mit inklusiver Absicht und zu gesellschaftlichen Diskursen über sprachliche Veränderungsprozesse. **Wissen:** Sie kennen den historischen Hintergrund der Forderungen nach gendergerechter Sprache und wissen um die Bedeutung sprachlicher Inklusion. **Können:** Sie fällen Entscheidungen für die eigene Sprachverwendung reflektiert und können andere zu inklusiver Sprache beraten. Die Auseinandersetzung mit Argumenten von Reformgegnerinnen und -gegnern zur Durchsetzung von Standards hilft Ihnen, im Beruf zu agieren und in öffentlichen Diskursen Stellung zu beziehen. — Lernziele

Das Kapitel führt von den sprachgeschichtlichen Grundlagen $_{a, b}$ zur praktischen Umsetzung $_c$ und schließlich zur Diskussion möglicher zukünftiger Folgen von inklusiver und gendergerechter Sprache $_d$. — Aufbau

a Sprachwandel am Beispiel geschlechtergerechter Sprache:
 Erste Welle, zweite Welle, dritte Welle

b Gendergerechte und inklusive Sprache:
 Weshalb das?

c Von Doppelnennung bis Gender-Stern:
 Das Repertoire des Genderns

d Sprachpolitische Positionen in diskursiven Kontroversen:
 Korrektheit oder Kulturzerfall?

Autorin Prof. Dr. Christiane Hohenstein verbindet ihre langjährige Forschungstätigkeit im Bereich Interkulturalität und Sprachdiversität mit einem Fokus auf Pragmatics of Inclusion. Als Diversity-Beauftragte an der Hochschule sammelte sie viele Jahre praktische Erfahrung in der Beratung und kennt die unmittelbare Reibung der Gegenwart an den sprachpolitischen Fragen einer Zukunft der sprachlichen Inklusion.

https://www.zhaw.ch/de/ueber-uns/person/hohc/

Thema 3.1.a Sprachwandel am Beispiel geschlechtergerechter Sprache:
Erste Welle, zweite Welle, dritte Welle

Die erste Phase der Frauenbewegung, vom 19. Jahrhundert bis in das erste Drittel des 20. Jahrhunderts, wird als erste Welle des Feminismus bezeichnet. Frauen kämpften damals vor allem um bürgerliche Rechte wie die politische Gleichberechtigung (aktives und passives Wahlrecht) und den Zugang zu Bildung und Berufen. Demgegenüber sind die zweite und die dritte feministische Welle nach dem Zweiten Weltkrieg in bürgerlichen Wohlstandsgesellschaften entstanden: Frauen hatten Ende der 1960er-Jahre in den demokratischen Gesellschaftsordnungen Westeuropas und Nordamerikas bereits weitreichende Rechte. Doch waren sie seit den 1950er-Jahren aufgrund eines konservativ-stereotypen Frauen-, Männer- und Familienbildes politisch und wirtschaftlich von weiten Bereichen des öffentlichen Lebens ausgeschlossen, zum Beispiel von angesehenen Berufen, akademischen Positionen und politischen Ämtern.

Was hat das mit den Bestrebungen um eine gendergerechte Sprache zu tun? – Für die zweite Welle des Feminismus ab 1968 war die Erkenntnis zentral, dass unsere Sprache dazu beiträgt, für Frauen und Männer eine ungleiche Welt zu schaffen. Die amerikanische Soziolinguistin Robin Lakoff vertrat in „Language and Woman's Place" Lakoff, 1975 die These, dass die gesellschaftliche Dominanz von Männern über Frauen in unserer Sprache angelegt ist. Im Vergleich zu Männern würden Frauen häufiger Höflichkeitsformen, Entschuldigungen, Fragen und Modalisierungen einsetzen und sprächen generell weniger. Deshalb seien sie weniger durchsetzungsstark. Diesen Genderlekt I.2.2.a der Frauen sah Lakoff als defizitär an. Um diese Defizithypothese entbrannte eine kontroverse sprachwissenschaftliche Diskussion. In der deutschsprachigen Linguistik prägte Senta Trömel-Plötz die Idee der umgekehrten Defizithypothese _{Trömel-Plötz, 1990}. Sie hob hervor, wie stark auf Verstehen und Verständigung die kommunikativen Muster und Strategien von Frauen gerichtet seien. Ihre These ist, dass Frauensprache als Sprache der Veränderung notwendige gesellschaftliche Impulse setzen könne.

Ziel dieser feministischen Linguistik war es zum einen, Frauen eine gleichwertige Stellung in der Gesellschaft zu ermöglichen, indem ihre sprachlichen Handlungsweisen als kooperativ und wesentlich für das gesellschaftliche Miteinander anerkannt und aufgewertet wurden. Zum anderen sollte eine geschlechtergerechte Verwendung der Sprache Frauen als Akteurinnen in der Gesellschaft sprachlich sichtbar machen, zum Beispiel indem Personenbezeichnungen immer auch in der weiblichen Form genannt wurden. Erst mit der dritten Welle, von den 1990er-Jahren bis in die 2010er-Jahre, wurden diese Forderungen politisch anerkannt, etwa in Gesetzen zu Sprachrichtlinien für die Gleichstellung von Frauen und Leitfäden zu gendergerechter Sprache.

In der dritten Welle fand eine Erweiterung des Blickwinkels auf Gender statt. Denn Männer wie Frauen inszenieren sich im Berufsleben, in der Öffentlichkeit oder im Privaten unterschiedlich, als mehr oder weniger *männlich* oder *weiblich*. Für dieses Doing Gender ist die Sprache ein wichtiges Werkzeug. Bei der beruflichen Positionierung und in der Kommunikation mit Kundinnen und Klienten spielt Doing Gender eine Rolle, weil Kompetenzzuschreibung zum Beispiel mit Vorstellungen von männlichen vs. weiblichen Ausdrucks- und Verhaltensweisen gekoppelt ist.

Benennen Sie die historischen Voraussetzungen und Gründe für die Forderungen nach einer gendergerechten Sprache. — Schnelltest

Auf der Webseite zum Buch finden Sie zum Beispiel ein Video, das zeigt, wie Doing Gender funktioniert. — Training

Thema 3.1.b Gendergerechte und inklusive Sprache: Weshalb das?

Die Entstehung von gendergerechter Sprache ist ein Paradebeispiel für Sprachwandel: Sie entwickelte sich über mehrere Jahrzehnte zuerst als feministische Forderung im Rahmen der gesellschaftlichen Gleichstellung von Frauen. Zweck war, Frauen als aktiven Teil der Gesellschaft, als vollwertige Menschen in unserem Sprachgebrauch sichtbar zu machen. Die Erkenntnis, dass Doing Gender zu unserem alltäglichen – und professionellen – Sprachhandeln zählt, bedeutete aber, dass wir selbst damit die gesellschaftliche Stereotypisierung und Normen der binären Geschlechterkategorien *Mann* und *Frau* (Sexus) beständig fortführen. Wird uns also von der Sprache diktiert, wie unsere Gesellschaft auszusehen hat? Wenn wir diese Stereotype nicht mehr wollen, wie können wir uns in und mit unserer Sprache dagegen wehren?

Sprachwandel entspringt dem Bedürfnis, dass wir Veränderungen in unserer Gesellschaft ausdrücken und sie anerkennen wollen. Wir können sprachkritisch nach neuen Möglichkeiten des Ausdrucks suchen, wie dies für den Ausdruck einer tatsächlichen Heterogenität und Diversität der Geschlechtsidentitäten seit einigen Jahren zu beobachten ist. Der Prozess des Undoing Gender soll alle Menschen in der Gesellschaft – jenseits der Geschlechtsstereotypen – einschließen. Eine gendergerechte Sprache ist also nicht allein darauf gerichtet, Frauen sichtbar zu machen. Sie soll ebenso Männern und zusätzlich allen anderen gerecht werden, die nicht den beiden gesellschaftlich-kulturell festgelegten Kategorien *Mann* oder *Frau* entsprechen (wollen).

Seit der dritten Welle geht es nicht mehr allein ums Gendern: Die Suche nach einer inklusiven Sprache reflektiert allgemeine Gleichstellungsanliegen in unserem sprachlichen Handeln. Unsere pluralistische Gesellschaft besteht nicht nur aus Männern und Frauen oder Geschlechtsidentitäten, sondern umfasst Menschen mit einer Behinderung, Menschen verschiedener Hautfarbe, Religionen und sozialer Herkunft, kurz: eine große Diversität an Menschen. Indem wir eine diskriminierungsfreie Sprache verwenden, werden Menschen, die von Diskriminierung und Ausschluss in unserer Gesellschaft betroffen sind, als Teil der Gesellschaft sprachlich sichtbar.

Gleichstellung ist nicht allein ein politisches, sondern ein sprachlich-kommunikatives Anliegen. Sprachberufe können Maßstäbe darin setzen, Teilhabe durch Sprache umzusetzen $_{I.3.2}$, zum Beispiel durch inklusive Ansprache in Texten (*Bürgerinnen und Bürger*), durch Fallbeispiele, die das ganze Spektrum an Diversität in unserer Gesellschaft einbeziehen (ein schwules Paar, eine Familie mit unterschiedlichen Hautfarben zu Wort kommen lassen), oder indem vermeintlich generische Personenausdrücke gendergerecht differenziert verwendet und übersetzt werden (*teacher* als *Lehrpersonen* oder *Lehrerinnen und Lehrer*).

Sprache trägt dazu bei, gesellschaftliche Veränderungen zu normalisieren. Gute Beispiele dafür sind Wortkarrieren: Der Ausdruck *schwul* zum Beispiel war bis in die 1970er-Jahre tabuisiert und wurde als Schimpfwort verwendet. Heute ist er als wertungsfreier deskriptiver Ausdruck in den allgemeinen Sprachgebrauch übergegangen. Auch das Ersetzen des kolonial geprägten Ausdrucks *Neger* durch die Selbstbezeichnung *People of Colour* zeigt, dass unsere Verwendung der Sprache den Sprachwandel und den gesellschaftlichen Wandel zugleich antreiben kann.

Begründen Sie, warum und inwiefern gendergerechte und inklusive Sprache Beispiele für Sprachwandel sind. — Schnelltest

Auf der Webseite zum Buch finden Sie zum Beispiel den Fall *inklusiv vs. gendergerecht*, der zeigt: Das eine ist nicht automatisch auch das andere. — Training

Thema 3.1.c Von Doppelnennung bis Gender-Stern: Das Repertoire des Genderns

Im Deutschen haben – anders als etwa im Englischen – alle Substantive, egal ob sie Personen, Dinge, Zustände oder Ideen bezeichnen, ein Geschlecht oder Genus. Sie werden außerdem meist mit Artikeln gebraucht, die das Genus anzeigen: Maskulinum (männlich, z. B. *der/ein Hunger*), Femininum (weiblich, z. B. *die Milch, eine Flasche Milch*) oder Neutrum (sächlich, z. B. *das/ein Buch*). Man spricht daher auch von einem Genusobligatorium im Deutschen.

Wenn von Personen gesprochen wird, existieren im Deutschen zumeist eine männliche und eine weibliche Form, zum Beispiel *Übersetzer* und *Übersetzerin*. Logisch wäre, immer beide Formen zu nennen. In unserer Sprach- und Gesellschaftsgeschichte hat sich aber das sogenannte generische Maskulinum als Sprachgebrauchsnorm II.2.1 durchgesetzt: Für die Bezeichnung gemischter Personengruppen wird die männliche Form des Substantivs benutzt. Ein Beispiel: *Sein Klassenlehrer ist eine Frau* (statt: *Seine Klasse hat eine Lehrerin*). Das generische Maskulinum – wie im Beispiel das Substantiv *Klassenlehrer* – soll in der gendergerechten Sprache grundsätzlich nicht verwendet werden. Es begünstigt in vielen Fällen unzulässige Generalisierungen.

Der Satz *Die Kultusminister der Länder trafen sich zu einem Krisengipfel* unterschlägt, dass es mehrere Ministerinnen unter ihnen gab – und kann falsche Vorstellungen über eine vermeintlich rein männliche Politik hervorrufen. In solchen Fällen ist die <u>Doppelnennung</u> *Kultusministerinnen und -minister* die angemessenere, gendergerechte Alternative. Geschlechtsunspezifische <u>Neutralformen</u> (*Arbeitskraft, Mitarbeitende*) stehen neben der Doppelnennung zur Verfügung. Sie bezeichnen oft Einzelpersonen in einer Funktion (*Lehrperson*). Obwohl sie ein Genus (*die*) haben, werden sie nicht geschlechtsspezifisch im Sinne des Sexus (hier: weiblich) verstanden. Aus Partizipien abgeleitete Neutralformen dagegen, zum Beispiel *Studierende*, werden nur im Plural geschlechtsunspezifisch und damit inklusiv verstanden. *Der Studierende* ist in der Einzahl exklusiv männlich. Der Artikel muss bei <u>nominalisierten Partizipialformen</u> im Singular in beiden Genusformen verwendet werden, um gendergerecht inklusiv zu formulieren (*die bzw. der Studierende*) – oder man verwendet den Plural (*die Studierenden*).

Ausdrücke, zu denen keine Form existiert, die das Genus vom Sexus differenziert, werden unterschiedlich interpretiert (*die Person, der Gast*). Sollen für sie eigene, gendergerechte Formen geschaffen werden? Oder sind sie inklusiv? – Umstritten sind auch die Kurzformen: zum Beispiel das <u>Binnen-I</u> (*StudentInnen*), der <u>Gender-Gap</u> (*Student_innen*), der <u>Gender-Stern</u> (*Student*innen*). Das Binnen-I schafft ein Scharnier zwischen männlicher und weiblicher Form, ist aber dadurch nicht inklusiv für andere Geschlechtsidentitäten. Der Gender-Gap macht auf die Lücke zwischen den Geschlechtern und die Geschlechtsidentitäten dazwischen aufmerksam. Der Gender-Stern ist als <u>Symbol</u> der *Wildcard* aus der mathematischen Formelsprache entlehnt und symbolisiert den Einschluss aller möglichen Formen, ist daher inklusiv.

Dass gendergerechte Sprache im Mainstream angekommen ist, belegt der Duden zum „richtig Gendern" [Diewald & Steinhauer, 2017]. Er reagiert auf eine breite sprachliche Verunsicherung. Diese verhindert oft das stilistische Ausschöpfen der Möglichkeiten gendergerechter und inklusiver Formulierungen.

Schnelltest   Zeigen Sie an praktischen Beispielen Möglichkeiten, die das Deutsche bietet, um genderinklusiv zu schreiben.

Auf der Webseite zum Buch finden Sie zum Beispiel das Kipp-Experiment zum vermeintlich generischen Maskulinum und den Fall *Mitgemeint*, der zeigt, wann Frauen als Männer gelten können (und wann nicht).

Training

Thema 3.1.d Sprachpolitische Positionen in diskursiven Kontroversen: Korrektheit oder Kulturzerfall?

Aus gesellschaftlichen Veränderungsprozessen entstehen diskursive Kontroversen. Die Vorschläge zu einer gendergerechten und inklusiven Sprache stoßen auf eine Reihe von neokonservativen Argumenten ihrer Gegnerinnen und Gegner. Ein zentrales Argument ist, dass das vermeintlich generische Maskulinum die korrekte Form sei, weil es Frauen mitmeine und sprachgeschichtlich gewachsen sei. In zahlreichen Studien wurde seit den 1990er-Jahren belegt, dass das sogenannte Mitmeinen von Frauen in der männlichen Form an der Rezeption scheitert, sowohl bei Männern wie bei Frauen Kotthoff & Nübling, 2018, 99–119; Nübling, 2018, 44–45. Dagegen wird in zahlreichen Studien eine enge Koppelung von Genus und Sexus bei deutschen Substantiven und Personenbezeichnungen nachgewiesen. Oder an wen denken Sie zuerst, wenn Sie nach einem berühmten Schauspieler gefragt werden?

Ein weiteres Argument ist, dass die Doppelnennung und Neutralformen zu Verwirrung und grammatischer Unkorrektheit führten. Nicht nachgewiesen ist, dass eine größere Unkorrektheit als durch das vermeintlich generische Maskulinum entsteht. Belegt ist, dass das sprachliche Sichtbarmachen von Frauen durch Doppelnennung noch stärker ausgewogene Assoziationen von Männern und Frauen hervorruft als Neutralformen Nübling, 2018, 45.

Die Behauptung, der Einbezug nichtsprachlicher Symbole wie des Gender-Gaps oder des Gender-Sterns verletze die Sprachnormen II.2.1.b und erschwere das Lesen und Verstehen, ist an ästhetisch-normative und gewohnheitsbezogene Argumente gekoppelt. Ästhetik und Sprachgewohnheiten sind gesellschaftlich nicht stabil und ändern sich schon innerhalb einer Generation mehrfach Reisigl, 2018 – wie etwa die Beliebtheit von Emoticons zeigt.

Die Forderung nach Korrektheit und Normativität II.2.1 wird oft mit Zukunftsvisionen eines drohenden Kulturzerfalls, namentlich einer sogenannten „Sprachverarmung" ~Stoeber, 2021~, verbunden. So wird Bildungsinstitutionen, die es fördern, gendergerecht zu sprechen und schreiben, vorgeworfen, dass „sie schlechtem, falschem und verarmendem Deutsch Vorschub leisten, dass sie die Sprache durch affektierte Kunstpausen und die Schrift durch unästhetische Zeichen verunstalten" ~Stoeber, 2021, 7~. Dabei werden u. a. unfundierte Vergleiche mit der faschistischen Sprache im Hitlerreich gezogen und ein Zwang zur politischen Korrektheit unterstellt ~ebd., 6–7~.

Diese – exemplarische – Polemik gegen eine gendergerechte und inklusive Sprache ist Teil eines <u>Sprachwandels</u>, in dem beide Seiten sprachpolitisch Stellung beziehen, das Verhältnis von Sprache und Denken beackern und an der Standardisierung der Sprache arbeiten. Als Journalistin oder Journalist sind Sie immer schon Teil dieses Diskurses, denn wie Sie <u>schreiben</u>, ist bereits eine Entscheidung. Organisationskommunikation ist immer mitgeprägt durch die interpersonale <u>Beziehung</u> ~II.1.1.b~, in der die Adressierten gegendert oder neutralisiert werden können. Beim Übersetzen und Dolmetschen hängt der Erfolg der zielsprachlichen Aussage vom <u>perlokutiven</u> Effekt des Angesprochen-Seins in der Zielsprache ab. Und die sprachliche Integration basiert wesentlich auf einer gendergerechten, inklusiven Kommunikation.

Schnelltest Nennen Sie Gründe, warum die Bemühung um gendergerechte und inklusive Sprache nicht als Kulturzerfall zu bewerten ist.

Training Auf der Webseite zum Buch finden Sie zum Beispiel den Fall *Sprachverbot* und eine Geschichte, die zeigt, wie die Geschlechtergrenzen unterlaufen werden können.

Cerstin Mahlow
II.3.2 Schreiben, reden und schweigen: Entwicklungsszenarien

Mit Ihrer Ausbildung für Sprachberufe starten Sie in eine digital transformierte Berufswelt, in welcher Maschinen eine zentrale Rolle spielen. Der stete Wandel der Sprachpraxis $_{II.3.1}$ zeigt klar in Richtung Künstliche Intelligenz: Computer werden Partner oder sogar eigenständige Akteure in der Kommunikation sein. Wer versteht, wie Computer Sprache produzieren und verarbeiten, kann sie produktiv für sich einsetzen. Ein informierter Umgang mit maschinell erstellten oder bearbeiteten Texten erlaubt realistische Sichten auf die Rolle von Computern beim Erstellen und Rezipieren von Dokumenten.

Haltung: Sie sind kritisch-reflektiert eingestellt zu gegenwärtigen und künftigen Grenzen und Möglichkeiten von Sprachtechnologie. | Lernziele
Wissen: Sie kennen den aktuellen Stand und wichtige Entwicklungsperspektiven in den Bereichen Text- und Sprachgenerierung.
Können: Sie trainieren Ihre Fähigkeit zur Beurteilung maschinell erstellter und bearbeiteter Texte. Dabei erarbeiten Sie für sich Strategien und Kriterien zum gezielten Einsatz von moderner Technologie bei der Produktion oder Überarbeitung von geschriebenen und gesprochenen Texten.

Die Schwerpunkte dieses Kapitels führen über drei Stufen in der Entwicklung des Computers in der Geschichte der Kommunikation: der Computer als Werkzeug $_{a,\,b}$, als Autor $_c$ und als individueller, persönlicher Sprachassistent $_d$. | Aufbau

a   Sprachprüfprogramme:
    Der Computer als Korrektor und Lektor

b   Sprachbasierte Funktionen:
    Der Computer als intelligentes Werkzeug

c   Predictive Texting, Textgenerierung und Chatbots:
    Der Computer als (Ko-)Autor

d   Technologien individualisieren:
    Der Computer als Sprachassistent

Autorin Prof. Dr. Cerstin Mahlow stützt sich in der Auswahl und Gestaltung der Themen auf ihre langjährige Forschung zu Schreibwerkzeugen und deren Auswirkungen auf den Schreibprozess sowie auf ihr internationales Netzwerk in den Bereichen Linguistik, Schreibprozessforschung und Document Engineering. Als Dozentin setzt sie auf didaktisch fundierten Einsatz digitaler Werkzeuge, um reflektierten selbstgesteuerten Erkenntnisgewinn zu ermöglichen.

https://www.zhaw.ch/de/ueber-uns/person/maho/

Thema 3.2.a Sprachprüfprogramme:
Der Computer als Korrektor und Lektor

Korrekte Rechtschreibung und Grammatik sind für wichtige Texte unabdingbar _{II.2.1}. Dafür bieten Textverarbeitungsprogramme wie MS Word integrierte automatische Unterstützung _{Fliedner, 2010}. Wir können Texte auch mit zusätzlichen Programmen prüfen lassen, etwa Grammarly für Englisch, Antidote für Englisch und Französisch, LanguageTool für verschiedene Sprachen _{www.language-matters.education}.

Prüfprogramme können das, was sie als Fehler klassieren, auch automatisch und während des Schreibens korrigieren, als sogenannte Autokorrektur. Allerdings sehen wir in diesem Fall die ursprüngliche Schreibung nicht mehr und können nicht nachvollziehen, ob und was der Computer geändert hat. Für typische Fehlerquellen wie Buchstabendreher in Wörtern wie *und* (*udn*) oder zwei Großbuchstaben in Nomen (z. B. *NOmen*) ist dies sinnvoll; für abweichende Schreibungen, die wir gezielt verwenden möchten (z. B. *ver(un)zieren*), ist es jedoch störend.

Entscheidend ist, welche Regeln ein Programm anwendet _{Jurafsky & Martin, 2021}. Sprachprofis kennen verschiedene Regelwerke und treffen eine bewusste Wahl. Für Rechtschreibung greifen Korrekturprogramme auf interne Wörterbücher zurück; was dort nicht vorhanden ist, wird als Fehler markiert. Verwenden wir also Neologismen oder Fachtermini, wird dies moniert (z. B. *Brexit*, *CQPWeb*). Sprachprofis achten daher darauf, solche Wörter und Wortformen dem verwendeten Wörterbuch hinzuzufügen. So trainieren sie die Prüfprogramme auf eigene Schreibbedürfnisse; der technische Korrektor lässt sich an persönliche oder institutionelle Vorgaben und Verwendungen anpassen.

Korrekturprogramme erleichtern es also, Fehler systematisch zu korrigieren oder Anpassungen an allen Stellen im Text vorzunehmen, etwa einheitlich zu entscheiden zwischen den Schreibweisen *E-Mail*, *eMail* und *Email*. Das ist vergleichbar mit der Anmerkung eines menschlichen Korrekturlesers, alle Vorkommen zu ändern.

Ein Lektoratsprogramm dagegen leistet mehr als ein Korrektorat: Eine Lektorin macht auf Stilbrüche aufmerksam und gibt Hinweise, um Lesbarkeit und Verständlichkeit zu verbessern. Verlage, Kommunikationsabteilungen oder Organisationen definieren sogenannte Hausstile. Einige Stilmerkmale sind relativ sprachunabhängig, aber typisch für bestimmte Textsorten und Domänen. Dazu zählen Satzlänge in Anzahl Wörtern, Verhältnis von Nomen zu Adjektiven, Verwendung von Passiv- oder Aktivkonstruktionen. Solche Stilmerkmale lassen sich definieren und mit Lektoratsprogrammen automatisch prüfen. Ebenfalls automatisierbar ist der Abgleich der Wörter eines Textes mit einer branchenspezifischen Terminologie-Datenbank.

Prüfprogramme, die Korrektorat und Lektorat übernehmen, sind konzipiert für Schreibende mit sehr hoher Sprachkompetenz. In der Regel liefern sie keine Erklärung für Änderungsvorschläge; man muss selbst einschätzen, ob und wie man mit diesen Änderungsvorschlägen umgeht. Dies ermöglicht aber auch die Nutzung solcher Programme für die Auseinandersetzung mit Texten während des Schreibens: Wir können beanstandete Stellen gezielt anschauen und diskutieren. Selbst ungerechtfertigt gekennzeichnete Textstellen können uns so Hinweise geben, Verständlichkeit und Lesbarkeit von Texten zu verbessern.

Finden Sie Beispiele für Grammatik- und Rechtschreibfehler, die ein Prüfprogramm korrekt identifizieren kann, nicht identifizieren kann oder fälschlich als Fehler markiert. — Schnelltest

Auf der Webseite zum Buch finden Sie Aufgaben zum systematischen Erkunden der Einstellungen zur Prüfung und Korrektur von Rechtschreibung, Grammatik und Stil. — Training

Thema 3.2.b Sprachbasierte Funktionen:
Der Computer als intelligentes Werkzeug

Generell gilt: Je mehr Aufwand notwendig ist, um ein Ziel in Teilschritte zu zerlegen und diese Teilschritte auszuführen, desto fehleranfälliger ist eine Aktion _{Norman, 1981}. Werkzeuge sollten daher auf den Einheiten operieren, die Benutzerinnen und Benutzer selbst kognitiv verwenden. So kann eine Zerlegung in kleine Teilschritte vermieden werden und Fehler entstehen gar nicht erst _{Norman, 1983}.

Texte bestehen aus Einheiten wie Wörtern, Phrasen, Sätzen und Absätzen, also aus linguistischen Strukturen. Die meisten Textverarbeitungsprogramme bieten jedoch nur Funktionen auf Zeichenebene an. Deshalb müssen Schreibende zum Beispiel eine stilistische Änderung an einem Text als lange Folge verschiedener zeichenbasierter Operationen durchführen. Das ist kognitiv anspruchsvoll: Wir fokussieren auf Inhalte und haben notwendige morphosyntaktische Folgeanpassungen nicht im Blick, es gibt Nebeneffekte. Ein Beispiel: Eine Schreiberin ersetzt den Singular von *Einen sprachlichen Fehler zu finden*, ... durch den Plural und vergisst, die Endung des Adjektivs anzupassen, was zu *Sprachlichen Fehler zu finden* führt.

Sehr oft werden solche Redigierfehler von automatischen Prüfprogrammen nicht gefunden _{Mahlow, 2016}. Wünschenswert wäre daher, dass Textverarbeitungsprogramme die Autor:innen bei der sprachlichen Überarbeitung besser unterstützen, um sie zu entlasten und Fehler als Nebeneffekte zu vermeiden _{Mahlow, 2015}. Textverarbeitungsprogramme, deren Funktionen linguistische Strukturen und Regeln berücksichtigen und benutzen, sind näher an der mentalen Repräsentation der Autor:innen _{Severinson-Eklundh & Kollberg, 1996, 184}. Schließlich sprechen wir über Texte und unser Schreiben, indem wir auf linguistische Strukturen verweisen, nicht auf Zeichenketten.

Notwendig sind also sprachbasierte Funktionen für Textverarbeitungsprogramme. In der Forschung werden diese bezeichnet als language-sensitive _{Dale, 1997} oder language-aware _{Mahlow & Piotrowski, 2009}. Solche Funktionen berücksichtigen, dass Texte komplexe linguistische Strukturen mit bestimmten Eigenschaften sind. Wir unterscheiden drei Arten von sprachbasierten Funktionen _{Mahlow, 2011, 82–83}: Informationsfunktionen (z. B. syntax highlighting als farbliche Markierung von Verben, Adjektiven usw.), Bewegungsfunktionen

(z. B. Springen zum nächsten Adjektiv) und Modifikationsfunktionen (z. B. intelligentes Suchen und Ersetzen).

Mittlerweile ist ein Teil dieser Unterstützung in Werkzeugen wie iA Writer integriert: Sprachspezifische Ressourcen erlauben das automatische Erkennen von Wortarten (Part-of-Speech-Tagging) während des Schreibens www.language-matters.education. Das Werkzeug nutzt diese Information, um syntaktische Elemente hervorzuheben. Die syntaktische Struktur eines Textes wird also visualisiert, und Sätze ohne Verb oder mit zu vielen Verben fallen so direkt auf.

Eine intelligente Funktion zum Suchen und Ersetzen von Wörtern muss automatisch deren morphosyntaktische Eigenschaften berücksichtigen. Ersetzt man mit einer solchen intelligenten Funktion zum Beispiel in einem ganzen Text *Hütte* durch *Palast*, wird im Nominativ Singular aus (die) *Hütte* (der) *Palast*, im Akkusativ aus (die) *Hütte* (den) *Palast* und aus (die) *Hütten* (die) *Paläste*. Für Nomen werden also Kasus, Genus und Numerus aller Vorkommen des Quellworts automatisch ermittelt und die jeweils entsprechende Form des Ersatzwortes generiert und eingesetzt. Zusätzlich werden Artikel und Adjektive angepasst.

Definieren Sie notwendige Schritte für das intelligente Suchen und Ersetzen von *Fehler* durch *Problem* in diesem Abschnitt. Berücksichtigen Sie auch Komposita! — Schnelltest

Auf der Webseite zum Buch finden Sie zum Beispiel eine Übung, in der Sie Schritte für das Ausführen typischer Redigieroperationen in verschiedenen Sprachen ermitteln. — Training

Thema 3.2.c Predictive Texting, Textgenerierung und Chatbots: Der Computer als (Ko-)Autor

Computerprogramme unterstützen verschiedene repetitive Arbeiten bei der Textproduktion: Inhaltsverzeichnisse erstellen, Abschnitte und Bildunterschriften nummerieren und auflisten, Fußnoten in Endnoten wandeln, Literaturreferenzen in die gewünschte Form bringen, Änderungen nachverfolgen. Diese Hilfe ist ein wesentlicher Teil der Produktion wissenschaftlicher oder berufspraktischer Texte. Können solche eher mechanischen Teilprozesse ausgelagert werden, haben wir mehr mentale Kapazität, über Inhalte und Formulierungen nachzudenken, um etwa die treffendsten Wörter zu finden Torrance & Jeffery, 1999.

Aber auch dabei kann der Computer helfen: Thesauri und phrase books zeigen während des Schreibens Formulierungsvorschläge an. Wir können Abkürzungslisten anlegen und müssen dann zukünftig nur wenige Buchstaben tippen: eine persönlich definierte Abkürzung, die zu einer vollständigen Phrase oder Bezeichnung erweitert wird. So wird etwa *fg* zu *Mit freundlichen Grüßen* oder zu *Freundlicher Gruß*, abhängig von den sonstigen Spracheinstellungen.

Weiter geht Predictive Texting. Abhängig vom bisher Geschriebenen, werden mögliche folgende Wörter oder Phrasen vorgeschlagen, die wir nur noch auswählen und nicht mehr selbst eintippen müssen. Für das Schreiben auf virtuellen Tastaturen und an kleinen Bildschirmen, etwa von Smartphones, liegt das so auszuwählende nächste Wort in gleicher Entfernung für den tippenden Daumen wie der als nächstes anzutippende Buchstabe, falls wir das Wort tatsächlich Buchstabe für Buchstabe eingeben würden.

Programme wie LightKey lassen sich in alle Anwendungen einbinden, mit bzw. in denen Text produziert wird, inklusive Webbrowser www.language-matters.education. Solche Software passt sich den beobachteten Vorlieben an, die Vorschläge werden immer passender für die aktuelle Schreibsituation. Allerdings schreibt man dann immer im gleichen Stil: vorhersagbar und gleichförmig.

Für Personen, die Schwierigkeiten mit Rechtschreibung oder Grammatik haben und sich jeweils über die Schreibung unsicher sind, sind solche Programme eine Möglichkeit, schneller korrekte Texte zu verfassen sowie immer direkt die richtige Schreibweise zu sehen und sich so einzuprägen. Personen, denen die Eingabe von einzelnen Zeichen physisch Mühe macht, müssen weniger Zeichen eingeben, auch sie schreiben einfacher.

Die Künstliche Intelligenz geht aber weiter: Wir können heute Texte in recht guter Qualität automatisch übersetzen lassen II.2.2. Auch Zusammenfassungen von Texten lassen sich automatisch erstellen. Sie entstehen durch die Extraktion der wichtigsten Sätze (extractive summarization) oder über die Generierung von Sätzen mit der wichtigsten Information (abstractive summarization) Carstensen, 2017a.

Schließlich lassen sich Texte auch vollständig automatisch produzieren: Textgenerierung. Benötigt werden lediglich Daten, wie etwa Wetter- oder Börsendaten, oder ein sogenannter Prompt – ein Textanfang oder eine Frage Carstensen, 2017c. Auf neuronalen Netzen beruhende Technologie wie Generative Pre-Trained Transformer 3 (GPT-3) und darauf aufbauende Weiterentwicklungen ~Brown et al., 2020~, Bidirectional Encoder Representations from Transformers (BERT) ~Devlin et al., 2019~ und Pathways Language Model (PaLM) ~Chowdhery et al., 2022~ kann so Texte erstellen, die nur noch schwer von Beiträgen menschlicher Journalist:innen zu unterscheiden sind ~www.language-matters.education~. Chatbots, die tatsächlich den Verlauf eines Gesprächs berücksichtigen, sind seit November 2022 mit ChatGPT von OpenAI für viele Sprachen für alle zugänglich.

Die dafür verwendeten Sprachmodelle werden auch in andere Anwendungen integriert und Predictive Texting lässt sich vom Ergänzen des zu schreibenden Wortes auf das Fertigstellen des zu schreibenden Satzes oder sogar Absatzes erweitern. Offen bleibt, wer für einen solchen Text oder Gesprächsbeitrag und dessen mögliche Konsequenzen verantwortlich ist.

Diskutieren Sie in der Gruppe, woran Sie erkennen können, ob ein Text von einem Menschen oder einer Maschine geschrieben wurde. — *Schnelltest*

Auf der Webseite zum Buch finden Sie zum Beispiel Links zu Chatbots zum Ausprobieren und den Auftrag zu einer Ergänzungs-Challenge. — *Training*

Thema 3.2.d Technologien individualisieren: Der Computer als Sprachassistent

Wir können Text nicht nur via Tastatur eingeben, sondern auch diktieren. Dabei wird gesprochene Sprache in geschriebene Sprache gewandelt (Speech-to-Text). Heutige Diktiersoftware muss in der Regel nicht mehr auf eine Stimme trainiert werden. Wir können ein Diktierprogramm auch in Umgebungen mit Umweltgeräuschen verwenden, etwa im Café oder bei Straßenlärm.

Die Schreibweise von Wörtern und Phrasen können wir beim Diktieren ignorieren: Sobald das System ein Wort erkannt hat, wird es korrekt geschrieben. Wir müssen lediglich wissen, wie ein Wort in der Standardsprache ausgesprochen wird. Die Quelle für Fehler in diktierten Texten hat nichts mit unserer eigenen Rechtschreibkompetenz zu tun: Wörter, die wir undeutlich oder ungewöhnlich aussprechen, werden in ein ähnlich klingendes Wort gewandelt. Es können daher ausschließlich Real-Word Errors auftreten: Wörter, die zwar korrekt geschrieben sind, aber nicht gemeint waren.

Lesen wir den Text selbst Korrektur, fallen uns Fehler möglicherweise nicht auf – wir wissen ja, was wir schreiben wollten und diktiert haben! Sich selbst einen Text laut vorzulesen, verringert dieses Überlesen von fehlerhaften Stellen, die wir selbst geschrieben haben Perrin & Rosenberger, 2016, 111. Noch deutlicher wird es, wenn jemand anderes den Text vorliest – zum Beispiel die Maschine. Texte automatisch vorlesen zu lassen (Text-to-Speech), ist zudem eine unbeeinflussbare Möglichkeit, die durchschnittliche Lesedauer für einen Text zu bestimmen – einen selbst geschriebenen oder bereits mehrfach gelesenen Text liest man selbst rascher als einen unbekannten. Sollen also Texte produziert werden, die später in Audiobeiträgen verwendet werden, lässt sich die Sprechdauer vorab relativ gut testen, auch wenn später professionelle Sprecher:innen den Beitrag produzieren.

Speech-to-Text und Text-to-Speech sind in Situationen die erste Wahl, wenn ein geschriebener Text nicht gelesen werden sollte oder kann (z. B. Kurznachricht beim Autofahren, Screenreader für visuell eingeschränkte Personen) oder ein gesprochener Text nicht gehört werden kann (z. B. Sprachmitteilungen während eines Meetings).

Die Entwicklung von Programmen zur Überprüfung von Rechtschreibung und Grammatik, im Bereich Predictive Texting, für Text-to-Speech ist noch nicht abgeschlossen. Solche Funktionalität ist heute Teil des Betriebssystems auf Computern, Smartphones und Tablets und steht damit in allen Programmen zur Verfügung Dale & Viethen, 2021. Eine intensive Beschäftigung mit diesen Funktionen und ihren Einstellungen ist Voraussetzung für eine optimale Nutzung dieser Werkzeuge Mahlow & Dale, 2014.

Rückmeldungen von Ko-Autor:innen oder Dozierenden zu Textentwürfen und die punktuelle Reflexion über Vorlieben und Schwierigkeiten beim Schreiben sind Ausgangspunkte, um eine Wunschliste betreffend automatische Unterstützung zu formulieren. Zu den Zielen kann gehören, Schwierigkeiten zu meistern, etwa bei Dyslexie, oder häufige Aktivitäten zu automatisieren, etwa Nachrichten verdanken und Grußformeln schreiben. Wer mit vorinstallierten Funktionen nicht zufrieden ist und diese nicht genügend an die eigenen Bedürfnisse anpassen kann, findet heute eine breite Auswahl von externen Unterstützungsprogrammen, die sich in der Regel kostenlos testen lassen www.language-matters.education.

Schnelltest	Diskutieren Sie in der Gruppe repetitive Aufgaben während typischer Schreibaufgaben. Überlegen Sie, ob sich diese automatisieren

lassen und welche Ressourcen es vermutlich dafür braucht. Unterscheidet sich dies je nach Sprache oder Textsorte?

Auf der Webseite zum Buch finden Sie zum Beispiel Experimente zu Spracheinstellungen, die helfen, wenn Sie dem Computer diktieren oder er Ihnen vorlesen soll.   Training

Teil III: **Die Praxis in Sprachberufen untersuchen**

Der dritte Teil des Buches zeigt zentrale Methoden zum Erforschen von Sprachgebrauch im Beruf. Diese Methoden nutzt die Angewandte Linguistik, um zu erkennen, was wir tun, wenn wir kommunizieren, und warum wir dies tun. Selten mehr kommt eine Methode allein zum Zug in einem Forschungsprojekt; meist nähern sich die Forschenden ihrem Gegenstand von unterschiedlichen, einander ergänzenden Perspektiven. Hier finden Sie der Reihe nach erklärt, wie Sie in die Tiefe einzelner Fälle bohren, den Sprachgebrauch ganzer Gemeinschaften erfassen – und dabei ein breiteres Repertoire an Methoden nutzen können.

Zuerst also führt der Weg in die **Tiefe**, ins genaue Erkunden und Verstehen ausgesuchter einzelner Fälle $_{III.1}$. **Fallstudien** lassen Sie wesentliche neue Details erkennen, fördern Unerwartetes zutage und zeigen Zusammenhänge auf. Das sind die Vorteile einer Fallstudie. Wichtigster Nachteil: Nach einer einzelnen Fallstudie lassen sich die Ergebnisse kaum verallgemeinern; ein anderer Fall kann zu anderen Ergebnissen führen. Man weiß nur, dass es das, was man herausgefunden hat, tatsächlich gibt in der Welt und kann erklären, wo und unter welchen Bedingungen es aufgetreten ist. Dies ist oft der Anfang weiterer Forschung.

Die zweite Tour führt in die **Breite**, in große Mengen von Daten: in Korpora und ihre Analyse $_{III.2}$. Die **Korpusanalyse** ist die aufgeräumte Schwester der Big-Data-Analyse, also der üblichen Basis künstlicher Intelligenz. Während bei Big Data oft im Dunkeln bleibt, was alles dazu zählt und wie die

Ergebnisse zustande kommen, sind Korpusanalysen absolut transparent: Die Forschenden wissen, welche Daten sich im Korpus befinden, und können jeden Schritt der Analyse begründen. Das führt zu Ergebnissen, von denen man weiß, wie sie entstanden sind und für welchen Ausschnitt der untersuchten Wirklichkeit sie gelten.

In manchen Studien nutzt die Angewandte Linguistik als **TOOLBOX** $_{\text{III.3}}$ das klassische Repertoire aller wissenschaftlichen Fachdisziplinen, die menschliches Sein und Tun untersuchen. Zu diesem sozialwissenschaftlichen Repertoire gehören Methoden wie die **Beobachtung**, die erfasst, was Menschen tun; die **Befragung**, die zeigt, was sie auf Anfrage hin antworten; die **Inhaltsanalyse**, die zusammenfasst, was in einem Kommunikationsangebot vermittelt wird; und das **Experiment**, das Zusammenhänge von Ursachen und Wirkungen nachweist, indem es den Gegenstand aus seiner dynamischen, unberechenbaren Umwelt herauslöst.

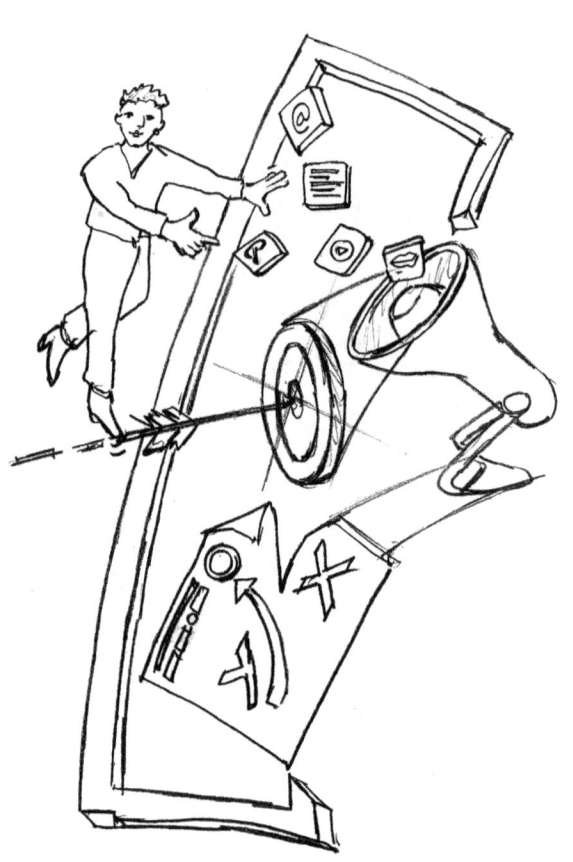

III.1 Fallstudien

Im ersten Themenfeld dieses Teils III geht es also um das Besondere eines genau untersuchten Falls. Die Fallstudie ist eine Forschungsanlage, bei der ein Fall oder wenige Fälle mit passenden Methoden genau analysiert werden. Die Angewandte Linguistik nutzt Fallstudien, um Sprachgebrauch in natürlichen Umgebungen zu erkunden, Lösungen für Probleme zu skizzieren sowie Theorien weiterzuentwickeln. Das Wissen, das Forschende mit Fallstudien erzeugen, können sie nutzen, um etwa Prozesse der sprachlichen Integration, der Sprachmittlung oder der öffentlichen Kommunikation genauer zu verstehen und dann zu verbessern.

Im ersten Kapitel III.1.1 machen Sie sich klar, wann Sie eine Fallstudie wählen, um Ihren Gegenstand besser kennenzulernen – etwa die Erfolgsfaktoren der interkulturellen Kommunikation einer weltweit vernetzten Organisation oder die Praktiken des Dolmetschens in einer Medienredaktion. Fallstudien fördern zutage, wie genau die Dinge, die zu untersuchen sind, in der wirklichen Welt passieren. Welcher Fall sich für eine präzise Untersuchung eignet und wie Sie ihn am besten untersuchen, hängt von der Forschungsfrage ab. Oft lohnt es sich, die Untersuchten von Anfang an als Forschungspartner:innen ins Projekt einzubinden.

Das zweite Kapitel III.1.2 stellt scharf auf die Durchführung von Fallstudien – also darauf, wie Sie eine Forschungsfrage formulieren, den Fall für die Untersuchung auswählen, das Forschungsprojekt flexibel planen und beim Forschen die Rechte der Beforschten wahren. Fallstudien sind aufwendig, weil sie vom präzis erfassten Detail leben und von der Fähigkeit der Forschenden, im Kleinen, Konkreten die Züge des Ganzen zu erkennen. Umso wichtiger ist es, einen aussagekräftigen Fall auszuwählen und dort wiederum das Wesentliche herauszuarbeiten. Hier lernen Sie abzuschätzen, welcher Fall sich eignet und was davon wichtig ist.

Das dritte Kapitel III.1.3 führt von den erhobenen Daten zu den Ergebnissen. Zuerst bringen die Forschenden die Daten in eine Form, in der sie sie gut verarbeiten, aufbewahren und weitergeben können. Warum *weitergeben?* – Einrichtungen, die Forschungsprojekte fördern, verlangen zunehmend, dass Daten so aufbereitet werden, dass auch andere Forschende darauf zugreifen können. So solide aufbereitet, werden die Daten dann ausgewertet: Was belegen sie und was lässt sich daraus schließen? Zum Schluss überprüfen die Forschenden, ob sie mit den Ergebnissen nun die Forschungsfrage sinnvoll beantworten können.

Im vierten Kapitel ₍ᵢᵢᵢ.₁.₄₎ erkennen Sie aber: Das Ziel ist erst erreicht, wenn alle Beteiligten aus den Ergebnissen des Forschungsprojekts lernen können. Beteiligt sind bei Fallstudien in der Angewandten Linguistik meist nicht nur die Wissenschaftler:innen, sondern auch die beforschte Praxis und die Gesellschaft als Ganzes. Diese drei Anspruchsgruppen bringen unterschiedliche Erwartungen und Verstehensvoraussetzungen ein. Um Fallstudien in Praxis und Gesellschaft nutzbar zu machen, bereiten Forschende ihre Ergebnisse oft als Fallgeschichten auf: Die leuchten ein und vermitteln präzise, was man Neues weiß – und was noch nicht.

Daniel Perrin
III.1.1 Herausfinden, was der Fall ist: Fallstudien wählen

In diesem Kapitel lernen Sie, wann und warum es sinnvoll sein kann, Fallstudien durchzuführen. An zwei wirklichkeitsnahen Beispielen von Fallstudien erkunden Sie, was einen Fall ausmacht: Er ermöglicht tiefe Einblicke in einen begrenzten Ausschnitt der Wirklichkeit. Wie Fallstudien angelegt werden, hängt, wie bei jedem Forschungsvorhaben, stark von Erkenntnisinteresse und -ziel ab. Anders als andere Formen der Forschung bedingen aber Fallstudien oft eine intensive Zusammenarbeit mit der untersuchten Praxis, von allem Anfang an: Wer weiß, was die Forschung bringen soll, lässt sich von den Forschenden tiefer in die Karten blicken.

Haltung: Sie erkennen den Sinn von Fallstudien in einer Wissenswelt, die sonst gern und mit Grund auf statistische Überprüfbarkeit pocht. **Wissen:** Sie kennen die wichtigsten Merkmale von Fallstudien und damit deren Möglichkeiten und Grenzen. **Können:** Dieses Wissen können Sie anwenden, um einzuschätzen, ob eine Fallstudie ein guter Weg ist, um ein Problem zu verstehen und im Ansatz zu lösen.   Lernziele

Die Schwerpunkte des Kapitels führen vom Sinn einer Fallstudie $_a$ über ihre typischen Merkmale $_{b,\,c}$ bis zum Besonderen: Fallstudien graben oft so tief, dass sie nur in systematischer Zusammenarbeit mit der untersuchten Praxis gelingen können $_d$:   Aufbau

a   Das spannende Besondere:
    Was ein Fall leisten kann und wie er entsteht

b   Authentizität:
    Aktuelle Phänomene in realen Kontexten erfassen

c   Erkenntnisinteresse:
    Das Ziel bestimmt den Weg

d   Transdisziplinarität:
    Fallstudien für Praxis und Wissenschaft

Prof. Dr. Daniel Perrin $_{I.1.1}$ erforscht professionelle Textproduktion mit Fallstudien in transdisziplinären Projekten. Aus theoretischem   Autor

Blickwinkel untersucht er die Möglichkeiten und Grenzen der Wissenstransformation zwischen Forschung und Berufspraxis. Als Trainer befähigt er Menschen und Organisationen, Forschungswissen zu nutzen in Sprachberufen.

https://www.zhaw.ch/de/ueber-uns/person/pdan/

Thema 1.1.a Das spannende Besondere: Was ein Fall leisten kann und wie er entsteht

Fallstudien beginnen mit der Entscheidung für einen bestimmten Fall – und damit gegen andere, die auch möglich wären. Wollen Sie erkunden, was Dolmetschen beiträgt zum öffentlichen Diskurs $_{I.1.1.a}$? Dann können Sie beispielsweise untersuchen, wie ein bestimmter Sender in einem bestimmten Beitrag vorgeht, um deutschsprachigem Publikum arabischsprachige Äußerungen syrischer Flüchtlinge zugänglich zu machen. Geht es Ihnen hingegen um Wesensmerkmale erfolgreicher interkultureller Organisationskommunikation, hilft eine Tiefenbohrung in einem global vernetzten Unternehmen weiter.

Im ersten Fall, hier heißt er der Fall SYRIEN, verschaffen Sie sich zum Beispiel einen Überblick über die aktuellen Diskurse in der Öffentlichkeit und stellen fest, dass mit zunehmender Migration die Medienberichterstattung über Asylsuchende aus Syrien ein interessanter Rahmen sein könnte. Kommen Arabisch sprechende Menschen in einem Medienbeitrag im öffentlichen Rundfunk zu Wort, ist zu erwarten, dass ihre Äußerungen ins Deutsche verdolmetscht werden. Also fragen Sie bei einer Medienredaktion an, ob Sie dabei sein dürften, wenn ein solcher Beitrag entsteht ... – Der Fall SYRIEN ist echt, hier aber leicht vereinfacht dargestellt.

Im Fall SYRIEN sollte eine Analyse zeigen, ob und wie Medienredaktionen mit professionellen Dolmetschenden zusammenarbeiten – und wenn ja, wie die Zusammenarbeit aussieht. Zu erfassen waren also etwa die Themenfindung und Arbeitsplanung in der Medienorganisation, die journalistische Recherche und Gesprächsführung mit Betroffenen, die Aufbereitung des aufgezeichneten Materials, das fertige Endprodukt und die Nachbereitung des Beitrags in der Sendungskritik der Redaktion sowie in Anschlussdiskursen auf sozialen Medien. In all diesen Praktiken zeigt sich das Denken und Handeln rund um den Dolmetschprozess.

Im zweiten wirklichkeitsnahen Fall untersuchen Sie die Kommunikation eines Unternehmens, zum Beispiel diejenige von BIOMED. Dieses Unternehmen fertigt seit 1915 Biotherapeutika, also Medikamente aus natürlichen Rohstoffen, und vertreibt diese heute weltweit. Die Kommunikationsleiterin führt ein mehrsprachiges Team, das für die globale Kommunikation von BIOMED verantwortlich ist. Die Kommunikationsabteilung wurde vom Branchenverband ausgezeichnet für ihre zielführende Zusammenarbeit mit anderen Abteilungen des Unternehmens sowie für die mehrsprachige Kommunikation mit Anspruchsgruppen in aller Welt.

Im Fall BIOMED will die Forschung herausfinden: Was macht diese Kommunikationsabteilung so erfolgreich? Ist es das multikulturelle, mehrsprachige Team, sind es die Strukturen des Unternehmens, die Produktionsabläufe und Gespräche $_{II.1.1.e}$ in der Abteilung? Worin zeigt sich der Erfolg? Welche Rolle spielen Persönlichkeit und Ausbildung der Mitarbeitenden und die gemeinsame Organisationsentwicklung? Oder liegt der Grund für den Erfolg ganz woanders? – Weil die Gründe für den Erfolg auch überraschen könnten, ist es besonders wichtig, während der Forschung offen zu bleiben für das Unerwartete.

Nennen Sie drei Unterschiede, die Sie bis hierher ausmachen zwischen den beiden Fällen. *Schnelltest*

Auf der Webseite zum Buch finden Sie weiterführende Übungen. Zum Beispiel rekonstruieren Sie eine Erfolgsgeschichte und zeigen am Fall BIOMED, wie weit ein Fall reicht. *Training*

Thema 1.1.b Authentizität:
  Aktuelle Phänomene in realen Kontexten erfassen

Fallstudien untersuchen also ein aktuelles Phänomen in der realen Welt systematisch – eben etwa die Praktiken des Dolmetschens in den Medien oder die Schlüsselfaktoren erfolgreicher Kommunikation in Unternehmen. *Reale Welt* bedeutet dabei, dass die Forschenden den Kontext $_{I.1.1.b}$ mit einbeziehen, in dem das Untersuchte geschieht und *systematisch* meint, auf bestehende Theorie $_{I.1.1.c}$ aufzubauen. Beim Arbeiten mit Fallstudien wird deutlich, dass beides viel Augenmaß braucht: Wo genau hört das Phänomen auf und wo beginnt der Kontext? Wo hilft mir vorhandene Theorie und wo verstellt sie mir den Blick aufs Unerwartete, Neue?

Das aktuelle Phänomen im Fall BIOMED ist die mehrsprachige Organisationskommunikation. Zum Kontext zählt hier, dass das Unternehmen in der Pharmabranche tätig ist und global kommuniziert sowie dass ein mehrsprachiges Team für diese Kommunikation zuständig ist. Je nach Forschungsinteresse und -ziel könnte es für die Fallstudie auch wichtig sein, dass die Kommunikation von BIOMED von einer Frau geleitet wird oder der Hauptsitz des Unternehmens in einem mehrsprachigen europäischen Land liegt. Zu all diesen Kontextfaktoren gibt es Theorien, die mit einbezogen werden können.

Im Fall SYRIEN zählt zum Kontext, dass öffentlicher Rundfunk einen Leistungsauftrag hat, der verlangt, dass das Programm des Senders Brücken schlägt zwischen den Kulturen des Landes und der Welt überhaupt und dass die Beiträge nicht nur unterhalten und informieren, sondern auch bilden sollen. Deshalb kann sich der Sender aufwendigere Produktionen leisten. Weiter wichtig ist, dass die Journalistin, die das untersuchte Projekt leitet, früher als Korrespondentin im Nahen Osten arbeitete und über einen politologischen Hintergrund verfügt, der sie für die möglichen Nöte von Flüchtenden aus dieser Region sensibilisiert.

Weil die untersuchten Fälle und die Forschungsinteressen breit gestreut sind, gibt es kein standardisiertes, einzig richtiges Fallstudiendesign. Ausgehend von Forschungsgegenstand und Fragestellung bestimmen die Forschenden, welche Methoden am besten geeignet sind, um den Realitätsausschnitt, den sie vertieft unter die Lupe nehmen wollen, zu untersuchen – aus unterschiedlichen, einander ergänzenden Perspektiven. Im Fall SYRIEN kann der Akzent auf dem Beobachten III.3.1 liegen: wie ein Beitrag entsteht, wer in welcher Rolle mitwirkt und welche Funktion dabei dem Dolmetschen zukommt.

Im Fall BIOMED können Forschende die Mitarbeitenden der Kommunikationsabteilung interviewen, groß angelegte Befragungen III.3.2 der Zielgruppen des Unternehmens durchführen – und mit multimodalen Textanalysen III.3.3 die Kommunikate untersuchen, die im Unternehmen zirkulieren, vom Unternehmen in die Welt verschickt werden oder von dort zurückkommen. Zudem können die Forschenden auch in diesem Fall die Produktionsprozesse I.1.1.h auswerten, etwa mit teilnehmender Beobachtung die Zusammenarbeit im Team erfassen oder mit Gesprächsanalysen II.1.1 die Interaktionen der Mitarbeitenden untereinander analysieren.

Skizzieren Sie für beide Fälle Bezüge zwischen Forschungsfrage, Kontext und Methode. — Schnelltest

Auf der Webseite zum Buch finden Sie zum Beispiel die folgenden weiterführenden Übungen: einen Lückentext zur realen Welt, das Kontext-Experiment und den Fall *Gestrüpp*. — Training

Thema 1.1.c Erkenntnisinteresse:
Das Ziel bestimmt den Weg

Jede Fallstudie ist einzigartig. Über die Zeit haben sich aber Typen herausgebildet. Hier finden Sie einige davon vorgestellt. Explorative und deskriptive Fallstudien unterscheiden sich nach der gesuchten Erkenntnistiefe: den Gegenstand zum ersten Mal erkunden oder ihn durchdringen. Vergleichende und Längsschnitt-Fallstudien lernen aus der Gegenüberstellung zweier gleichzeitiger Fälle oder eines Falls zu unterschiedlichen Zeiten. Kritische Fallstudien hinterfragen etablierte Theorien und Gesellschaftsmuster. Welchen Typ Forschende wählen oder welche Typen sie miteinander kombinieren, hängt ab vom Erkenntnisinteresse.

Explorative Fallstudien zielen darauf ab, einen noch wenig bekannten Gegenstand zu erkunden, um neue Erkenntnisse zu erzeugen, etwa zu den Erfolgsfaktoren interkultureller Organisationskommunikation. Am Anfang von Forschungsprojekten helfen sie, tiefer in ein Thema vorzudringen, Fragen zu entwickeln oder Hypothesen $_{I.1.1.e}$ zu formulieren. **Deskriptive Fallstudien** dagegen bohren an einer bestimmten Stelle tiefer, oft auch, indem sie bereits aufgestellte Hypothesen überprüfen: Was genau geschieht zum Beispiel beim Dolmetschen, wenn es in öffentlicher Kommunikation stattfindet?

Vergleichende Fallstudien stellen zwei oder mehr Fälle gegenüber, um Gemeinsamkeiten und Unterschiede zu identifizieren und zu analysieren. Im Vergleich der Kommunikation der Organisationen A und B zum Beispiel kann sich zeigen, welche Faktoren den Erfolg beeinflussen. Eine Variante davon, **Längsschnitt-Fallstudien**, vergleichen den Zustand in einem Fall über mehrere Zeitetappen hinweg. Sie zeigen etwa, wie sich die Kommunikation einer Organisation entwickelte, während die Mitarbeitenden weitergebildet wurden oder wie sich der Umgang einer Redaktion mit anderssprachigen Zitaten über die Jahrzehnte verändert hat.

Kritische Fallstudien schließlich zielen darauf ab, Strukturen, die einem Problem zugrunde liegen, offenzulegen, um sie zu hinterfragen. Sie werden häufig eingesetzt, um die Machtverhältnisse sichtbar zu machen, die in bestimmten Bereichen herrschen. Kritische Fallstudien können aber auch genutzt werden, um bestehende Theorien oder Praktiken zu hinterfragen und zu verbessern. Die Kritik gilt dann einer bestimmten Forschungsweise: Die Studie eines Falls kann zeigen, ob die Theorie auch diesen noch erklären kann – oder ob sie eben nicht so weit reicht, etwa weil alle Forschung bisher nur mit weißen Männern gemacht wurde.

Je nach Erkenntnisinteresse nutzen Forschende Fallstudien also, um **induktiv** – also bottom-up, ausgehend von Daten aus realen Fällen – neue Forschungsfragen oder **Hypothesen** zu erzeugen. Diese können sie später in größeren Forschungsprojekten überprüfen. Andere Forschende führen Fallstudien durch, um ein Phänomen, das schon erforscht worden ist, gründlicher zu verstehen in seinen Ursachen und Wirkungen. Fallstudien können aber auch **deduktiv** genutzt werden: um Theorien oder Forschungsergebnisse top-down an ganz bestimmten, zum Beispiel extremen Fällen zu überprüfen und so festzustellen, wie weit eine Theorie reicht.

Schnelltest — Welchen Typen ordnen Sie die Fallstudien BIOMED und SYRIEN zu – und warum?

Training — Auf der Webseite zum Buch finden Sie zum Beispiel die folgenden weiterführenden Übungen: Zwei Chancen, die Typen von Fallstudien zu erkennen und den Fall *Secret*.

Thema 1.1.d Transdisziplinarität:
Fallstudien für Praxis und Wissenschaft

Weil Fallstudien aktuelle Phänomene in realen Kontexten untersuchen, eignen sie sich gut, um Probleme der Berufspraxis zu bearbeiten – also zu erkennen, zu analysieren und zu lösen. Dies geschieht oft transdisziplinär. In transdisziplinären Forschungsprojekten arbeiten Fachleute aus Wissenschaft und untersuchtem Berufsfeld eng zusammen, und zwar während des ganzen Projektes: Die Zusammenarbeit beginnt beim Festlegen von Forschungsfrage und Methode, führt über die Datenanalyse und Interpretation und endet erst, wenn die Erkenntnisse aus dem Projekt in der Praxis umgesetzt und überprüft sind ~Perrin & Kramsch, 2018~.

Dabei stellen transdisziplinäre Projekte in der Regel scharf auf zähe, hartnäckige Probleme, die von der Praxis allein nicht gelöst werden können – deren Lösung aber dem Berufsfeld und der Gesellschaft überhaupt weiterhelfen würde und zudem wissenschaftlich interessant wäre. Im Fall SYRIEN untersuchen Fachleute aus Dolmetschpraxis und Journalismus gemeinsam mit Sprachforschenden, warum und mit welchen Folgen Medienbeiträge die Äußerungen von Menschen aus anderen Kulturen verkürzt oder verzerrt wiedergeben und wie professionelles Dolmetschen zur Lösung des Problems beitragen könnte.

Im Fall BIOMED ist das Ziel, Prozesse interkultureller Kommunikation in weltweit tätigen Organisationen Erfolg versprechender zu gestalten. Zuerst sichtet das Projektteam aus Forschenden und Kommunikationsfachleuten bestehende Theorien und leitet daraus Hypothesen ab, also Vermutungen für Erfolgsfaktoren der Kommunikation von BIOMED: Wie müsste eine solche Organisation laut Theorie aufgestellt sein und handeln, damit sie ihre Ziele erreicht? Danach überprüft das Projektteam diese Hypothesen am konkreten Fall: Wie geht BIOMED tatsächlich vor, um Verständigung über Sprach- und Kulturgrenzen hinweg zu erzielen?

In beiden Fällen fragen die Projektteams also, was Menschen, Teams und ganze Organisationen bei ihrer Berufsarbeit tun. Festzustellen sind die Rahmenbedingungen, Strategien und Praktiken, die im Berufsalltag zum Zug kommen könnten oder tatsächlich zum Zug kommen, um bestimmte Ziele zu erreichen. Im Fall BIOMED geschieht dies hypothesengeleitet, weil schon viel geforscht wurde zum Thema interkulturelle Organisationskommunikation. Im Fall SYRIEN dagegen geschieht es explorativ, weil die Zusammenarbeit von Medienschaffenden und professionellen Dolmetscher:innen noch wenig untersucht worden ist.

Abgeschlossen ist die transdisziplinäre Fallstudie erst, wenn die Ergebnisse implementiert worden sind in Berufspraxis und Theorie. Das bedeutet etwa im Fall BIOMED: Das Unternehmen hat die guten Praktiken, die das Projektteam herausgeschält hat, in der Organisation mit überprüfbarem Erfolg weiterverbreitet. Zudem haben die Forschenden ihre Erkenntnisse in wissenschaftlichen Zeitschriften veröffentlicht. Sie haben also dargelegt, wie sie die Theorie interkultureller Organisationskommunikation im konkreten Fall BIOMED überprüft haben und wie und warum sie die Theorie nach diesem tiefen Einblick weiterentwickeln ₍III.1.3.b₎.

Schnelltest   Nennen Sie drei Hauptmerkmale einer transdisziplinären Fallstudie.

Training   Auf der Webseite zum Buch finden Sie zum Beispiel die folgenden weiterführenden Übungen: ein Quiz zu Merkmalen transdisziplinärer Forschung und einen Crashkurs zum Fall BIOMED.

Aleksandra Gnach
III.1.2 In die Tiefe bohren: Fallstudien durchführen

In diesem Kapitel lernen Sie, wie Sie Fallstudien konzipieren und durchführen. Sie denken den ganzen Forschungsprozess durch und erkunden, wie die Elemente des Forschungsdesigns aufeinander aufbauen und sich gegenseitig beeinflussen: Forschungsfrage, Forschungsziel und Methoden etwa müssen zueinander passen. Weil Fallstudien die Handlungen von Menschen in realen Kontexten erfassen, spielen zudem Recht und Ethik eine wichtige Rolle, zum Beispiel beim Umgang mit Personendaten, und zwar vom Anfang bis zum Schluss einer Fallstudie und darüber hinaus, bei der Publikation der Ergebnisse.

Haltung: Sie erkennen die Potenziale und Grenzen von Fallstudien. **Wissen:** Sie kennen die wichtigsten Elemente eines Fallstudiendesigns und ihre Wechselwirkung. **Können:** Sie können eine Fallstudie skizzieren – und begründen, warum eine so angelegte Studie den Anforderungen von Wissenschaft, Praxis und Gesellschaft gerecht wird.

Lernziele

Die Schwerpunkte des Kapitels führen durch den gesamten Forschungsprozess, angefangen bei der Formulierung der Forschungsfrage $_a$ über die Auswahl des dazu passenden Falls $_b$ bis zum Entwerfen eines Forschungsprojekts, das ethischen und rechtlichen Anforderungen genügt $_{c,\,d}$:

Aufbau

a Forschungsfrage:
   Zusammenhänge aufzeigen – und zwar präzise

b Fallwahl:
   Außergewöhnlich interessant oder vermutlich typisch?

c Forschungsdesign:
   Das Projekt durchplanen und doch offen bleiben fürs Unerwartete

d Forschungsethik:
   Beforschte schützen und rechtlichen Problemen zuvorkommen

Autorin Prof. Dr. Aleksandra Gnach ₁₁₁.₁.₂ nutzt Fallstudien, um Social-Media-Kommunikation auf der Prozess- und Produktebene zu erforschen. Die Erkenntnisse daraus bringt sie in die Aus- und Weiterbildung an der Hochschule ein sowie in die Beratung von Teams und Organisationen in Wirtschaft und Politik.
https://www.zhaw.ch/de/ueber-uns/person/gnaa/

Thema 1.2.a Forschungsfrage: Zusammenhänge aufzeigen – und zwar präzise

Am Anfang jedes Forschungsprojekts steht ein Forschungsziel. Mit einer explorativen Fallstudie etwa können Forschende Hypothesen generieren oder einen bestimmten Sachverhalt genau untersuchen. Hierbei kann ein Projekt stärker auf die Weiterentwicklung von Theorien ausgerichtet sein. Oder es fokussiert eher auf die Lösung berufspraktischer oder gesellschaftlicher Probleme und ist dementsprechend transdisziplinär angelegt ₁₁₁.₁.₁.d.

Erst wenn das Forschungsziel klar ist, lassen sich sinnvolle Forschungsfragen formulieren. Fallstudien bearbeiten typischerweise Fragestellungen, die sich nicht einfach mit Ja oder Nein beantworten lassen, sondern darauf abzielen, unterschiedliche Perspektiven und Zusammenhänge aufzuzeigen. Dabei müssen die Forschungsfragen so präzise formuliert sein, dass die Forschenden sie für den gewählten Fall mit geeigneten Methoden beantworten können.

Im Fall BIOMED wollen die Beteiligten die mehrsprachige Organisationskommunikation verbessern – also die Prozesse interkultureller Kommunikation in der weltweit tätigen Organisation Erfolg versprechender gestalten. Dieses Ziel lässt sich auf unterschiedlichen Wegen erreichen. Für die Angewandte Linguistik könnte es beispielsweise interessant sein, herauszufinden, wie die Mitarbeitenden in einem mehrsprachigen Team kommunizieren. Nutzen sie eine Lingua franca ₁₁.₂.₂.b oder verläuft die Kommunikation in mehreren Sprachen, je nachdem, wer mit wem kommuniziert, auf welchem Kanal und mit welchem Ziel?

Die Fragestellung könnte aber auch auf die Kommunikation der Organisation nach außen fokussieren. Mögliche Fragen wären: Wie sehen die Prozesse bei der Gestaltung der Kommunikationsangebote aus? Werden die Kommunikate in einer Sprache erstellt und dann übersetzt oder erfolgt die Produktion von Anfang an mehrsprachig?

Kurz: Wie produziert das Kommunikationsteam von BIOMED multimodale $_{I.3.1.a}$, mehrsprachige $_{I.2.1.a}$ Kommunikationsbeiträge für die externe Online-Kommunikation? Die Formulierung dieser Forschungsfrage zeigt auf, was untersucht werden muss, nämlich das Kommunikationsteam, dessen Produktionsprozesse sowie die multimodalen und mehrsprachigen Kommunikationsbeiträge auf externen Onlinekanälen.

Eine nützliche Antwort auf diese Frage muss dann die Zusammenhänge zwischen den einzelnen Elementen aufzeigen: etwa den Zusammenhang zwischen den Eigenschaften der Beforschten – ihren Fremdsprachenkenntnissen oder ihrer Media Literacy $_{I.3.2.i}$ – und ihren Strategien der Textproduktion $_{I.2.2.b}$. Erst wenn die Forschung solche Zusammenhänge präzise herausgearbeitet hat, hat sie die Frage beantwortet, wie Kommunikationsprofis interkulturelle Kommunikation Erfolg versprechend gestalten können.

Welche Zusammenhänge für die Beantwortung der Forschungsfrage relevant sind, ergibt sich einerseits aus dem Vorwissen der Forschenden, den vorhandenen Theorien und dem Forschungsstand zum Thema. Andererseits werden relevante Zusammenhänge oft erst im Verlauf der Fallstudie sichtbar, wenn die Forschenden ihren Fall in allen Facetten erfassen. Je präziser die Forschungsfrage formuliert ist, desto einfacher fällt es bei der Durchführung der Studie, das Relevante zu bemerken, sich von Nebensächlichem nicht ablenken zu lassen und, wenn nötig, die Forschungsfrage weiter zu schärfen.

Formulieren Sie eine möglichst präzise Forschungsfrage für den Fall SYRIEN $_{III.1.1.a}$. — Schnelltest

Auf der Webseite zum Buch finden Sie weiterführende Übungen, zum Beispiel zum Festlegen, was eine Fallstudie bewegen soll. — Training

Thema 1.2.b Fallwahl: Außergewöhnlich interessant oder vermutlich typisch?

Forschende müssen bestimmen, wie der Fall beschaffen sein soll, damit die Fallstudie die Forschungsfragen beantworten kann. Dabei streben sie nicht eine möglichst repräsentative Stichprobe an, sondern einen möglichst aussagekräftigen Einblick in den gewählten Ausschnitt der untersuchten Wirklichkeit. Entscheiden müssen die

Forschenden zudem, ob eine Einzelfallstudie besser geeignet ist, um die Forschungsfrage(n) sinnvoll zu beantworten, oder ob schon von Anfang an mehrere Fallstudien durchgeführt werden müssen.

In einer Einzelfallstudie wird ein bestimmtes Phänomen sehr genau erforscht, an einem einzigen Fall, der zu einem bestimmten Zeitpunkt oder über einen längeren Zeitraum hinweg eingehend analysiert wird. Der Fall ist hier zum Beispiel eine Organisation, eine Abteilung oder eine Person in dieser Abteilung. Ziel ist es, alle Merkmale des Falls zu erfassen und deren Zusammenspiel zu beleuchten, die im Licht der Forschungsfrage von Bedeutung sind. Was wichtig ist und was nicht, darüber entscheiden letztlich die Forschenden; der Fall wird von ihnen also sozusagen konstruiert, was die Forschung als *casing* ~Ragin, 2009~ bezeichnet.

Im Fall SYRIEN etwa könnten Sie eine Redaktion bei einem Fernsehsender unter die Lupe nehmen und den Fokus auf die Zusammenarbeit der Medienschaffenden und der Dolmetschenden legen. Sie könnten herausarbeiten, welche Aspekte sich wie auf einen ausgestrahlten Beitrag auswirken. Mögliche Fragen sind: Welche Rolle spielt die Biografie der beteiligten Personen? Welche redaktionellen Vorgaben gibt es zur Zusammenarbeit mit Dolmetschenden und wie werden diese im Alltag interpretiert? Hat das Thema eines Beitrags Einfluss auf den Produktionsprozess oder sind andere Aspekte relevanter?

Es muss aber nicht bei einer einzigen Fallstudie bleiben. Die Durchführung von zwei oder mehreren Fallstudien ermöglicht es, Unterscheidungsmerkmale zu identifizieren, indem Ähnlichkeiten und Kontraste zwischen Fällen aufgezeigt werden. Dabei wird in der Regel zuerst jeder Fall detailliert beschrieben. Dann identifizieren Forschende diejenigen Aspekte innerhalb jedes Falles, die für die Beantwortung der Forschungsfrage besonders relevant sind. Anschließend betrachten sie diese Aspekte über alle Fälle hinweg: Worin unterscheiden sie sich, und was könnte der Grund sein für die Unterschiede?

Im Fall SYRIEN könnten Sie auch mehrere Fälle in die Fallstudie einbeziehen. Mehrere Redaktionen beim gleichen Sender zum Beispiel, oder mehrere Redaktionen bei unterschiedlichen Medienunternehmen. Gleichen sich die Fälle in allen Aspekten, bestätigt das den Forschungsstand und validiert die Ergebnisse der Fallstudie. Unterscheiden sie sich aber stark, lässt das vermuten, dass das bisher erzeugte Wissen noch zu kurz greift. Fälle, die in irgendeiner

Weise ungewöhnlich sind, eignen sich daher besonders gut, um neue Erkenntnisse über den Gegenstand zu gewinnen oder um weitere Forschungsfragen und Hypothesen zu generieren.

Die Entscheidung, ob eine Einzelfallstudie besser geeignet ist, um die Forschungsfrage(n) zu beantworten oder eher mehrere Fallstudien durchgeführt werden sollten, ist also ein wichtiger Teil des Forschungsdesigns.

Warum wählen Sie für eine Studie einen typischen Fall, warum einen außergewöhnlichen? — Schnelltest

Auf der Webseite zum Buch finden Sie zum Beispiel die folgende weiterführende Übung: BIOMED untersuchen – wann reicht ein Fall, wann braucht es mehrere? — Training

Thema 1.2.c Forschungsdesign:
Das Projekt durchplanen und doch offen bleiben
fürs Unerwartete

Das Forschungsziel und die Forschungsfragen sind formuliert, der Fall bestimmt. In einem nächsten Schritt wählen die Forschenden Methoden $_{III.3}$, mit denen sie ihre Fragen an den Gegenstand beantworten können. Dabei müssen sie Methoden bestimmen für die Erhebung und Auswertung der Daten sowie für die Transformation $_{I.3.1.c}$, die Übersetzung der Ergebnisse in die beforschte Praxis und die Gesellschaft. Die Wahl der Methoden hängt einerseits von der Forschungsfrage ab, andererseits vom Fall selbst.

Forschungsfragen sind deshalb relevant, weil sie nahelegen, welche Daten es für die Beantwortung braucht und welche Methoden sich für die Weiterverarbeitung der Daten eignen. Interessieren zum Beispiel die sprachlichen Interaktionen der Beforschten, müssen Forschende Gespräche aufzeichnen. Sind institutionelle Vorgaben von Interesse, brauchen Forschende offizielle Weisungen einer Organisation und weitere interne Dokumente. Liegt der Fokus auf Produktionsprozessen, müssen diese erfasst werden.

Der Fall wiederum bestimmt, zu welchen Daten Forschende überhaupt Zugang haben. Dürfen sie Gespräche aufnehmen in der Organisation, deren Praktiken sie untersuchen wollen? Haben sie Zugriff auf interne Dokumente? Haben sie eine rechtlich abgesicherte Erlaubnis, um mit Logging-Software $_{III.3.1.d}$ aufzuzeichnen, was die Mitarbeitenden an ihren Computern tun? Die Antworten auf solche Fragen legen dann nahe, welche Methoden der Datenerhebung infrage kommen – und welche eben nicht. Sobald klar ist, welche Daten erhoben werden – zum Beispiel nur fertige Textprodukte oder auch Gespräche oder sogar das Arbeiten am Computer –, lassen sich also auch die Methoden für die Datenauswertung festlegen. Gespräche etwa können mit Gesprächsanalyse II.1.1.e–h ausgewertet werden, Dokumente mit Text- oder Inhaltsanalysen III.3.3. Ziel der Datenauswertung ist es, Muster von Produkten und Prozessen herauszuarbeiten, die für die Beantwortung der Forschungsfragen relevant sind. Das Forschungsdesign im Voraus festzulegen hilft, die Durchführung des Forschungsprojekts zu planen, Ressourcen abzuschätzen und alle Involvierten rechtzeitig einzubinden.

Bei aller Planung aber sollten Forschende offen bleiben für Erkenntnisse, sie sich im Verlauf des Forschungsprozesses ergeben. Das kann durchaus bedeuten, dass Forschende ihre ursprünglichen Forschungsfragen, die Stichproben oder die Methodenwahl überdenken und im Verlauf der Fallstudie modifizieren. Nur so können möglichst viele Aspekte und Perspektiven in die Fallstudie einfließen, auch solche, die am Anfang des Projekts noch nicht voraussehbar waren. Im offenen Forschungsprozess also lernen die Forschenden laufend dazu Agar, 2004.

Schnelltest	Beschreiben Sie ein mögliches Design für die Fallstudie BIOMED oder die Fallstudie SYRIEN.
Training	Auf der Webseite zum Buch finden Sie weiterführende Übungen, in denen Sie Elemente des Forschungsdesigns möglichst sinnvoll miteinander kombinieren.

Thema 1.2.d Forschungsethik:
Beforschte schützen und rechtlichen Problemen zuvorkommen

Bei der Durchführung von Fallstudien erfahren Forschende, was Menschen in realen Kontexten tun. Dadurch werden die Beforschten exponiert und machen sich angreifbar. Forschende müssen deshalb stets bedenken, inwiefern ihre Studie auch Schaden anrichten könnte. Leitplanken für gesellschaftlich verträgliche Forschung bietet die

Forschungsethik. Sie fokussiert auf das Spannungsfeld zwischen den Forschungsinteressen und der Einhaltung gesellschaftlicher Normen und Werte. Forschungsethik basiert auf zwei Prinzipien: Schadensvermeidung und Selbstbestimmung.

Das **Prinzip der Schadensvermeidung** zielt darauf ab, mögliche Schäden für die Beforschten zu vermeiden. Die Forschung darf sich nicht negativ auf das psychische oder physische Wohlbefinden auswirken sowie keine negativen rechtlichen, sozialen oder wirtschaftlichen Folgen haben. Vermieden werden können Schäden vor allem durch konsequentes Anonymisieren aller Angaben und durch Datenschutz – also den sorgfältigen Umgang mit der Speicherung, der Weitergabe und dem Löschen von Daten.

Wenn zum Beispiel in den Daten des Falls SYRIEN sichtbar wird, dass eine Person ineffizient arbeitet, dann ist das potenzielle Risiko für eine Person, die sich in der Probezeit befindet, höher als für eine Managerin. Ist das Risiko für die Person in der Probezeit zu hoch, etwa weil das Kader Einblick in die Daten haben möchte, sollte sie nicht an der Studie teilnehmen, so vielversprechend die Daten aus Sicht der Forschenden auch sein mögen. Sie darauf hinzuweisen, ist Aufgabe der Forschenden.

Das **Prinzip der Selbstbestimmung** beruht auf der informierten Einwilligung der Beforschten. Beforschte müssen so umfassend über alle Aspekte des Forschungsprojekts informiert sein, dass sie begründet entscheiden können, ob sie teilnehmen möchten oder eben nicht. Dazu müssen sie zum Beispiel wissen, welche Konsequenzen sich aus ihrer Teilnahme ergeben. Zur Selbstbestimmung gehört auch, dass die Teilnahme am Forschungsprojekt freiwillig ist und dass die Beforschten jederzeit aus dem Projekt aussteigen können.

Beim Prinzip der Selbstbestimmung ist es wichtig, zu beachten, ob ein Abhängigkeitsverhältnis besteht, durch das sich Beforschte zu einer Teilnahme gedrängt fühlen könnten. Das wäre im Fall BIOMED etwa dann der Fall, wenn die Kommunikationsleiterin ihre Mitarbeitenden zu einer Teilnahme am Forschungsprojekt aufforderte. Falls eine Fallstudie mit Kindern oder Jugendlichen durchgeführt wird, muss eine Einwilligung der Erziehungsberechtigten, aber natürlich auch der Beforschten selbst vorliegen.

Um rechtlichen Problemen zuvorzukommen, lohnt es sich, schon bei Beginn der Fallstudie den möglichen Teilnehmenden ein Schreiben zukommen zu lassen, welches sie informiert über die

Ziele und Methoden des Projekts, den Aufwand für die Teilnehmenden und den Datenschutz. Je nach Fall kann es notwendig sein, dieses Schreiben in Leichter Sprache ₁.₃.₂.ᵦ zu formulieren oder in mehreren Sprachen zur Verfügung zu stellen.

Überlegungen zur Forschungsethik müssen also in alle Phasen eines <u>Forschungsprozesses</u> einfließen: in Planung, Datenerhebung, Datenaufbereitung, Datenauswertung, Veröffentlichung in der Forschungsgemeinschaft, Wissenstransformation in Gesellschaft und Praxis sowie in die Nachnutzung der Daten in Folgeprojekten.

Schnelltest — Welchen Risiken sind Beforschte durch die Teilnahme an der BIO-MED-Fallstudie ausgesetzt?

Training — Auf der Webseite zum Buch finden Sie weiterführende Übungen, in denen Sie Forschungsethik greifbar machen und ethische Grundprinzipien umsetzen.

Iris Hübscher
III.1.3 Mit Bedacht verallgemeinern: Fallstudien auswerten

In diesem Kapitel erkunden Sie die vier Schritte, mit denen Forschende ihre Fallstudien auswerten. Daten allein sind noch keine Information: Aussagekräftig sind sie erst, wenn für alle, die damit arbeiten wollen, klar wird, wofür genau die Daten stehen. Beim Aufbereiten der Daten achten die Forschenden darauf, die Aspekte besonders sorgfältig herauszuarbeiten, die wichtig sind zum Beantworten der Forschungsfrage. So aufbereitet, lassen sich Daten zielführend codieren, analysieren und interpretieren. Unterwegs und zum Schluss der Auswertungsphase prüfen die Forschenden die Qualität ihrer Arbeit.

Haltung: Sie erkennen den Sinn detaillierten und präzisen wissenschaftlichen Arbeitens bei Fallstudien. **Wissen:** Sie kennen die wichtigsten Schritte der Auswertungsphase in einer Fallstudie und bauen damit Ihr methodisches Wissen für Studium und Beruf aus. **Können:** Sie sind bereit, in einem Forschungspraktikum mitzuwirken, in dem Sie gemeinsam mit erfahrenen Forschenden Fallstudien durchführen. Und Sie können besser einschätzen, was Forschende leisten müssen, um eine Fallstudie fachkundig durchzuführen. — Lernziele

Die Schwerpunkte dieses Kapitels zur Fallstudie führen von der Datenaufbereitung $_a$ über die Analyse der Daten $_{b,\,c}$ bis zur Interpretation der Ergebnisse $_d$. — Aufbau

a   Datenaufbereitung:
    Erfasstes für die Forschung zugänglich machen

b   Datenanalyse:
    Sprachliche Äußerungen sortieren und gruppieren

c   Interpretation:
    Begründet vermuten, was das Festgestellte bedeutet

d   Evaluation:
    Konsistenz prüfen und Beforschte mit einbeziehen

Dr. Iris Hübscher befasst sich mit Prosodie, Mimik und Gestik im Spracherwerb sowie in interkulturellen und sprachdiversen Set- — Autorin tings. Im Zentrum ihrer Forschung und Lehre steht der mündliche Sprachgebrauch. Ihre experimentelle Ausrichtung komplementiert sie mit Fallstudien.

https://www.zhaw.ch/de/ueber-uns/person/husc/

Thema 1.3.a Datenaufbereitung: Erfasstes für die Forschung zugänglich machen

Bevor Forschende eine Fallstudie auswerten können, müssen sie die Daten aufbereiten. Im Fall SYRIEN zum Beispiel transkribieren sie die Tonaufnahmen der Gespräche zwischen Journalistin und Dolmetscher, um sie damit sichtbar zu machen für die schriftliche Analyse. Je nach Fragestellung und theoretischer Position transkribieren sie mehr oder weniger Details: a) nur die verbale Ebene und damit den Wortlaut, b) auch die prosodische Ebene und damit Klangmerkmale wie Tonhöhe, Tonstärke und Tondauer der gesprochenen Sprache – oder c) zudem die nonverbale Ebene, also etwa Mimik, Gestik, Körperhaltung und Raumbezug.

Für alle drei Transkriptionstiefen gibt es Computerprogramme: Für Transkripte auf nur verbaler Ebene sind das etwa die Produkte *Transcribe* und *Amberscript*. Bei PRAAT kommt die phonetische und prosodische Ebene dazu, bei ELAN oder EXMARaLDA die nonverbale. So oder so: Transkribieren braucht seine Zeit. Es gibt immer mehr Tools, die (halb-)automatisiert transkribieren und damit einen Teil der Arbeit übernehmen können. Jedoch müssen diese Transkriptionen immer sorgfältig kontrolliert und nachbearbeitet werden.

Forschende können dann auf eine Transkription verzichten, wenn die Rohdaten bereits schriftlich vorliegen. Ein Beispiel dafür sind die Anschlussdiskurse in sozialen Medien im Fall BIOMED. Diese Anschlussdiskurse zeigen auf, wie eine Zielgruppe die Kommunikationsangebote der Organisation versteht und in ihren Posts und Bewertungen weiterverbreitet. Es sind, sozusagen, schriftliche und ikonografische, also bebilderte Gespräche. Aber auch hier müssen die Forschenden die Daten bearbeiten, zum Beispiel anonymisieren und mit Annotationen $_{\text{I.1.2.c}}$ für Plattform, Zeit und Quelle versehen.

Gutes Datenmanagement geht aber noch weiter: Ist die Fallstudie einmal abgeschlossen und veröffentlicht, sollen auch weitere Forschende mit den erhobenen Daten arbeiten können. Dies erleichtert es der Forschungsgemeinschaft, die Ergebnisse zu überprüfen und zu vergleichen mit anderen, ähnlichen Fallstudien. Zudem müssen so nicht immer wieder neue Daten geliefert werden, solange sich die bereits erhobenen Daten noch präziser auswerten lassen. Umfassendes Forschungsmanagement ist also von allem Anfang an angelegt auf Transparenz, auf Open Research: Die Daten sind so aufbereitet und abgelegt, dass klar ist, wofür sie stehen und dass auch andere Forschende damit weiterarbeiten können.

Zum Vergleich: Wenn eine Biologin das Paarungsverhalten von Streifenhörnchen untersucht, dann hält sie neben dem beobachteten Verhalten auch den Kontext fest. Dazu gehört etwa, wo und wann sie die Streifenhörnchen gesehen hat und wie es dort aussieht. Genauso wichtig ist es, bei Fallstudien aus der Sprachberufspraxis die Daten zu kontextualisieren, etwa: Von wem stammen die festgehaltenen Äußerungen, in welcher Situation sind sie entstanden, und welche Umstände haben zu dieser Situation geführt. Nur dann, wenn Daten so kontextualisiert sind, können sie in Zukunft auch von anderen Forschenden sinnvoll weiterbenutzt und analysiert werden.

Nennen Sie drei Ebenen der Transkription – und was sonst zur Datenaufbereitung gehört. *Schnelltest*

Auf der Webseite zum Buch finden Sie zum Beispiel die folgenden weiterführenden Übungen: ELAN mit Elan und FAIRes Datenmanagement. *Training*

Thema 1.3.b Datenanalyse:
Sprachliche Äußerungen sortieren und gruppieren

In der Praxis beginnt die Datenanalyse oft bereits beim Erheben von Daten: Forschende machen sich zum Beispiel eine Notiz, wenn sie etwas Wesentliches beobachten, oder markieren die wichtigsten Punkte und Themen in einer Art Forschungstagebuch. So können sie etwa, während sie die Daten eines Videogesprächs zwischen der Vorgesetzten und einem Angestellten im Kommunikationsteam von BIOMED transkribieren, feststellen, dass die Gesprächsteilnehmenden an verschiedenen Stellen eine längere Pause oder eine bestimmte Gestik einsetzen, die eine beobachtbare Wirkung auf die Interaktion hat.

Die Forschungsfrage und die Art der Daten bestimmen mit, welche Methoden für die Datenauswertung eingesetzt werden. Um die Dynamik einer Teamdiskussion im Fall BIOMED oder zwischen Journalistin und Dolmetscher im Fall SYRIEN zu erfassen _{II.1.1}, eignet sich die Gesprächsanalyse _{II.1.1}. Anders gehen die Forschenden vor, wenn sie nicht der Wortlaut und präzise Verlauf von Interaktionen interessiert, sondern einfach, worüber sich die Beteiligten austauschen und wie sie es einfärben. Themen und Rahmungen in mündlichen und schriftlichen Texten erfasst die Inhaltsanalyse _{III.3.3}.

Bei vielen Auswertungen codieren Forschende die Daten. Codieren meint den Prozess, bei dem die Daten bestimmten Codes zugewiesen werden. Es ist wie Legomodelle auseinanderzunehmen und die Bausteine zu sortieren: Man zerlegt zum Beispiel ein Gespräch oder einen schriftlichen Text in Sätze oder noch kleinere Einheiten und legt die wesentlichen dieser Einheiten sozusagen in Schubladen: Alle Äußerungen, die Zweifel ausdrücken, landen dann in der Schublade mit diesem Code *Zweifel ausdrücken*. Dieses Vorgehen macht sichtbar, auf welche unterschiedlichen Arten die Gesprächsteilnehmenden Zweifel ausgedrückt haben.

Oft analysieren Forschende die Daten einer Fallstudie induktiv, das heißt, sie legen erst beim Codieren fest, wie ihre Codes heißen. Wenn man schon viel weiß zum untersuchten Gegenstand, können Forschende die Codes aber auch vor der Analyse der Daten festlegen. So oder so sind Codes sehr nützlich im Forschungsprozess, weil sie Komplexität reduzieren: Ein Durcheinander von lauter einmaligen Äußerungen wird reduziert auf eine klare Ordnung weniger Gruppen aus ähnlichen Äußerungen – eben genau wie beim Sortieren und Aufräumen der Legokiste. Beim Codieren helfen können Programme wie MAXQDA, ATLAS.ti, NVivo und HyperRESEARCH.

Das Codieren bildet also den Kern der Analyse in sehr vielen Fallstudien. Zudem können über die Codes auch mehrere Fallstudien miteinander verknüpft werden, etwa im Forschungsrahmen der Grounded Theory Glaser & Strauss, 1967; Guetterman, 2019. In diesem Rahmen analysieren die Forschenden einen ersten Fall, indem sie die Daten codieren und daraus eine erste, vorläufige Theorie ableiten. Dann überlegen sie, welche Fallstudie sie als Nächstes durchführen müssen, um ihre Theorie weiterzuentwickeln, also zu präzisieren oder in Teilen zu widerlegen. Nach dem Fall SYRIEN zum Beispiel können die Forschenden eine Fallstudie anpeilen in einer Redaktion, die ohne Geld für Dolmetschende auskommen muss.

Skizzieren Sie an einem Beispiel, wie das Codieren von Daten vor sich geht. — Schnelltest

Auf der Webseite zum Buch finden Sie weiterführende Übungen zum Sprechen, zum Transkribieren, zum Codieren – und zu Schritten ins Unbekannte. — Training

Thema 1.3.c Interpretation:
Begründet vermuten, was das Festgestellte bedeutet

Sobald Forschende die Daten einer Fallstudie aufbereitet haben, können sie aus den Mustern in den Daten auf die zentralen Zusammenhänge schließen. Ein Muster $_{II.1.2.b}$ kann sein, dass das Kommunikationsteam von BIOMED immer Gewährspersonen aus der Zielgruppe beizieht, wenn es Botschaften entwirft und Texte ausarbeitet. Damit wissen die Forschenden aber noch nicht, warum BIOMED so vorgeht. Will das Unternehmen vor allem die Kosten sparen, die Missverständnisse mit sich bringen? Das ist Interpretationssache.

Interpretieren bedeutet Schlüsse ziehen, und das ist ein kreativer Prozess. Das Ergebnis einer Analyse lässt sich in den Daten belegen; die Interpretation dagegen lässt sich nur begründen mit Überlegungen, die über die Datenlage hinausgehen. Die Forschenden müssen einleuchtend erklären können, warum sie eine Brücke schlagen vom Muster – der steten Zusammenarbeit mit Gewährspersonen aus den Zielgruppen – zum Kostenbewusstsein, das in informellen Gesprächen mit BIOMED-Leitungspersonen immer wieder aufscheint.

Eine solche Interpretation gilt dann als gut, wenn sie a) die Forschungsfrage beantworten hilft, b) Wissen aus der Datenanalyse verbindet mit Wissen zum Kontext der Beforschten, c) auf dargelegten und nachvollziehbaren Überlegungen gründet, d) das theoretische Wissen mit einbezieht, das andere Forschende im gleichen Feld schon entwickelt haben, und e) für alle Anspruchsgruppen anschaulich und nachvollziehbar formuliert ist, also von diesen auch verstanden und wenn nötig kritisiert werden kann.

In **theoriegeleiteten Fallstudien** nutzen Forschende vor allem die bestehenden Theorien für die Analyse und Interpretation des untersuchten Falls. So können sie die Theorien am konkreten Fall überprüfen und erweitern, im Sinn von: *Die Theorie XY wurde entwickelt, um den Erfolg von Kommunikationsmaßnahmen einer Organisation in ihrem eigenen Kulturkreis zu erklären. Nach unserer Fallstudie können wir begründet vermuten, dass sie auch für interkulturelle Kommunikation gilt.*

Fehlen Theorien weitgehend, können Forschende aus den Ergebnissen heraus Vermutungen, Hypothesen formulieren zu Zusammenhängen, die möglicherweise über den konkreten Fall hinausreichen – was aber dann in Anschlussforschung zu überprüfen ist. Zeigt zum Beispiel der Fall SYRIEN, dass sogar ein gut finanziertes öffentliches Fernsehen kaum Ressourcen bereitstellt für eine systematische Zusammenarbeit mit Dolmetscher:innen, lässt sich vermuten, dass eine solche Zusammenarbeit im Mediensystem überhaupt wenig verbreitet ist Ehrensberger, 2017.

In **praxisgeleiteten Fallstudien** schließlich betten Forschende die Resultate vor allem in den größeren Kontext ein, um gute Praktiken aufzuzeigen. So können sie zum Beispiel die Praktiken der Textproduktion im Kommunikationsteam von BIOMED vergleichen mit der Anschlusskommunikation in den Zielgruppen, um festzustellen, welches Handeln zu welchem Erfolg führt. Daraus lassen sich dann Erfolgsfaktoren ableiten für die interkulturelle Organisationskommunikation in Unternehmen wie BIOMED.

Schnelltest — Erklären Sie am Beispiel BIOMED die fünf Merkmale einer guten Interpretation.

Training — Auf der Webseite zum Buch finden Sie zum Beispiel die folgende weiterführende Übung: Interpretation am Beispiel des Kulturschocks.

Thema 1.3.d Evaluation:
Konsistenz prüfen und Beforschte mit einbeziehen

Konsistenz und Validität sind zwei Gütekriterien, die Forschende unabhängig vom Forschungsdesign berücksichtigen müssen beim Auswerten und Darstellen der Resultate.

Konsistenz zu erlangen heißt, schlüssige und nachvollziehbare Resultate zu erzeugen. Durch die Konsistenz ihrer Studie stellen Forschende sicher, dass die Ergebnisse nicht durch störende Einflüsse oder Denkfehler zustande gekommen sind, sondern so robust sind, dass andere Forschende, wenn sie ähnlich vorgehen, zu ähnlichen Ergebnissen kommen. Im Fall BIOMED könnte ein störender Einfluss sein, dass zur Zeit der Datenerhebung untypischerweise ein großer Teil des Teams fehlt wegen einer Epidemie.

Die Konsistenz erhöht, wer beim Forschen detailliert beschreibt, wie sie oder er den Fall ausgewählt, die Daten erhoben und ausgewertet und die Schlüsse gezogen hat. Eine zweite Möglichkeit, Konsistenz zu steigern: nicht nur eine, sondern mehrere Datenquellen und Methoden verwenden und die Ergebnisse vergleichen. So können Forschende im Fall SYRIEN aufzeichnen, wie Journalistin und Dolmetscher interagieren, und dann die Aufnahme dieser Interaktion auswerten. Sie können die Aufzeichnung aber auch den Akteur:innen vorlegen, nach getaner Arbeit, und sie bitten, zu kommentieren, was sie hier getan haben.

Validität in der Fallstudienforschung meint, dass die Ergebnisse und Interpretationen einer Studie nicht nur überprüfbar sind, sondern auch wesentlich beitragen zum Beantworten der Forschungsfrage. Im Fall BIOMED zum Beispiel geben valide Befunde Antwort auf die gestellte Frage, wie ein weltweit tätiges Unternehmen seine Prozesse der interkulturellen Kommunikation Erfolg versprechend gestalten kann. Im Fall SYRIEN zeigen sie, wie genau, also mit welchen Praktiken, Medienschaffende und Dolmetschende interagieren, etwa in Interviews mit den Betroffenen eines Krieges.

Ein transdisziplinäres Vorgehen III.1.1.d fördert die Validität. Wenn die beforschte Praxis mitwirkt im ganzen Forschungsprozess, steigt die Wahrscheinlichkeit, dass a) die Forschungsfrage nicht nur aus theoretischer, sondern auch aus praktischer Sicht wesentlich ist, b) die Methoden in der Praxis nicht zu sehr stören und damit die Wirklichkeit verändern, die untersucht werden soll, und c) die Ergebnisse die Forschungsfrage so beantworten, dass nicht nur die Wissenschaft, sondern auch die beforschte Praxis und die Gesellschaft die Antwort verstehen und daraus einen Nutzen ziehen können.

Um etwas aber kann es bei Fallstudien nicht gehen: um Ergebnisse, die sich beliebig verallgemeinern lassen. Das Wissen, das Forschende aus der Untersuchung eines Falls gewinnen können, bleibt an die konkreten Bedingungen dieses Falls gebunden – eben etwa an die Arbeitsbedingungen der Akteur:innen in den Fällen BIOMED und SYRIEN. Hingegen können – und müssen – die Forschenden die Fallstudie so nachvollziehbar gestalten und darstellen, dass sie selbst oder andere Forschende später weitere Fälle anfügen können, die ein größeres Gesamtbild ergeben und weiter reichende Schlüsse zulassen.

Schnelltest Was muss zutreffen auf die Ergebnisse im Fall SYRIEN, damit sie konsistent und valide sind?

Training Auf der Webseite zum Buch finden Sie weiterführende Übungen, in denen Sie Ergebnisse nachvollziehbar machen und transdisziplinär mehr erreichen.

Aleksandra Gnach, Iris Hübscher und Daniel Perrin
III.1.4 Die Essenz erzählen: Fallstudien nutzbar machen

Forschung ist ein Entwicklungsmotor der Menschheit: Wir als Gesellschaft, Gemeinschaft oder Organisation fördern Forschung, um aus den Ergebnissen für die Zukunft lernen zu können. Ob sich eine große Entscheidung bewähren wird, lässt sich zwar nicht sicher vorhersagen; wer aber weiß, was Sache ist, hat eine bessere Basis für zukunftsweisende Pläne. Deshalb gehört zur Forschung, die Ergebnisse nutzbar zu machen für alle Anspruchsgruppen. In der Angewandten Linguistik sind dies die Wissenschaft, die beforschte Praxis und die ganze Gesellschaft. Wie man Fallstudien nutzbar macht, davon handelt dieses Kapitel.

Haltung: Sie weiten Ihre Vorstellung davon, was Erzählen und Wissenstransformation sein können, und erkennen, warum die beiden Modi gesellschaftlichen Lernens zusammenpassen. **Wissen:** Sie kennen Grundlagen multimodaler Narration in der Wissenschaftskommunikation und die Bedeutung von Theorien mittlerer Reichweite. **Können:** Ihr Wissen zur Transformation von Forschungsgewinn können Sie einsetzen, um Fallstudien von Anfang an durchzudenken, bis hin zum kritischen Einschätzen, zielführenden Aufbereiten und handlungswirksamen Verankern des neuen Wissens für alle Anspruchsgruppen der Forschung. — Lernziele

Die Schwerpunkte des Kapitels führen von bewährten Verfahren [a] und zentralen Spielregeln [b, c] bis zu den Grenzen der Weitergabe von Wissen aus Fallstudien [d] – und darüber hinaus. — Aufbau

a Multimodale Narration:
   Die Ergebnisse präzise, griffig und attraktiv darstellen

b Theorien mittlerer Reichweite:
   Generalisierbarkeit kritisch prüfen

c Wissenstransformation:
   Erkenntnisse übersetzen für alle Beteiligten

d Möglichkeiten und Grenzen:
   Aufzeigen, was die Fallstudie nicht leistet

Prof. Dr. Aleksandra Gnach [III.1.2] — Autor:innen
Dr. Iris Hübscher [III.1.3]
Prof. Dr. Daniel Perrin [I.1.1, III.1.1]

Thema 1.4.a Multimodale Narration:
Die Ergebnisse präzise, griffig und attraktiv darstellen

Wann sind die Ergebnisse einer Fallstudie gut dargestellt? Wenn sie stimmen, das Wesentliche sagen und die Zielgruppen ansprechen. Zielführende Kommunikationsangebote zum Prozess und zum Ergebnis solcher Forschung sind also präzise, griffig und attraktiv. Das gilt im Grunde für jede Forschungskommunikation und fast alle Kommunikation überhaupt, aber bei Fallstudien kommt dazu, dass sie oft transdisziplinär III.1.1.d angelegt sind. Dies bedeutet, dass auch die beforschte Praxis und die Gesellschaft angesprochen sind. Meist wenden sich die Forschenden dann mit je eigenen Texten an diese Zielgruppen.

Präzise ist ein Forschungstext, wenn er aufzeigt, von welcher Theorie und Literatur die Forschenden ausgegangen sind und warum diese Grundlagen wichtig sind für das Beantworten der Forschungsfrage. Weiter beschreibt der Text die Schritte des Projekts und die Details des Falls genau. Die Zielpublika sollen nachvollziehen können, was die Forschenden gemacht haben und warum so und nicht anders. Behauptungen werden begründet, im Fall SYRIEN etwa so: *Die Zusammenarbeit mit professionellen Dolmetschenden scheint im Journalismus unüblich, weil nicht einmal das untersuchte Leitmedium über Routinen dafür verfügt.*

Griffig ist ein Forschungstext, der das Wesentliche so darstellt, dass man es mit möglichst wenig Aufwand möglichst genau versteht. Dafür nutzen gewandte Forschende alle Kanäle ihrer Medien: etwa Diagramme für Abläufe, Netzwerkgrafiken für Zusammenhänge zwischen den Codes III.1.3.b, Fotos für die Abbildung von Schauplätzen, eingebettete Videos für Beispiele guter Praktiken III.1.3.c. Je nach Projekt verlangt die Forschungsethik III.1.2.d, dass die Berichterstattung keine Rückschlüsse zulässt auf die Identität der Beforschten. Das bedeutet, dass etwa Gesichter in Bildern verpixelt werden müssen.

Anschaulich schließlich ist ein Forschungstext, der so angelegt ist, dass ihn die Zielgruppen gerne nutzen und leicht verstehen. In der Kommunikation aus dem Fach heraus – also mit Wissenschaftler:innen anderer Fächer, mit Expert:innen der beforschten Praxis und mit der Gesellschaft überhaupt – hat sich dafür die Erzählung bewährt. Als Kinder lernten wir die Welt kennen, indem wir die nahe Umwelt direkt begriffen und die weitere über Geschichten erschlossen – nicht über Argumente und Tabellen. Dieser Hang zum Narrativen _{Salomon, 2007} bleibt ein Leben lang. Fach-Laien-Kommunikation _{I.2.2.d} ist deshalb oft narrativ gestaltet.

Ein Grundmuster dieser Narration führt über fünf Schritte: Die Exposition zeigt die Ausgangslage, die Komplikation nennt das Problem, die Evaluation begründet die Dringlichkeit einer Lösung, die Resolution erklärt diese Lösung, und die Koda skizziert ihren Nutzen über den konkreten Fall hinaus. Stark vereinfacht etwa: BIOMED _{III.1.1.a} liefert in alle Welt und hat jetzt den Kommunikationspreis gewonnen _{EXPO}. Diesen Erfolg wollen sie wiederholen _{KOMP}, und andere wollen auch so gut sein _{EVAL}. Die Analyse zeigt: BIOMED prüft alle Texte vor dem Versand mit Leuten aus der Zielgruppe _{RESO}. Konsequente Adressat:innenorientierung lohnt sich also _{KODA}.

Skizzieren Sie eine mögliche Narration zum Befund der Fallstudie SYRIEN. Schnelltest

Auf der Webseite zum Buch finden Sie zum Beispiel die folgenden weiterführenden Übungen: Sie orten Präzision in einem Abstract und schreiben anschaulich für die Plattform *Kudos*. Training

Thema 1.4.b Theorien mittlerer Reichweite: Generalisierbarkeit kritisch prüfen

Fallstudien greifen tief, nicht weit _{III.1.1.d}. Das bedeutet: Nach einer Fallstudie wissen die Forschenden viel über den untersuchten Fall – etwa die Praktiken der Beteiligten in den Fällen SYRIEN und BIOMED –, aber wenig über all die anderen, nicht untersuchten Fälle. Haben die Forschenden den Fall so gewählt, dass sie erklären können, warum er typisch ist für das Problem, können sie nach der Fallstudie begründet vermuten, welche Ergebnisse auch für andere, ähnliche Fälle gelten könnten. Und sie können weitere Fälle auswählen und analysieren, um ihr Wissen zu erweitern und zu vertiefen oder infrage zu stellen _{III.1.3.b}.

Forschende, die über die Ergebnisse aus ihren Fallstudien berichten, müssen also klar aufzeigen, wie ihr Fall beschaffen ist und warum sie genau diesen Fall ausgewählt haben. Nur so können sie selbst und andere Forschende die Generalisierbarkeit der Ergebnisse einschätzen. Generalisierbarkeit bedeutet, dass die Ergebnisse übertragbar sind auf andere Fälle in ähnlichen Kontexten oder sogar auf Fälle in anderen Kontexten. Im Fall BIOMED etwa: auf andere Kommunikationsteams von Unternehmen ähnlicher Größe im gleichen Feld oder auf andere international tätige Kommunikationsteams überhaupt.

Übertragen und so ein Stück weit verallgemeinern lassen sich Ergebnisse aus Fallstudien aber nie als ganzes Paket. Zu fragen ist immer nach den Bedingungen, unter denen gilt, was die Forschenden herausgefunden haben: „What works for whom in which circumstances" Pawson & Tilley, 1997. In anderen Kontexten, etwa in anderen Branchen als der Medizinaltechnik von BIOMED, könnte anderes gelten. Eine zweite Fallstudie, zu den Erfolgsfaktoren der interkulturellen Kommunikation einer Hotelkette, könnte andere gute Praktiken erkennen und so die Vermutung stärken, dass ein Teil der Erfolgsfaktoren branchenspezifisch ist.

Eine einzige Fallstudie führt deshalb nicht zu weitgehend allgemeingültigen Theorien wie etwa dem Gravitationsgesetz in der Physik, sondern zu einer Theorie mittlerer Reichweite. Solche Theorien gelten für einen begrenzten Weltausschnitt: nur für den untersuchten Fall und andere Fälle, die ähnlich liegen. Nutzen Forschende die Fallstudie allerdings zur Prüfung einer bestehenden Theorie anhand eines neuen Falls III.1.3.c, der außerhalb der bisher untersuchten Fälle liegt, entsteht daraus keine neue kleine Theorie, sondern eine bestehende wird weiterentwickelt: klarer begrenzt oder weiter gefasst.

So steigt die Reichweite der Theorie mit jedem neuen Fall, den Forschende im Rahmen von Grounded Theory III.1.3.b zusätzlich erheben und auswerten, um die bisher aufgebaute Theorie infrage zu stellen und weiterzuentwickeln. Nach zehn bis zwanzig so aufeinander aufbauenden Fallstudien ist oft ein Punkt der Sättigung erreicht: Einen weiteren Fall zu erheben, bringt kaum mehr Wissenszuwachs. So kann eine Grounded-Theory-Studie zum professionellen Dolmetschen im Journalismus nach zehn bis zwanzig gut ausgewählten Fällen zeigen, dass die beiden Berufsfelder tatsächlich noch kaum zusammenarbeiten.

Schnelltest Nennen Sie je drei Argumente dafür und dagegen, Wissen aus Fallstudien zu generalisieren.

Training Auf der Webseite zum Buch finden Sie zum Beispiel Daten, die Sie kritisch prüfen, um dann einzuschätzen: Wie weit reicht ein Fall? –

Mit Grounded Theory und Theoretical Sampling viel weiter, wie Sie ebenfalls auf der Webseite erfahren.

Thema 1.4.c Wissenstransformation:
Erkenntnisse übersetzen für alle Beteiligten

Die Erkenntnisse aus einer Studie gehören veröffentlicht. Dies geschieht in der Wissenschaft zuerst einmal durch akademische Tagungsvorträge und Aufsätze. Angesprochen werden hier Forschende akademischer Disziplinen $_{I.1.1.f}$, die vertraut sind mit der Fachsprache $_{I.2.2.c}$, weil sie fast das Gleiche wissen und tun wie das Forschungsteam. Ziel ist der kritische Austausch in der Forschungsgemeinschaft, unter den führenden Expert:innen im gleichen Feld. Sie sind am ehesten in der Lage, einzuschätzen, ob das Design der Studie $_{III.1.2.c}$ dem aktuellen Stand der Forschung entspricht und ob die Schlüsse gerechtfertigt sind.

Wenn aber auch Vertreter:innen anderer Fächer verstehen sollen, was geforscht wurde und herausgekommen ist, bedarf es der Übersetzung der Ideen entweder in die Sprache des anderen Fachs oder in eine gemeinsame, weniger fachspezifische Sprache, eine Verteilersprache $_{I.2.2.c}$. Damit sinkt die Präzision notwendigerweise, weil die Vertreter:innen der anderen Fächer nicht über die gleichen Konzepte $_{I.1.1.a}$ verfügen und damit auch nicht über das gleiche Hintergrundwissen. Zudem kann man durch einen 20-minütigen Vortrag oder einen 15-seitigen Text diesen Unterschied im Vorwissen nicht ausgleichen.

Sollen nun sogar Laien dem Sinn nach begreifen, was herausgefunden wurde und auf welchem Weg dies geschah, muss Kommunikation eine weite Brücke schlagen: Hier das Fachwissen mit präzisen Begriffen, deren Bedeutung die Fachleute im Studium geschärft haben und in ihrer Fachgemeinschaft laufend weiter abgleichen, dort die Menschen, die sehr viel können, aber das meiste davon intuitiv und so, dass es den Ansprüchen des Alltags gerecht wird. Soll ihnen das Wesentliche aus der Forschung vermittelt werden, gelingt dies nur durch starke Übersetzung in Alltagssprache, wobei sich das Vermittelte selbst verändert.

Wissensvermittlung ist deshalb immer Wissenstransformation. Schon im gleichen Fach kommt im Kopf eines Lesers nicht immer genau an, was die Autorin gemeint hat, aber bei ähnlichem Vorwissen sind die Unterschiede kleiner. Je weiter nun das Vorwissen der

Kommunizierenden auseinanderliegt, desto unterschiedlicher sind die Vorstellungen in den Köpfen nach der Wissensvermittlung. Gelingende Wissenstransformation schafft es, das Wesentliche so zu vermitteln, dass Adressat:innen so angemessen wie möglich verstehen, was die Forschungsergebnisse für sie bedeuten und wie sie zustande gekommen sind.

Diese Wissenstransformation zu lenken, gehört zu Fallstudien, von allem Anfang an. Fallstudien sind deshalb eben oft transdisziplinär angelegt, als Zusammenwirken mehrerer wissenschaftlicher Fächer mit der beforschten Berufspraxis und der betroffenen Gesellschaft III.1.1.d. Die Berufsleute in den Fällen BIOMED und SYRIEN etwa lassen sich dann in die Karten schauen und die Öffentlichkeit unterstützt die Projekte dann, wenn sie den Sinn des Vorhabens versteht. Deshalb werden Fallstudien meist nicht nur aufbereitet als streng logisch verknüpfte Fakten und Argumente, sondern transformiert als Geschichten III.1.4.a, etwa für soziale Medien.

Schnelltest — Nennen Sie drei Merkmale erfolgreicher Wissenstransformation zu Fallstudien.

Training — Auf der Webseite zum Buch finden Sie zum Beispiel weiterführende Übungen, in denen Sie Schlüsselmerkmale der Kommunikation über Fallstudien erkennen.

Thema 1.4.d Möglichkeiten und Grenzen: Aufzeigen, was die Fallstudie *nicht* leistet

Es gab eine Zeit, da stritten sich Forschende über die beste Methode an sich. Ziel war, die *eine* Methode zu entwickeln, mit der man die Welt ein für alle Mal analysieren und die Wahrheit zutage fördern könne. Inzwischen hat sich die Aufregung gelegt. Es ist deutlich geworden, dass keine einzelne Methode in jedem Fall alles Wesentliche eines Gegenstandes erfasst. Vielmehr ergänzen Methoden einander gegenseitig. Jede hat ihre Stärken und ihre Schwächen, erhellt den untersuchten Gegenstand aus eigener Perspektive und lässt anderes im Dunkeln. Dies muss bedenken, wer sich für eine Forschungsmethode entscheidet.

Wer mehrere Methoden anwendet, kommt aus diesem Grund oft zu einander ergänzenden – oder widersprechenden – Befunden. Im Fall SYRIEN zum Beispiel könnte eine Befragung III.3.2 von Medienschaffenden ergeben, die Zusammenarbeit mit Dolmetschenden sei kein Problem im Arbeitsalltag. Eine Textanalyse III.3.3 von Nachrichtenbeiträgen könnte dagegen zeigen, dass dort vorwiegend Menschen auftreten, die Sprachen wie Deutsch oder Englisch sprechen – Sprachen, die von den meisten Journalist:innen verstanden werden. Dass die anderen weniger Sprechplätze bekommen, verzerrt das Bild, das wir uns von der Welt machen.

Deshalb arbeiten die Forschenden in größeren Projekten oft mit mehreren Methoden parallel oder nacheinander: Sie verfolgen Mehrmethodenansätze. Fallstudien kommt dabei etwa die Rolle zu, zu Beginn das Forschungsfeld zu erkunden, später allgemeine Befunde zu vertiefen und zu konkretisieren – oder zu überprüfen, wo und wie das gewonnene Wissen in der Praxis verankert werden kann. In jedem Fall helfen Fallstudien, das spannende Besondere des Gegenstands herauszuarbeiten III.1.1.a. Die Kunst beim Einsatz von Fallstudien besteht darin, ihre Stärken zu nutzen und ihre Schwächen mit anderen Methoden zu kompensieren.

Zu den **Schwächen** von Fallstudien zählen zusammengefasst: Sie gehen so nahe an den untersuchten Gegenstand heran, dass die Daten nur mit viel Aufwand zu anonymisieren sind III.1.2.d. Weiter gelten die Befunde primär für den untersuchten Fall und lassen sich nur über aufwendigere Forschungsdesigns generalisieren III.1.4.b. Und schließlich können andere Forschende eine gut beschriebene Fallstudie zwar nachvollziehen III.1.3.c, aber nicht genau gleich wiederholen, weil jeder Fall in seiner natürlichen Umwelt seine eigenen, einmaligen Merkmale aufweist. Berichte aus Fallstudien erklären, wie diesen Schwächen begegnet wurde.

Dem stehen als **Stärken** gegenüber: Fallstudien können bestehende Theorien überprüfen oder Ideen für neue Hypothesen liefern III.1.1.c. Sie zeigen tief liegende, komplexe Zusammenhänge in ihrem Gegenstand: eben „What works for whom in which circumstances" III.1.4.b etwa bei BIOMED oder im Fall SYRIEN. Aus solchem Wissen, gewonnen in aufeinander abgestimmten Fallstudien, können die Forschenden Theorien mittlerer Reichweite III.1.3.b ableiten – zum Beispiel, was die guten Praktiken III.1.3.c ausmacht in einem bestimmten Handlungsfeld wie interkulturelle Organisationskommunikation oder mehrsprachige Nachrichtenrecherche.

Umreißen Sie, was die Fallstudien BIOMED und SYRIEN leisten können und was nicht.   Schnelltest

Auf der Webseite zum Buch finden Sie zum Beispiel weiterführende Übungen zu Mehrmethodenansätzen sowie zu Stärken und Schwächen von Fallstudien.   Training

III.2 Korpusanalyse

Viele, viele Daten, in denen Muster aufscheinen – die Korpusanalyse ist das Gegenstück zur Fallstudie. Dort ein einzelner Fall als Tiefenbohrung in einen Ausschnitt der Wirklichkeit, hier der breite, möglichst umfassende Überblick. Korpusanalysen in der Angewandten Linguistik zeigen, wie ganze Gemeinschaften und Gesellschaften Sprache nutzen. Dazu stellen die Forschenden einen Datenkörper zusammen – eben das Korpus –, den sie dann untersuchen nach der Häufigkeit bestimmter Muster des Sprachgebrauchs. Von dieser sprachlichen Oberfläche aus lässt sich schließen auf das Denken und Handeln von Gemeinschaften.

Das erste Kapitel $_{III.2.1}$ erklärt, wie Korpusanalysen Sprache und Kommunikation abbilden. Wenn wir Sprache und Medien nutzen, zum Beispiel im Alltag oder im Beruf, hinterlässt das Spuren: schriftliche Texte oder Ton- und Bilddateien. Daraus lassen sich Daten gewinnen zu geschriebener und gesprochener Sprache. Zusammengestellt nach bestimmten Regeln, bilden solche Daten ein Korpus authentischen, also wirklichen Sprachgebrauchs in einem bestimmten Anwendungsfeld. Ein solches Korpus eignet sich, um Muster wiederzufinden oder neu zu entdecken, die zeigen, wie Gemeinschaften ticken, wenn sie kommunizieren.

Das zweite Kapitel $_{III.2.2}$ steckt den Weg ab vom Datenmeer zum klaren Korpus. Jedes Korpus ist so angelegt, dass es die passenden Daten enthält, um bestimmte Forschungsfragen zu beantworten – Fragen etwa zum Energie- oder Klimadiskurs in einer bestimmten Region. Also sind diese Daten aufzuspüren, einzusammeln und systematisch abzulegen. So ist jedes Korpus ein Einzelstück, anders als alle andern – und doch haben sich im Lauf der Zeit Typen von Korpora herausgebildet, mit ähnlichem Zweck und Aufbau. Im Korpus selbst werden die Daten dann sozusagen etikettiert. Das hilft bei der Abfrage von Daten aus dem Korpus.

Im dritten Kapitel $_{III.2.3}$ lernen Sie die Methoden kennen, mit denen Sie Korpora abfragen. Das sind Verfahren, mit denen Sie Muster in den Daten des Korpus erkennen. Zuerst erfahren Sie, was man so alles zählen kann in einem Korpus, etwa das Vorkommen von Wörtern oder Wortgruppen. Wichtig ist aber auch, wie diese gezählten Objekte verteilt sind, etwa in einem Korpus, das einen Vergleich des Sprachgebrauchs über Zeiträume hinweg ermöglicht. Besonders interessant kann sein, welche Einheiten wie oft im Um-

ə Open Access. © 2024 bei den Autor:innen, publiziert von De Gruyter.
(cc) BY-NC-ND Dieses Werk ist lizenziert unter der Creative Commons Namensnennung – Nicht-kommerziell – Keine Bearbeitungen 4.0 International Lizenz.
https://doi.org/10.1515/9783110786767-010

feld von welchen anderen vorkommen – etwa das Wort *Flüchtling* in der Nähe von Begriffen wie *Welle* oder *Flut* oder *Integration*.

Im vierten Kapitel ₍ᵢᵢᵢ.₂.₄₎ erleben Sie, was Korpusanalysen nützen. Dies einerseits der Wissenschaft, die so mehr über den tatsächlichen Sprachgebrauch herausfindet. Andererseits profitiert aber auch die beforschte Praxis: Nicht immer sind sich die Menschen bewusst, wie hartnäckig sie als Individuen und Gemeinschaften bestimmte Muster des Sprachgebrauchs wiederholen, ob zielführende oder sinnwidrige. Wer mit Sprachkorpora arbeiten kann, gewinnt deshalb nicht nur als Forscher:in, sondern auch als reflektierte:r Praktiker:in in einem Sprach- und Kommunikationsberuf.

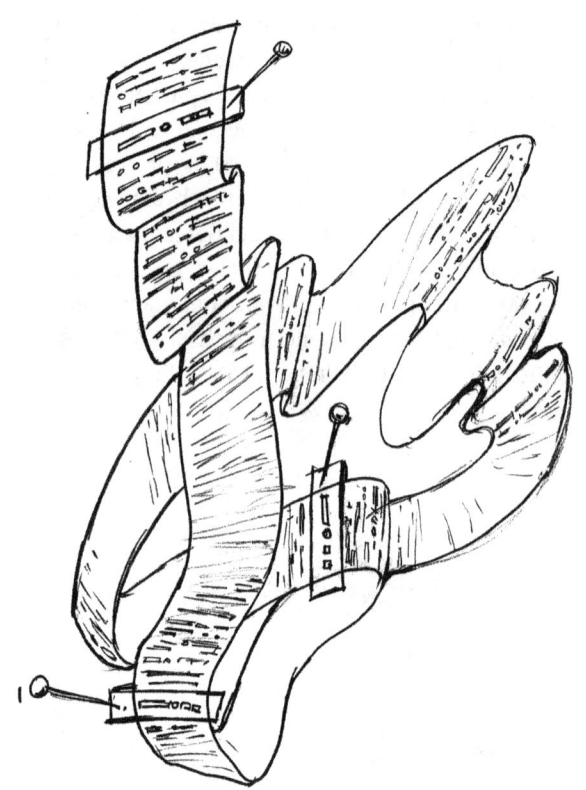

Julia Krasselt
III.2.1 Sprache und Kommunikation abbilden: Grundlagen der Korpuslinguistik

Korpora eignen sich, um wissenschaftlich fundierte Aussagen über Sprache und ihren tatsächlichen Gebrauch zu tätigen. Wie? – Das lernen Sie in diesem Kapitel: Es stellt die Korpuslinguistik als einen empirischen Zugang zu Sprache dar und zeigt Ihnen, in welchen Situationen in Alltag und Beruf Korpora eine entscheidende Rolle spielen. Für angehende Sprachprofis ist das Verständnis von Korpora als Zugang zu Sprachgebrauch wichtig, weil sie mit Korpusanalysen Probleme der Sprach- und Kommunikationspraxis im Beruf lösen können.

Haltung: Sie entwickeln ein Verständnis dafür, dass linguistisch annotierte Korpora einen zentralen Zugang zu Sprache und ihrem Gebrauch darstellen und sich deswegen für Forschungs- und Praxisaufgaben eignen. **Wissen:** Sie schärfen wichtige methodische Konzepte für Ihre Arbeit mit Korpora. **Können:** Dieses Methodenwissen können Sie in ausgewählten Aufträgen für Korpusanalysen anwenden. — Lernziele

Das Kapitel vertieft die Fachbegriffe $_{a,\,b}$, die zu Beginn dieses Bandes eingeführt wurden $_{I.1.2}$, und zeigt, wo Korpora in Alltag, Beruf und Forschung eingesetzt werden $_c$. Abschließend behandelt es zwei Vorgehensweisen, die kennzeichnend für das Forschen mit Korpora sind $_d$. — Aufbau

a   Korpus und Korpuslinguistik:
    Sprachgebrauch in authentischen Kontexten

b   Primärdaten, Annotationen, Metadaten:
    Bestandteile linguistischer Korpora

c   Wörterbücher, Sprachkompetenz, maschinelle Übersetzung:
    Korpora in Alltag und Beruf

d   Korpusgetrieben oder korpusbasiert:
    Forschen mit und über Korpora

Prof. Dr. Julia Krasselt hat langjährige Forschungserfahrung in den Bereichen Digitale Linguistik, Korpuslinguistik und Diskursanalyse. — Autorin

Sie leitet das digitale Textkorpus *Swiss-AL*. In der Lehre verbindet sie die Korpuslinguistik mit diskurslinguistischen Fragestellungen.
https://www.zhaw.ch/de/ueber-uns/person/krss/

Thema 2.1.a Korpus und Korpuslinguistik: Sprachgebrauch in authentischen Kontexten

Stellen Sie sich das folgende Szenario vor: Sie arbeiten bei einem großen Verein, der sich sozialpolitisch engagiert. Sie sind Teil einer Arbeitsgruppe, die eine neue landesweite Informationskampagne zum Thema *Sozialhilfe* erarbeitet. Neben Ihnen sind weitere Übersetzer:innen, Integrationsexpert:innen und Expert:innen aus Kommunikation sowie Marketing Teil der Arbeitsgruppe. Sie sollen herausfinden, welchen Stellenwert das Thema *Sozialhilfe* in den Massenmedien hat, wer sich noch dazu öffentlich äußert und was die häufigsten Bezeichnungen für die betroffenen Personengruppen in allen Landessprachen sind. – Wie können Sie diese komplexe Aufgabe angehen?

Einen geeigneten Zugang stellt die Analyse öffentlicher Äußerungen dar. Das heißt, Sie benötigen Zugang zum empirisch beobachtbaren Sprachgebrauch in authentischen Kontexten zum Thema *Sozialhilfe*. Einen solchen Zugang zum Sprachgebrauch bietet die Korpuslinguistik $_{I.1.2.a}$. Sie arbeitet mit umfangreichen, digital vorliegenden Sammlungen von sprachlichen Äußerungen. Was in einer solchen Sammlung – einem Korpus – enthalten ist, hängt vom Erkenntnisinteresse sowie von Fragen aus Forschung und Praxis ab.

So kann ein Korpus beispielsweise aus Zeitungsartikeln zum Thema *Sozialhilfe* bestehen. Ein solches Korpus kann aufgrund seiner Größe nicht mehr manuell analysiert werden, etwa durch Lesen und Analysieren aller enthaltenen Artikel. Stattdessen werden in der Korpuslinguistik spezifische Tools und Methoden zur Analyse von Korpora eingesetzt $_{I.1.2.d}$. Diese ermöglichen dann beispielsweise das Erfassen der Häufigkeit von Wörtern wie *Sozialhilfebezüger* oder *Sozialhilfeempfängerin*. Zudem helfen die spezifischen Tools und Methoden dabei, sich die Kontexte, in denen diese Wörter verwendet werden, systematisch anzuschauen.

Die Korpuslinguistik stellt also in erster Linie einen quantitativen Zugang zu Sprachgebrauch dar: Es geht vor allem darum, Typisches und Frequentes, also Häufiges, im Sprachgebrauch zu identifizieren. Weniger zentral hingegen sind die Beobachtung und Beschreibung von Einzelfällen. Die Korpuslinguistik ist interessiert an Sprachgebrauchsmustern. Sie fragt danach, welche sprachlichen Einheiten immer wieder – also musterhaft – verwendet werden. Solche Einheiten können zum Beispiel Wörter, Wortgruppen und syntaktische Konstruktionen sein, aber auch Metaphern, rhetorische Figuren und Argumentationen.

In der Korpuslinguistik spielen deswegen die Angabe von Häufigkeiten sowie die Verwendung statistischer Maßzahlen eine wichtige Rolle. Typisch sind beispielsweise Formulierungen wie die folgende: *Das Wort Sozialhilfeempfänger tritt signifikant häufig im Kontext von Sanktion und Kontrolle auf.* Korpuslinguistische Zugänge zu Sprache sind daran interessiert, solche Befunde zu erklären und mit sprach-, kognitions- und kommunikationswissenschaftlichen Theorien zu verknüpfen. Das heißt, dass Korpuslinguistik immer mehr ist als die reine Quantifizierung von Sprachgebrauchsmustern. Zum Beispiel lässt sich die Beobachtung zu typischen Kontexten des Wortes *Sozialhilfeempfänger* so interpretieren, dass die Gruppe der Personen, die Sozialhilfe empfängt, einseitig auf einen Aspekt reduziert wird: den der Kontrolle und Sanktion.

Skizzieren Sie den Zusammenhang zwischen Korpuslinguistik und Sprachgebrauch. — Schnelltest

Auf der Webseite zum Buch finden Sie etwa die folgende weiterführende Übung: Sie suchen in einem Korpus das Wort *Sozialhilfeempfänger* und erkunden sein sprachliches Umfeld. — Training

**Thema 2.1.b Primärdaten, Annotationen, Metadaten:
Bestandteile linguistischer Korpora**

Wenn ein Korpus eine digital vorliegende Sammlung von Sprachdaten ist III.2.1.a – wäre dann bereits ein digitales Archiv mit allen Medienmitteilungen einer Bundesbehörde ein Korpus? Oder können die riesigen Textmengen, die das US-amerikanische Unternehmen OpenAI zum Trainieren seines Chat-Bots ChatGPT verwendet, als Korpus bezeichnet werden? Die kurze Antwort lautet: nein. Denn: Ein Korpus ist eine Sammlung von Sprachdaten, die nach spezifischen und transparenten Kriterien zusammengestellt ist und für den Zweck der empirisch basierten linguistischen, kommunikations- und medienwissenschaftlichen Forschung aufbereitet wird.

Was heißt das genau? Bereits im ersten Teil des Buches haben Sie gelernt, dass man erst dann von einem Korpus spricht, wenn es neben Primärdaten über Annotationen und Metadaten verfügt $_{I.1.2.c}$. Schauen wir uns das etwas vertiefter an:

Als Primärdaten werden natürlichsprachliche Daten ganz unterschiedlichen Ursprungs bezeichnet; sie stellen das Untersuchungsobjekt korpuslinguistischer Studien dar $_{I.1.2.c}$. Solche Primärdaten können – je nach Untersuchungsinteresse in Forschung und Praxis – zum Beispiel Medienmitteilungen eines Unternehmens sein, Artikel aus Tages- und Wochenzeitungen, Gespräche zwischen Ärzt:innen und Patient:innen oder auch Youtube-Videos samt Kommentaren. Primärdaten können also schriftlicher, mündlicher oder multimodaler Natur sein und entweder bereits digital oder noch analog vorliegen. Oftmals müssen die Primärdaten eines Korpus noch bearbeitet werden, bevor sie schließlich Teil des Korpus werden; man nennt diesen Schritt *Preprocessing*. Ein Beispiel wäre die Entfernung typografischer Merkmale in Medienmitteilungen oder die Transkription von Gesprächsdaten.

Metadaten haben Sie als *Daten über Daten* kennengelernt $_{I.1.2.c}$; sie beschreiben die Primärdaten des Korpus näher. Mit ihnen kann beispielsweise erfasst werden, in welcher Sprache ein Text verfasst wurde, von welcher Autorin oder zu welchem Zeitpunkt. Damit ermöglichen Metadaten Aussagen über Teilmengen eines Korpus, beispielsweise über die Frequenz eines Wortes in zwei verschiedenen Jahren $_{III.2.3.b}$.

Unter Annotationen versteht man die Anreicherung des Korpus mit linguistischen Merkmalen der Einheiten des Korpus $_{I.1.2.c}$. Solche Merkmale betreffen alle Sprachebenen, zum Beispiel die Morphologie, Syntax, Semantik oder Pragmatik. Annotationen leisten, dass diese Merkmale explizit und somit systematisch auffindbar und auszählbar gemacht werden. Nur durch Annotationen wird es zum Beispiel möglich, systematisch alle in einem Korpus vorkommenden Substantive oder Organisationsnamen auszuzählen $_{III.2.3.a}$.

Schnelltest   Erklären Sie die Funktionen von Metadaten und Annotationen in Korpora.

Training   Auf der Webseite zum Buch finden Sie zum Beispiel einen kleinen Test, mit dem Sie üben können, zwischen Annotationen und Metadaten zu unterscheiden.

Thema 2.1.c Wörterbücher, Sprachkompetenz, maschinelle Übersetzung: Korpora in Alltag und Beruf

Der Begriff *Korpus* ist im Kontext von Alltag und Beruf kaum bekannt. Dennoch gibt es zahlreiche Situationen, in denen wir uns Praktiken und Tools bedienen, die auf sehr großen Sammlungen von Sprachdaten beruhen.

Wörterbücher wie der Duden basieren auf sehr großen Korpora. Lexikograf:innen verwenden diese Korpora, um Lexikoneinträge für Wörter zu erstellen. Angaben zur Bedeutung und Häufigkeit eines Wortes basieren also auf der Analyse zahlreicher Belegstellen im Korpus. Historisch gesehen kommt die Korpuslinguistik genau aus diesem Bereich: Die ersten Korpora wurden mit dem Ziel erstellt, Wörterbücher zu schreiben. Dahinter liegt die Erkenntnis, dass nur durch Beobachtung eines Wortes in seinem Gebrauch etwas über seine Bedeutung herausgefunden werden kann $_{III.2.3.c/d}$.

Ein weiteres Beispiel zur Nutzung von Korpora in Alltag und Beruf liegt im Bereich Bildung – insbesondere beim Sprachenlernen und beim Erwerb von Schreibkompetenzen. Viele Lehrmaterialien werden heute korpusbasiert erstellt. Dazu gehört die Angabe zu Frequenzen und typischen Gebrauchskontexten beim Erlernen von neuem Vokabular. Dies gilt auch für Schreibassistenzsysteme, die beim Schreiben von Texten Formulierungsvorschläge machen sowie Grammatik und Rechtschreibung überprüfen – und sich dabei meist an die Variante halten, die im Korpus am häufigsten vorkommt.

Neben solchen tatsächlich auf linguistischen Korpora beruhenden Praktiken gibt es weitere Praktiken, die ebenfalls auf der Sammlung von Textdaten beruhen. In der Organisationskommunikation üblich ist beispielsweise die Medienbeobachtung: Journalistische Beiträge werden systematisch anhand von Suchbegriffen gesammelt und regelmäßig ausgewertet.

Eine weitere Praktik, die mittlerweile nahezu alltäglich geworden ist, ist die Verwendung von Systemen für die maschinelle Übersetzung wie DeepL oder Google Translate. Dass diese Systeme inzwischen sehr gute Übersetzungen erzeugen, liegt daran, dass sie kontinuierlich aus der Beobachtung großer Textmengen lernen. Auf gleiche Weise funktionieren auch Sprachassistenzsysteme wie Alexa und Siri oder Textgenerierungssysteme wie ChatGPT oder Gemini.

Solche Entwicklungen im Bereich der Sprachtechnologie und des maschinellen Lernens sind prominente Beispiele für künstliche Intelligenz, die auf riesigen Datenmengen trainiert wird. Die verwendeten Daten unterscheiden sich aber in wichtigen Punkten von Korpora $_{III.2.1.b}$: Hinter Systemen wie DeepL, Alexa und ChatGPT stehen zwar auch große Mengen von Sprachdaten; deren Zusammenstellung ist aber nicht transparent und inhaltlich begründet. Auch sind diese Daten nicht abfragbar. Annotationen und Metadaten spielen, wenn überhaupt, nur eine marginale Rolle.

Linguistische Korpora dagegen folgen sehr ausgewählten, inhaltlich begründbaren und vor allem transparenten Modellierungskriterien $_{III.2.2.a}$, die durch die Forschenden in Abhängigkeit vom jeweiligen Erkenntnisinteresse definiert werden. Korpora und die mit ihnen durchgeführten Analysen erfüllen somit zentrale wissenschaftliche Gütekriterien. Also lassen sich aus Korpusanalysen zuverlässige und gültige Aussagen für die Sprachpraxis ableiten.

Schnelltest — Erklären Sie, worin sich KI-Textsammlungen von linguistischen Korpora unterscheiden.

Training — Auf der Webseite zum Buch finden Sie eine Zusammenstellung von Korpora und Tools, die Sie in Alltag und Beruf einsetzen können.

Thema 2.1.d Korpusgetrieben oder korpusbasiert: Forschen mit und über Korpora

Korpora spielen eine wichtige Rolle in der angewandten linguistischen Forschung. Korpusbasierte Wörterbücher, Schreibassistenzsysteme und Lern- und Lehrmittel sind Beispiele für Errungenschaften der Forschung mit und über Korpora. Was aber kennzeichnet die Rolle, die Korpora in der Angewandten Linguistik spielen?

In der Angewandten Linguistik wird dem Forschen mit und über Korpora ein unterschiedlicher Status beigemessen. Anders gesagt: Es gibt unterschiedliche Auffassungen darüber, ob die Korpuslinguistik nur einen Werkzeugkasten zur Analyse von Sprachgebrauch bereitstellt oder aber eine eigenständige Disziplin ist. Was heißt das genau?

Betrachtet man die Korpuslinguistik als Werkzeugkasten, stehen konkrete Hypothesen im Vordergrund, die mithilfe von Korpora überprüft werden, aber schon vor dieser Überprüfung bestehen. Beispielsweise kann man die Hypothese überprüfen, dass in Deutschschweizer Medien das generische Maskulinum häufiger verwendet wird als neutrale oder gegenderte Formen.

Wichtig: Diese Hypothese besteht bereits *vor* der Konsultation eines Korpus, beispielsweise aufgrund der eigenen Medienlektüre und somit subjektiver Eindrücke. Man schlägt dann in einem Korpus Deutschschweizer Medien gezielt Bezeichnungen für Personen und Personengruppen nach, beispielsweise *Ärzte, Ärztinnen, Ärztinnen und Ärzte, Ärzt:innen* etc. Aufgrund von Häufigkeitsverteilungen kann man dann die anfängliche Hypothese entweder bestätigen oder aber auch ablehnen *(falsifizieren)*.

Diese Art der Korpusnutzung haben Sie bereits unter der Bezeichnung *corpus-based* kennengelernt $_{I.1.2.b}$. Korpora sind dann in erster Linie reine Nachschlagewerke. Einen anderen Status haben Korpora in Untersuchungen, die als *corpus-driven* bezeichnet werden $_{I.1.2.b}$. Hier werden vorab keine Hypothesen über Sprachgebrauch formuliert. Stattdessen werden Hypothesen erst aufgrund von Korpusanalysen formuliert und weiterverfolgt.

Corpus-driven wäre es, in einem Korpus zunächst einmal alle Bezeichnungen und Schreibweisen für Berufe zu identifizieren. Man stellt dann beispielsweise fest, dass *Politiker* häufiger vorkommt als *Politikerinnen*. Dann kann man sich die Kontexte dieser Berufsbezeichnungen anschauen und stellt fest, dass die Bezeichnung *Politikerinnen* häufiger im Kontext von Wörtern wie *jung* oder *Mutter* vorkommt als die Bezeichnung *Politiker* $_{III.2.3.d}$. Man kann so zu Hypothesen über Stereotypisierungen von Berufen kommen. Heißt: Es wurde weder explizit nach *Politiker* und *Politikerinnen* gesucht noch nach Kontexten, in denen *Politikerinnen* mit dem Wort *jung* oder *Mutter* auftritt. Stattdessen hat man sich vom Korpus und geeigneten Methoden (hier: Frequenz- und Kontextanalyse) leiten lassen.

Die Stärke eines solchen Vorgehens sollte deutlich geworden sein: Die Arbeit mit Korpora eröffnet bei einem Vorgehen, das corpus-driven ist, eine vollkommen neue Perspektive auf Sprache: Unbekannte Muster und Strukturen können entdeckt werden.

Arbeiten Sie korpusgestützt oder -basiert, wenn Sie prüfen, ob *Natel* oder *Handy* häufiger ist? — Schnelltest

Auf der Webseite zum Buch finden Sie weiterführende Aufgaben, etwa zusätzliche Beispiele, die Sie dem korpusbasierten und korpusgestützten Vorgehen zuordnen sollen. — Training

Julia Krasselt
III.2.2 Die Qual der Wahl: Korpora auswählen und zusammenstellen

Bevor Sie mit einem Korpus arbeiten können, müssen Sie sich zunächst damit auseinandersetzen, welche Daten es enthalten soll, damit Sie eine wissenschaftliche Fragestellung oder ein Praxisproblem sinnvoll bearbeiten können. Korpora stehen immer in einem spezifischen Verhältnis zum Gegenstand, der mit ihnen untersucht werden soll – etwa dem aktuellen Diskurs zur Klimaerwärmung. Wie dieses Verhältnis beschaffen ist und was es bei der Wahl eines geeigneten Korpus zu beachten gibt, erfahren Sie in diesem Kapitel.

Lernziele **Haltung:** Sie verstehen, dass Korpora immer *Modelle* eines linguistischen Untersuchungsgegenstandes darstellen, etwa eines thematischen Diskurses. **Wissen:** Sie lernen Typen von Korpora und erste Techniken der Korpusnutzung kennen. **Können:** Dieses Wissen wenden Sie in konkreten Übungen an, in denen Sie mit einem vorhandenen Korpus arbeiten.

Aufbau Das Kapitel widmet sich der Zusammenstellung, Auswahl und Erstellung von Korpora. Es erklärt, was es bei der Wahl eines geeigneten Korpus zu beachten gilt [a] und welche Korpustypen es gibt [b]. Schließlich steht das konkrete Arbeiten mit verfügbaren Korpora im Vordergrund: die Herstellung und Nutzung von Annotationen [c] sowie die Nutzung von Korpora in der Analysesoftware CQPweb [d].

a   Repräsentativität, Modellierung, Sampling:
    Welche Daten soll ein Korpus enthalten?

b   Mehrsprachig, synchron, spezialisiert:
    Typen linguistischer Korpora

c   Annotationen und Tagsets:
    Hinter die Sprachoberfläche schauen

d   Subkorpora und Suchanfragen:
    Korpora und Tools richtig nutzen

Autorin Prof. Dr. Julia Krasselt [III.2.1]

Thema 2.2.a Repräsentativität, Modellierung, Sampling: Welche Daten soll ein Korpus enthalten?

Am Beginn jeder korpuslinguistischen Untersuchung steht die Zusammenstellung und Aufbereitung geeigneter Daten. Interessiert beispielsweise der öffentliche Schweizer Diskurs über gendergerechte Sprache, dann sind Artikel journalistischer Medien, Beiträge auf Social-Media-Plattformen oder Angebote der Organisationskommunikation relevant. Nicht von Interesse ist hingegen, wie man sich im Privaten über dieses Thema unterhält – es geht ja eben um den öffentlichen Diskurs.

Ein Korpus soll valide, also gültige Aussagen über einen spezifischen Sprachausschnitt ermöglichen. Man sagt, dass das Korpus für diesen Sprachausschnitt repräsentativ sein soll. Damit ist gemeint, dass die Befunde und Schlussfolgerungen der Analyse generalisierbar sind und nicht nur für das Korpus gelten, sondern generell für den untersuchten Sprachausschnitt, etwa für das öffentliche Sprechen über gendergerechte Sprache I.1.2.c.

Warum ist diese Überlegung wichtig? Korpora enthalten in seltenen Fällen alle produzierten Äußerungen, sondern immer nur eine Auswahl. Obwohl man allein aus praktischen und rechtlichen Gründen niemals alle je geschriebenen Medienartikel, Social-Media-Posts und Webtexte von Organisationen zu gendergerechter Sprache in ein Korpus aufnehmen kann, sollen dennoch Aussagen über den öffentlichen Diskurs zum Thema getroffen werden. Es müssen also vor der Zusammenstellung des Korpus Parameter definiert werden, die eine Auswahl der zu untersuchenden Daten begründen. Diesen Vorgang bezeichnet man als Sampling oder auch als Modellierung: Das Korpus ist das Modell für die Untersuchung einer spezifischen Fragestellung zu einem Forschungsgegenstand Dreesen & Stücheli-Herlach, 2019.

Dafür muss zunächst überlegt werden, welche Eigenschaften des Untersuchungsgegenstandes das Modell enthalten muss, um die praxisbezogene Fragestellung untersuchen zu können. Man kann sich das wie das Bauen eines Legohauses vorstellen: Es wird zwar niemals genau so gebaut sein wie ein echtes Haus; es würden zum Beispiel Steckdosen und Stromkabel fehlen. Dennoch könnte man es anhand typischer Merkmale wie Wände oder Fenster als Haus identifizieren. Zudem wird es so beschaffen sein, wie es dem Zweck der Spieler:in dienlich ist, etwa mit besonders großen Bäumen darum herum.

Wichtige Parameter in Bezug auf öffentliche Diskurse über gendergerechte Sprache sind sicherlich Sprache, Urheber:in des Texts und Suchworte. Zum Beispiel sollte unser Modell in geeigneter Form Mehrsprachigkeit sowie die Medien- und Unternehmenslandschaft abbilden. Außerdem sollte das Korpus Texte enthalten, in denen es tatsächlich um gendergerechte Sprache geht, zum Beispiel weil die Wörter *gendergerecht* oder *Gender-Stern* darin vorkommen.

Es gibt Korpora, die mit dem Anspruch erstellt werden, repräsentativ für eine ganze Sprache zu sein – und nicht nur für einen spezifischen Sprachausschnitt, wie bisher erläutert. Solche Korpora werden als Referenzkorpora bezeichnet. Ein Beispiel ist das British National Corpus (BNC), ein Referenzkorpus für britisches Englisch im späten 20. Jahrhundert $_{\text{BNC Consortium, 2007}}$. Es enthält sowohl gesprochene als auch geschriebene Sprache und ist hinsichtlich Textsorten und Textlängen ausgewogen $_{\text{I.1.2.c}}$: Die enthaltenen Texte sind von vergleichbarer Länge und auch einzelne Textsorten wie fiktionale Texte und Zeitungsartikel sind in vergleichbarer Zahl repräsentiert.

Schnelltest | Erklären Sie, was *Modellierung* in der Korpuslinguistik bedeutet und warum sie wichtig ist.

Training | Auf der Webseite zum Buch finden Sie unter anderem zwei Szenarien, für die Sie sich ein geeignetes Korpusmodell überlegen sollen.

Thema 2.2.b Mehrsprachig, synchron, spezialisiert: Typen linguistischer Korpora

Die Korpuslinguistik kennt mehrere Typen von Korpora. Für welchen Typ man sich entscheidet, hängt grundsätzlich vom Modell ab, das man für den Untersuchungszweck benötigt $_{\text{III.2.2.a}}$. Eine grundlegende Unterscheidung bezieht sich auf das Kommunikationsmedium: Schriftsprachliche Korpora enthalten geschriebene Texte, mündliche Korpora enthalten gesprochene Äußerungen (die transkribiert worden sind) und multimodale Korpora enthalten weitere Elemente wie Ton und Bild.

Eine weitere Unterscheidung betrifft Korpora, die Sprachdaten in nur einer Sprache enthalten, und Korpora, die Sprachdaten in mehreren Sprachen enthalten. Bei mehrsprachigen Korpora können die Sprachdaten in den unterschiedlichen Sprachen entweder vergleichbar oder parallel sein. Sie kommen zum Beispiel in der Translations- und Dolmetschwissenschaft zum Einsatz. Ein Parallelkorpus besteht aus Originaltexten sowie Übersetzungen in mindestens einer weiteren Sprache. Ein besonderes Merkmal von Parallelkorpora ist die explizite Zuordnung voneinander entsprechenden Segmente, etwa Sätzen. So können zum Beispiel Übersetzungsvarianten eines Wortes untersucht werden. Bei einem Vergleichskorpus hingegen stehen die enthaltenen Daten in einem Ähnlichkeitsverhältnis, weil sie eventuell das gleiche Thema betreffen oder die gleiche Textsorte repräsentieren. Sie sind aber keine Übersetzungen voneinander.

Korpora unterscheiden sich außerdem hinsichtlich ihrer zeitlichen Erstreckung. Synchrone Korpora enthalten Sprachdaten aus einem bestimmten, kürzeren, in sich abgeschlossenen Zeitraum. Diachrone Korpora decken einen längeren, in mehrere Phasen unterteilbaren Zeitraum ab. Sie ermöglichen deswegen die Untersuchung von Wandelphänomenen, etwa auf der Ebene gesellschaftlicher Diskurse. Will man den Migrationsdiskurs eines Landes untersuchen, kann man so bei der Modellierung unterschiedliche Migrationsphasen berücksichtigen.

Schließlich wird zwischen allgemeinen und Spezialkorpora unterschieden. Einen Typus des allgemeinen Korpus haben Sie bereits in Form des Referenzkorpus kennengelernt III.2.2.a. Eine gängige Auffassung ist, dass Referenzkorpora eine Sprache möglichst umfassend erfassen, indem sie, wie im Falle des BNC, verschiedene Textsorten und Erscheinungsformen einbeziehen, zum Beispiel Belletristik und Blogs III.2.2.a. Sie sollen verallgemeinerbare Aussagen ermöglichen, etwa über das britische Englisch des 20. Jahrhunderts. Spezialkorpora hingegen repräsentieren spezifischere Ausschnitte des Sprachgebrauchs. Ein wichtiger Vertreter sind sogenannte Lernendenkorpora. Sie enthalten Sprachdaten von Sprachlernenden und verfügen so unter anderem über Annotationen III.2.2.c lernendensprachlicher Merkmale. Aber auch Korpora zu thematischen Diskursen wie dem Energiediskurs gehören zu den Spezialkorpora.

Korpora lassen sich mithilfe dieser Dimensionen näher bestimmen. Die genannten Dimensionen sind aber in der Praxis nicht immer trennscharf. Oft stehen bei einem Korpus eine oder zwei Dimensionen im Vordergrund. Beispielsweise ist die an der ZHAW Zürcher Hochschule für Angewandte Wissenschaften entwickelte Korpusfamilie Swiss-AL nach synchronen und schriftsprachlichen

Parametern modelliert ~Krasselt et al., 2023~. Andere Beispiele, die die Anwendung der genannten Dimensionen zeigen, sind mündliche Lernendenkorpora, diachrone Parallelkorpora oder multimodale Spezialkorpora.

Schnelltest Benennen Sie fünf Korpustypen und erklären Sie die Unterschiede.

Training Auf der Webseite zum Buch finden Sie als weiterführende Aufgaben zum Beispiel Beschreibungen von vier existierenden Korpora, die Sie den Korpustypen zuordnen.

Thema 2.2.c Annotationen und Tagsets: Hinter die Sprachoberfläche schauen

Korpora erhalten ihren Wert insbesondere dadurch, dass sie nicht nur Primärdaten enthalten, sondern weitere linguistische Informationen ~III.2.1.b~. Solche Informationen werden als Annotationen bezeichnet ~I.1.2.c~. Sie beziehen sich auf die linguistischen Merkmale der Primärdaten des Korpus. Der Vorgang des Auszeichnens mit linguistischer Information wird in der Korpuslinguistik als Annotieren oder auch als Taggen bezeichnet.

Merkmale, die annotiert werden können, betreffen ganz unterschiedliche Ebenen des Sprachsystems. So kann jedes Wort eines Korpus mit einer Wortart sowie einer Grundform – dem sogenannten Lemma – annotiert sein ~III.2.3.a~. Interessiert man sich zum Beispiel dafür, welche Adjektive häufig das Wort *Integration* attribuieren, lässt sich das mithilfe von Wortart-Annotationen sehr leicht herausfinden: Im Korpus kann gezielt nach Adjektiven gesucht werden, auf die das Wort *Integration* folgt, etwa *gelungene Integration*, *schwierige Integration*. Auf der Ebene der Syntax hingegen kann ein Wort mit seiner syntaktischen Funktion, die es im Satz übernimmt, annotiert sein. Das ermöglicht zum Beispiel, alle Belege im Korpus zu finden, in denen *Integration* die Funktion des Subjekts im Satz übernimmt, etwa *Integration fördert den Zusammenhalt zwischen den Menschen*.

Annotationen können entweder mithilfe geeigneter Tools – sogenannter Tagger – automatisiert erzeugt oder aber auch manuell erstellt werden. Die Annotation von Wortart und Lemma geschieht meist automatisiert, die meisten Korpora verfügen standardmäßig über diese beiden Annotationsebenen. Für die Annotation werden üblicherweise standardisierte Tagsets verwendet. Damit sind vordefinierte Listen von Wortarten gemeint, für die spezifische Abkürzungen – sogenannte Tags – verwendet werden. Für das Deutsche üblich ist das Stuttgart-Tübingen-Tagset, kurz: STTS _{Schiller et al., 1999}. So erhalten zum Beispiel alle attributiven Adjektive den Tag *ADJA* und alle appellativen Nomen den Tag *NN*.

Annotationen leisten zwei entscheidende Dinge: Zum einen ermöglichen sie, dass man in einem Korpus explizit nach linguistischen Kategorien suchen kann, die an der Wortoberfläche schlicht nicht erkennbar sind – oft sieht man einem Wort nicht an, ob es Adjektiv oder Adverb ist. Zum anderen ermöglichen Annotationen eine Disambiguierung: Wörter, die an der Oberfläche eine identische Form haben, können über linguistisch vollkommen verschiedene Merkmale verfügen. So ist das Wort *einen* in den folgenden beiden Sätzen mal ein Verb und mal ein unbestimmter Artikel:
- Sie wollen das Land wieder einen.
- Er kauft sich einen Stift.

Annotationen müssen manuell erstellt werden, wenn es keine gut funktionierenden automatisierten Tools gibt. Eine manuelle Annotation erfolgt typischerweise durch mehrere Personen. Dann kann ein sogenanntes Inter-Annotator-Agreement angeben werden: Es drückt aus, zu welchem Grad mehrere Personen bei der Vergabe von Annotationen übereinstimmen. Bei der manuellen Annotation stehen meist keine standardisierten Tagsets bereit, sondern es werden sehr projektspezifische Tags und Guidelines zur Vergabe dieser Tags entwickelt. Ein Beispiel sind Fehlerannotationen in Lernendenkorpora.

Erklären Sie, worin der Nutzen von Annotationen besteht. *Schnelltest*

Auf der Webseite zum Buch finden Sie an weiterführenden Aufgaben etwa einen Screencast und eine Übung zum Abfragen von Annotationsebenen in der Swiss-AL-Korpusfamilie. *Training*

Thema 2.2.d Subkorpora und Suchanfragen:
Korpora und Tools richtig nutzen

Vor Ihnen liegt die folgende Fragestellung: *Beeinflusst die politische Orientierung eines Akteurs, wie er öffentlich über die Themen Klima-*

wandel und *Nachhaltigkeit* spricht? Noch konkreter: *Welche Muster des Sprachgebrauchs sind typisch für einzelne Parteien, wenn sie sich beispielsweise im Parlament zu diesen Themen zu Wort melden?*

Oftmals eignen sich existierende Korpora, um eine Fragestellung wie diese zu bearbeiten, weil sie dem benötigten Modell bereits sehr nahekommen _{III.2.2.a}. In anderen Fällen wiederum ist es notwendig, selbst ein Korpus zu erstellen, in dem die benötigten Primärdaten gesammelt und aufbereitet werden. Am Beispiel der Korpusfamilie Swiss-AL lernen Sie im Folgenden, wie Teile eines bereits existierenden Korpus genutzt werden können.

Ein geeignetes Korpusmodell für das oben skizzierte Fallbeispiel enthält Redebeiträge von Politiker:innen im Parlament. Für jeden Redebeitrag muss die Parteizugehörigkeit der redenden Person bekannt sein. Mit dem Parlamentskorpus der Swiss-AL-Korpusfamilie steht Ihnen ein Korpus zur Verfügung, das diesen Modellierungskriterien entspricht: Es enthält das Amtliche Bulletin, d. h. die Wortprotokolle des Schweizer National- und Ständerats.

Dieses Parlamentskorpus ist über das Korpusanalysetool CQPweb _{Hardie, 2012} zugänglich, eines der am weitest verbreiteten Tools für Korpusanalysen _{III.2.3}. Insbesondere ermöglicht CQPweb, nur in spezifischen Teilen eines eigentlich viel größeren Korpus zu suchen _{I.1.2.d}. In anderen Worten: CQPweb erlaubt es, für eine bestimmte Untersuchung sogenannte Sub- oder Teilkorpora zu erstellen. Für das skizzierte Fallbeispiel müssen Sie davon Gebrauch machen, weil Sie sich nur für solche Redebeiträge interessieren, die sich den Themen Klimawandel und Nachhaltigkeit widmen. Eine solche Einschränkung lässt sich gewährleisten, indem nur solche Redebeiträge berücksichtigt werden, in denen bestimmte Schlüsselwörter vorkommen wie *Klimawandel* und *Nachhaltigkeit*.

In CQPweb können Sie mithilfe der Funktionen *Restricted Query* und *Create/edit Subcorpora* passgenau jene Texte zusammenstellen, die diesen Modellierungsparametern entsprechen. Die Funktion *Restricted Query* ermöglicht Ihnen in einem ersten Schritt, die zu untersuchenden Parteien durch Anklicken auszuwählen. Bei diesen Parteien soll nach Redebeiträgen gesucht werden, die die Wörter *Klimawandel* und *Nachhaltigkeit* enthalten. Diese Wörter müssen dafür in einen korrekt formulierten Suchbefehl überführt werden, die sogenannte CQP-Syntax:

[word = "Klimawandel"] | [word = "Nachhaltigkeit"]

Jedes Wort steht innerhalb eckiger Klammern: *Word* bezieht sich auf die Annotationsebene, auf der gesucht wird _{III.2.2.c}. Hier wird auf der Ebene der konkreten Wortformen gesucht, also exakt nach *Klimawandel* oder *Nachhaltigkeit*. Die ODER-Bedingung wird durch die sogenannte Pipe (|) zum Ausdruck gebracht.

Die so gefundenen Texte können Sie nun über die Funktion *Create/edit subcorpora* dauerhaft in einem Subkorpus speichern, auf das Sie bei Ihren Analysen immer wieder zugreifen können. Sie können sogar mehrere Subkorpora erstellen – das hängt letztlich davon ab, welche Analysen Sie durchführen wollen $_{\text{III.2.3}}$. Nehmen Sie vergleichende Analysen vor, ist es nützlich, separate Subkorpora für jede Partei zu haben.

Erklären Sie an einem neuen Beispiel, was ein Subkorpus ist und warum Sie es bilden. — Schnelltest

Auf der Webseite zum Buch finden Sie an weiterführenden Aufgaben etwa einen Screencast und eine Übung zum Erstellen von Subkorpora in CQPweb. — Training

Julia Krasselt

III.2.3 Hands-on: Mit Korpora arbeiten

Ein Korpus ist wenig wert ohne ein geeignetes Set an Methoden, mit dem es analysiert werden kann. Für die Analyse von Korpora besteht ein solches Set insbesondere aus Verfahren, um Muster des Sprachgebrauchs quantitativ zu erfassen. In diesem Kapitel lernen Sie, Methoden anzuwenden, die zum essenziellen Handwerkszeug beim Forschen und Arbeiten mit Korpora gehören. So werden Sie Ihre praktischen Fähigkeiten im Umgang mit Korpora erweitern und festigen.

Lernziele **Haltung:** Sie entwickeln ein Verständnis dafür, dass Korpora mit verschiedenen, einander ergänzenden Methoden analysiert werden. **Wissen:** Sie wissen, was man in einem Korpus quantitativ messen kann. Basierend auf Beispielen lernen Sie drei zentrale Methoden der Korpusanalyse kennen. **Können:** Dieses Methodenwissen wenden Sie in Übungen an; so werden Sie sicherer im Umgang mit Korpora und Korpusanalysetools.

Aufbau Das Kapitel zeigt zunächst, was man in einem Korpus überhaupt zählen kann, um Muster im Sprachgebrauch zu entdecken [a]. Dann liegt der Fokus des Kapitels auf drei zentralen Methoden [b–d]. Wer mit Korpora arbeitet, muss sie beherrschen.

a Token, Types und Lemmata:
Was man in einem Korpus zählen kann

b Distribution und Dispersion:
Verteilungen in einem Korpus erfassen

c Konkordanzen und KWIC:
Ein Wort kommt selten allein

d Kollokationen:
Auf den Ko-Text kommt es an

Autorin Prof. Dr. Julia Krasselt [III.2.1]

Thema 2.3.a Token, Types und Lemmata:
Was man in einem Korpus zählen kann

Eine wichtige Methode der Korpuslinguistik ist die Messung von Frequenzen. Dabei wird erfasst, wie häufig sprachliche Einheiten in einem Korpus vorkommen. Für die Frequenzmessung sind drei Einheiten zentral: Token, Types und Lemmata.

Token sind Vorkommen oder Kopien von Einheiten, zum Beispiel von Wörtern, wie man sie auf der Sprachoberfläche zählen kann. So kann man etwa in einem Korpus auszählen, wie oft das Wort *Arzt* vorkommt und wie oft das Wort *Ärztin*. Ergebnis kann dann zum Beispiel sein, dass es 23 Token *Arzt* hat und 2 Token *Ärztin*. Dabei verkörpern die 23 Token den Type *Arzt* und die 2 Token den Type *Ärztin*. Mithilfe dieser Unterscheidung kann man in einem Korpus beispielsweise messen, wie viele verschiedene Wortbildungen (also Types) es mit *-welle* gibt (etwa *Grippewelle, Tsunamiwelle*) und welche davon die höchste Tokenfrequenz, also die meisten Kopien aufweist.

Korpora haben hinsichtlich der Frequenz von Types und Token eine Gemeinsamkeit: Es gibt immer nur eine kleine Anzahl hochfrequenter Types und eine sehr große Anzahl niedrigfrequenter Types. Das wird als Zipf'sche Verteilung bezeichnet, benannt nach dem Linguisten George Kingsley Zipf, der dieses Gesetz in den 1930er-Jahren aufstellte. Ein Beispiel: Die Präposition *auf* kommt in deutschsprachigen Korpora hochfrequent vor, das Substantiv *Baumwurzelwachstum* hingegen niedrigfrequent. Die meisten Types in einem Korpus kommen sogar nur ein einziges Mal vor. Sie werden als *Hapax Legomena* bezeichnet (altgriechisch für *einmal Gesagtes*).

Der Begriff Lemma steht für die Grundform eines Wortes $_{III.2.2.c}$. Mithilfe eines Lemmas können also Flexionsformen zusammengefasst werden. Bei Korpusanalysen ist das hilfreich, da bei der Frequenzmessung etwa eines Substantivs nicht alle möglichen Flexionsformen eines Wortes berücksichtigt werden müssen. Man kann so direkt nach den Token des Lemmas *Arzt* suchen, anstatt einzeln nach den Token der Types *Arztes, Ärzte* oder *Ärzten*.

Wie kann Frequenz angegeben werden? Frequenz wird in der Korpuslinguistik in absoluten und relativen Häufigkeiten angegeben. Die absolute Häufigkeit drückt aus, wie häufig eine Einheit im Korpus vorkommt (zum Beispiel 10-mal oder 1000-mal). Die relative Häufigkeit setzt diese absolute Häufigkeit ins Verhältnis zur Gesamtanzahl Token im Korpus. Sie wird typischerweise mit einer gut interpretierbaren Zahl multipliziert. Das Korpustool CQPweb ₁₁₁.2.2.c multipliziert beispielsweise mit 1 Million und man erhält so die relative Frequenz eines Wortes pro 1 Million Wörter:

absolute Häufigkeit : Anzahl Token im Korpus / 1.000.000

Dadurch sind Aussagen wie die folgende möglich: Das Wort *Integration* hat (in einem fiktiven Korpus) eine relative Frequenz von 25.9 pro 1 Million Wörter oder anders ausgedrückt: Von einer Million Wörter sind 25.9 das Wort *Integration*. Für kleine Korpora ist es manchmal ratsam, die Referenzgröße kleiner zu wählen, etwa 100.000 oder 10.000. Die relative Frequenz ist insbesondere dann wichtig, wenn die Frequenz eines Wortes in zwei unterschiedlich großen Korpora verglichen werden soll ₁₁₁.2.2.d.

Schnelltest   Zählen Sie die Token und Types im Satz *Alle Äpfel und alle Birnen sind frisch.*

Training   Auf der Webseite zum Buch finden Sie etwa eine Übung, bei der Sie die relative Frequenz des Wortes *Integration* in zwei unterschiedlich großen Teilkorpora miteinander vergleichen.

Thema 2.3.b Distribution und Dispersion: Verteilungen in einem Korpus erfassen

Die Korpuslinguistik fragt nicht nur danach, wie häufig eine sprachliche Einheit im Korpus oder in Teilkorpora vorkommt, sondern auch, wie diese sprachliche Einheit in den Dokumenten eines Korpus verteilt ist. Anders gesagt: Die Korpuslinguistik fragt nach der Dispersion und der Distribution sprachlicher Einheiten im Korpus.

Die Dispersion beschreibt, wie gleichmäßig eine linguistische Einheit über das gesamte Korpus verteilt ist. Die Bezugsgröße sind dabei typischerweise Dokumente. Es werden Aussagen darüber getroffen, ob die untersuchte Einheit in (nahezu) allen Dokumenten des Korpus vorkommt oder nur in sehr wenigen Dokumenten. – Warum ist Dispersion relevant? Stellen Sie sich zum Beispiel vor, dass Sie typische englischsprachige Übersetzungsvarianten eines deutschen Wortes zusammenstellen wollen. Von einer typischen Variante sollten Sie erst dann sprechen, wenn sie in vielen verschiedenen Dokumenten des Korpus verwendet wird. Weniger typisch ist eine Variante, deren Vorkommen sich auf eine sehr kleine Anzahl konzentriert.

Die Distribution bezieht sich ebenfalls auf die Verteilung sprachlicher Einheiten – aber hier nicht im ganzen Korpus, sondern in Bereichen davon. Man kann sich beispielsweise anschauen, wie häufig ein Wort pro Monat in den letzten fünf Jahren gewesen ist. Dies ist dann möglich, wenn für jedes Dokument im Korpus bekannt ist, in welchem Monat es entstanden ist. Die Messung von Distribution ist eine aggregierende Methode: Das Vorkommen linguistischer Einheiten wird auf der Basis von Metadaten (hier: Monaten) zusammengefasst (aggregiert).

Die Analyse von Distribution ist für unterschiedliche Zwecke nützlich. Das ZHAW-Projekt *Wort des Jahres* fragt etwa, welche Wörter im Vergleich zum Vorjahr deutlich häufiger in den Medien verwendet werden _{Perrin et al., 2020}. Wörter, die im Vergleich zu den Vorjahren im aktuellen Jahr deutlich frequenter sind, stellen potenzielle Kandidaten für das Wort des Jahres in der Schweiz dar. Visuell sind solche Analysen Verlaufskurven: Die folgende Abbildung zeigt, dass das Wort *Schutzstatus* bis Anfang 2022 in Zeitungen der Deutschschweiz kaum verwendet wird und dann aufgrund des Krieges in der Ukraine an Relevanz gewinnt _{Abb. 4}.

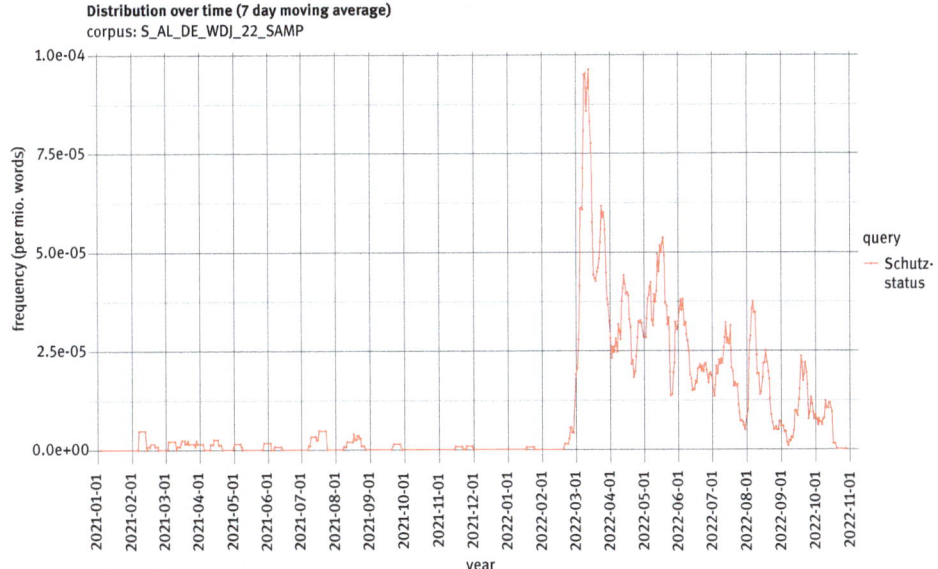

Abb. 4: Distribution des Wortes *Schutzstatus* in Deutschschweizer Medien.
https://tools.linguistik.zhaw.ch/rsconnect/workbench/

	Schnelltest	Erklären Sie den Unterschied zwischen Distribution und Dispersion.
	Training	Auf der Webseite zum Buch finden Sie etwa eine Übung, bei der Sie die Distribution der Wörter *Integration* und *Inklusion* in Deutschschweizer Medien seit 2015 herausfinden.

Thema 2.3.c Konkordanzen und KWIC:
Ein Wort kommt selten allein

Neben den aggregierenden Methoden $_{III.2.3.b}$ ist in der Korpuslinguistik ebenso die Analyse einzelner Textstellen zentral. Dies geschieht über sogenannte Konkordanzen. Dabei werden in einem Korpusanalysetool alle Fundstellen eines Wortes oder einer Wortfolge untereinander dargestellt, samt dem direkt vorausgehenden linken Ko-Text $_{II.2.2.c}$ und dem direkt nachfolgenden rechten Ko-Text. Eine andere Bezeichnung für eine solche Darstellung ist KWIC, *Keyword in Context*. Die folgende Abbildung zeigt eine solche Ansicht für die Suche *Adjektiv + Demokratie* $_{III.2.2.c}$ im Tool CQPweb $_{Abb. 5}$:

	Solution 1 to 50 Page	1/28	
dienvielfalt, die Medienfreiheit sind Säulen der		direkten Demokratie	. Deswegen haben Sie erst kürzlich beispielswe
s und balances „ - ‚ die Sie vorhin als Segen der		direkten Demokratie	beschworen haben und für welche Sie sogar 80
en können, wer sie hier vertritt, und in unserer		direkten Demokratie	abstimmen können . Eine direkte Demolratie , d
direkten Demokratie abstimmen können . Eine		direkte Demokratie	, die stolz auf sich ist - zu Recht stolz auf sich
tens um die wichtige Frage , wie wir zu unserer		direkten Demokratie	Sorge tragen wollen - und das müssen wir unbe
en . Wenn wir dies nicht tun, schwächen wir die		direkte Demokratie	, und das will die BDP auf keinen Fall . Wir bitter
ament, führte er weiter aus, müsse ein Ort der		lebendigen Demokratie	bleiben , stets inspiriert durch den Respekt vor
rn es geht um ein gesamtheitliches System der		rechtsstaatlichen Demokratie	, in dem sowohl Fisch wie Vogel ihren Platz und
leutlich , dass das konstruktive Referendum die		direkte Demokratie	überfordert . Eine Gesetzesvorlage gleicht scho

Abb. 5: Konkordanzen für die Suche *Adjektiv + Demokratie* in CQPweb.
https://swiss-al.linguistik.zhaw.ch/CQPweb/parldebatten/

Erste korpuslinguistische Analysetools wurden früher als *Concordancer* bezeichnet, weil sie genau über diese eine Funktion verfügten: Fundstellen in Form von Konkordanzen darstellen. Auch heute bieten alle Korpusanalysetools die Möglichkeit, Konkordanzen anzuzeigen. Bei einigen Tools kann man die Größe des dargestellten linken und rechten Kontexts einstellen, bei anderen Tools ist dieses Kontextfenster vorgegeben.

Konkordanzen sind also – anders als die Messung von Frequenz, Distribution bzw. Dispersion – keine Form der Aggregation III.2.3.a. Stattdessen ermöglichen sie es, den Gebrauch eines Wortes in seinem unmittelbaren Kontext anzusehen und sehr nah an den Dokumenten zu sein, aus denen das Korpus besteht. Konkordanzen können einerseits zu den quantitativen Methoden gezählt werden, weil sie die Analyse aller Belegstellen ermöglichen. Andererseits ermöglichen sie aber eben auch eine qualitative Analyse auf der Ebene einzelner Textstellen.

Konkordanzen werden mit dem Ziel analysiert, Muster in der Verwendung eines Wortes zu entdecken. Durch das alphabetische Sortieren nach einem der Kontextwörter stehen ähnliche Belegstellen direkt untereinander. Die folgende Abbildung zeigt, dass *Demokratie* musterhaft mit anderen sogenannten Hochwertwörtern (d. h. Wörtern, die in einer Gesellschaft akzeptierte Grundwerte bezeichnen) wie *Freiheit* kombiniert wird. Erst durch das Sortieren wird dieses Sprachgebrauchsmuster sichtbar Abb. 6.

Etwa ein Viertel von ihnen ist im Einsatz für **Freiheit** und	Demokratie	gestorben . Und genau das begründet ihre historische L
Völker im arabischen Raum in ihrem Kampf für **Freiheit** ,	Demokratie	und sozialen Wandel zu unterstützen . Gerade wenn wir
rderlichen Glaubwürdigkeit und mit Mut für **Freiheit** und	Demokratie	einzustehen . Dabei sind besonders auch jene Kräfte zu
von Menschen demonstrieren seit Wochen für **Freiheit** ,	Demokratie	und sozialen Wandel und gegen die Diktatoren ihrer Län
tgliedstaaten die Bürgerinnen und Bürger in **Freiheit** und	Demokratie	über ihren Willen abgestimmt haben , dieser Organisatio
nmen , denn die Menschen brauchen neben **Freiheit** und	Demokratie	auch ein Auskommen für ihre Familien . Die SP-Fraktion
Staaten diktieren lassen , deren Oberhäuptern **Freiheit** ,	Demokratie	, freie Meinungsäußerung , Pressefreiheit , Chancengle
und damit auch für die Werte der Schweizer **Freiheit** und	Demokratie	, die in ihrer Geschichte nie so bedroht waren wie durch
unveräußerlicher Rechte des Menschen sowie **Freiheit** ,	Demokratie	, Gleichheit und Rechtsstaatlichkeit als universelle Wert

Abb. 6: Sortierte Konkordanz für die Suche *Demokratie* in CQPweb.
https://swiss-al.linguistik.zhaw.ch/CQPweb/parldebatten/

Was spricht dafür, in der Analyse großer Korpora die Konkordanzanalyse zu nutzen?	Schnelltest
Auf der Webseite zum Buch finden Sie weiterführende Aufgaben, zum Beispiel eine Übung, bei der Sie Konkordanzen eines Wortes sortieren und Muster identifizieren.	Training

Thema 2.3.d Kollokationen:
Auf den Ko-Text kommt es an

Sieht man sich in einem Medienkorpus für 2020, also das erste Jahr der COVID-19-Pandemie, die Konkordanzen III.2.3.a für das Wort *Ab-*

stand an, dann wird man sehr viele Belegstellen entdecken, in denen auch die Wörter *Maßnahme, Meter, halten, zueinander* oder *vorgeschrieben* vorkommen. Diese Wörter kommen sogar so häufig im Ko-Text von *Abstand* vor, dass man nicht mehr von Zufall sprechen kann. All diese Wörter sind im Jahr 2020 sogenannte Kollokationen des Wortes *Abstand*. Unter einer Kollokation versteht man in der Korpuslinguistik ein Wort, das überzufällig häufig im Ko-Text eines anderen Wortes vorkommt.

Die Beobachtung, dass bestimmte Wörter häufiger miteinander vorkommen als andere, ist deutlich älter als die Korpuslinguistik. Der Begriff *Kollokation* wurde zum ersten Mal vom US-amerikanischen Linguisten John Rupert Firth verwendet und gehört inzwischen zu den zentralen Konzepten in der Korpuslinguistik. Firth hat nicht nur festgestellt, dass gewisse Wörter sehr häufig gemeinsam verwendet werden, sondern hat daraus auch Aussagen über die Bedeutung von Wörtern abgeleitet. Firth prägte den Satz: „You shall know a word by the company it keeps" Firth, 1957, 179. Um herauszufinden, was ein Wort bedeutet, muss man sich also anschauen, in welchem Ko-Text es verwendet wird. Daraus folgt auch, dass Wörter verschiedene Bedeutungen haben können, wenn sie in unterschiedlichen Zusammenhängen verwendet werden.

In einem Korpus können nun für jedes Wort große Mengen an Ko-Text-Informationen gesammelt werden. Es kann beispielsweise gezählt werden, welche Wörter wie häufig innerhalb eines vordefinierten Fensters gemeinsam mit einem gesuchten Wort vorkommen. Bezogen auf das Eingangsbeispiel kann man auszählen, welche Wörter links und rechts vom Wort *Abstand* stehen. Anschließend werden diese beobachteten Häufigkeiten verglichen mit den erwarteten Häufigkeiten. Tritt dann das Wort *zueinander* deutlich häufiger im Kontext von *Abstand* auf, als es die Häufigkeit dieser beiden Wörter im Korpus erwarten lässt, dann ist *zueinander* eine Kollokation von *Abstand*. In Korpusanalysetools stehen dafür verschiedene statistische Tests und Maßzahlen zur Verfügung.

Um Kollokationen für Aussagen über die Bedeutung eines Wortes zu verwenden, ist eine Kategorisierung und Interpretation durch Forschende notwendig. Anders gesagt: Eine Liste mit Kollokationen, etwa zum Wort *Abstand*, ist noch kein fertiges korpuslinguistisches Analyseergebnis! Beispielsweise könnten Kollokationen nach grammatischen, pragmatischen oder thematischen Gesichtspunkten kategorisiert werden. Für das Wort *Abstand* würde man für das Corona-Jahr 2020 beispielsweise feststellen, dass es geprägt ist durch Wörter aus den Bedeutungsfeldern *Hygiene* und *Distanz*: Die Bedeutung des Wortes *Abstand* bezieht sich also auf die physische Distanz von Personen zum Zweck der Ansteckungsvermeidung.

Erklären Sie, warum Kollokationen Aussagen über die Bedeutung eines Wortes ermöglichen. — Schnelltest

Auf der Webseite zum Buch finden Sie weitere Übungen. Zum Beispiel berechnen und interpretieren Sie Kollokationen eines Wortes mit dem Log-Likelihood-Test. — Training

Julia Krasselt, Peter Stücheli-Herlach, Davide Garassino,
Elsa Liste Lamas und Maren Runte

III.2.4 Praxisprobleme lösen: Korpuslinguistik im Beruf

In den Berufsfeldern der Angewandten Linguistik wird es Ihre Aufgabe sein, kommunikative Probleme zu lösen. In diesem Kapitel lernen Sie, wie Korpora und korpuslinguistische Methoden Ihnen dabei helfen, als *Reflective Practitioner* zu agieren, indem Sie vom tatsächlichen Sprachgebrauch ausgehen, wie er in großen Korpora erfasst ist. Im Fokus des Kapitels stehen die Berufsfelder Journalismus und Organisationskommunikation, Übersetzen und Dolmetschen sowie sprachliche Integration.

Lernziele **Haltung:** Sie entwickeln ein Verständnis dafür, dass professionelles Arbeiten mit Sprache voraussetzt, die Standards und Muster des Sprachgebrauchs zu kennen, und der Einsatz von Korpora dazu dient, diese Standards und Muster zu identifizieren. **Wissen:** Sie lernen, in welchen Praxisfeldern die Korpuslinguistik eingesetzt wird und welche Probleme sie dort löst. **Können:** Sie wenden Ihr bisher erworbenes Wissen in Praxisbeispielen an.

Aufbau Das Kapitel zeigt die Praxisrelevanz der Korpuslinguistik [a] und verdeutlicht dies anhand von drei ausgewählten Praxisfeldern [b–d].

a Praxisrelevanz von Korpuslinguistik:
Die Sprache gelingender Kommunikation

b Organisationskommunikation und Journalismus:
Öffentliche Diskurse mit Korpora erforschen

c Übersetzen und Dolmetschen:
Sprachmittlung im Zeitalter von Korpora

d Sprache und Integration:
Mit Korpora lernen für DaF-/DaZ-Kurse

Autor:innen Prof. Dr. Peter Stücheli-Herlach ist Professor für Organisationskommunikation und Öffentlichkeit am ZHAW Institut für Angewandte Medienwissenschaften und Mitbegründer des Digital Discourse Lab und der Swiss-AL-Korpora an der ZHAW.
https://www.zhaw.ch/de/ueber-uns/person/stue/

Dr. Davide Garassino ist Dozent am ZHAW Institut für Übersetzen und Dolmetschen. Er hat langjährige Lehr- und Forschungserfahrung in den Bereichen Pragmatik, Prosodie und Korpuslinguistik. Unter anderem hat er an der Erstellung und der sprachvergleichenden Analyse des multilingualen Korpus ICOCP mitgewirkt.
https://www.zhaw.ch/de/ueber-uns/person/gars/

Dr. Elsa Liste Lamas ist wissenschaftliche Mitarbeiterin am ZHAW Institut of Language Competence. Sie hat Forschungs- und Lehrerfahrung in den Bereichen Fremd-/Zweitspracherwerb sowie Korpuslinguistik. Unter anderem hat sie am Aufbau des Parallelkorpus *PaGeS* mitgewirkt und ist für die ILC-Lernendenkorpora LeKoBe und LeKoD-CH verantwortlich.
https://www.zhaw.ch/de/ueber-uns/person/list/

Dr. Maren Runte $_{I.1.2}$ ist Dozentin am ZHAW Institute of Language Competence. Sie hat langjährige Forschungserfahrung in den Bereichen Lexikografie und Korpuslinguistik. In der Forschung zu Wörterbuchbenutzung zeigt sie, wie sich Auswertungen von großen Mengen an Sprachdaten benutzer:innenadäquat darstellen lassen.
https://www.zhaw.ch/de/ueber-uns/person/runm/

Thema 2.4.a Praxisrelevanz von Korpuslinguistik: Die Sprache gelingender Kommunikation

Professionelles Arbeiten mit Sprache setzt voraus, dass wir Standards und Muster des Sprachgebrauchs kennen und unser Handeln an diesem Wissen ausrichten. Es geht also darum, kompetent erheben und beurteilen zu können, was Menschen mit Sprache im Alltag machen – und was die Sprache im Alltag mit den Menschen macht. Durch konkreten Gebrauch kommt die Sprache zur Geltung und Wirkung.

Etwas mit Sprache zu tun heißt, die eigene Äußerung so zu gestalten, dass sie zur gestellten Aufgabe, zur Situation und zu den Adressat:innen passt. Die geeigneten Mittel wählen die Kommunizierenden möglichst zielführend aus, indem sie abwägen unter den Varianten in der gewählten Sprache und Varietät $_{I.2.2}$. Eigene Äußerungen sollen also auf sprachliche, kognitive und soziale Kontexte – auf Diskurse – Bezug nehmen: Sprachprofis setzen Zeichen, die für andere sinnvoll sind.

Professionelles Sprachhandeln in Diskurse einzubetten, ist <u>Diskurshandeln</u>. Diskurshandeln evident erklären und gezielt verbessern zu können, ist <u>Diskurskompetenz</u>. Die Korpuslinguistik, ihre Methoden und Erkenntnisse unterstützen kompetentes Diskurshandeln besonders in der digitalisierten Arbeitswelt. Korpuslinguistik – und die darauf bauende Diskurslinguistik – ermöglichen Sprachprofis, größere Sammlungen von Daten zu spezifischen Diskursen zu beurteilen und nutzen, sie zu erstellen und weiterzuentwickeln. Diese Kompetenzen stärken ihre Handlungs- und Konkurrenzfähigkeit.

In Organisationskommunikation und Journalismus dient der Einsatz von Sprachkorpora besonders der Umfeldanalyse, etwa der Recherche über Themenfelder und Wertegemeinschaften, welche die Öffentlichkeit prägen. Die Aussagenproduktion wird so anschlussfähig an relevante Wissensbestände und Deutungsmuster.

In der Sprachmittlung dienen Korpora der Klärung terminologischer Fragen und phraseologischer Standards. Sprachprofis entwickeln und beurteilen dann zum Beispiel Übersetzungsäquivalente zielsicherer. Gemeinsamkeiten und Unterschiede verschiedener Domänen und Kulturgemeinschaften erschließen sich so präziser.

Für sprachliche Integration ist die Arbeit mit Lernendenkorpora besonders zielführend. Aus solchen Korpora lässt sich Wissen über Sprachenerwerb oder konkrete Varietäten von Lernenden gewinnen. Zudem liefern Korpusanalysen Lern- und Übungsbeispiele, die zu den Lernzielen, den Lernenden und deren situativen Anwendungen passen.

Sprachprofis stehen also im Dienst von Sprach- und Diskursgemeinschaften. Aus diesen Gemeinschaften entsteht eine Nachfrage nach professionellen Leistungen – und eine Bereitschaft, diese Leistungen letztlich auch zu entschädigen. Routinen und Bedürfnisse dieser Gemeinschaften erschließen sich über deren Sprachgebrauch – kurz: In der Sprache zeigt sich, wie sie ticken. Korpus- und Diskurslinguistik liefern die geeigneten Werkzeuge, dies zu erkennen. Wer sie einsetzt, begründet Entscheidungen präziser. Und beweist überzeugend, dass es auf sie oder auf ihn ankommt.

Schnelltest	Erklären Sie die Bedeutung von Korpuslinguistik für Ihr Berufsfeld – in Ihren eigenen Worten.
Training	Auf der Webseite zum Buch finden Sie zum Beispiel einen Werbespot, dessen Risiken und Chancen in interkultureller Kommunikation Sie einschätzen.

Thema 2.4.b Organisationskommunikation und Journalismus: Öffentliche Diskurse mit Korpora erforschen

Organisationskommunikation und Journalismus sind Berufsfelder, die öffentlichen Diskurs in der Gesellschaft herstellen, was im Wesentlichen durch spezifischen Sprachgebrauch geschieht. Profis in diesen Feldern arbeiten also selbst mit der Sprache – und reflektieren zugleich, auf welche spezifische Art sie und andere sich der Sprache bedienen, um Wirkung zu entfalten.

Muster des Sprachgebrauchs, wie sie die Korpuslinguistik untersucht, sind deshalb in Organisationskommunikation und Journalismus entscheidend. Es gibt Organisationsdiskurse, in denen sich Erwartungen von Menschen aneinander musterhaft manifestieren und die entsprechend Aushandlungen von Angebot und Nachfrage, von Preisen und Werten prägen. Es gibt journalistische Diskurse, in denen sich musterhaft manifestiert, was jeweils in einer Zeitperiode für mehrere Funktionssysteme der Gesellschaft gleichermaßen relevant ist.

Die Korpuslinguistik gibt Sprachprofis die Werkzeuge an die Hand, um solche Muster zu identifizieren und kritisch zu reflektieren. Das unterstützt begründetes und zielführendes berufliches Wirken, denn:

– Dieser Muster bedienen sie sich selber, etwa mit Schlagworten und Redensarten, aber auch Deutungsmustern. Korpuslinguistische Diskursanalyse ermöglicht die Selbstreflexion und unterstützt die wirkungsorientierte Textproduktion.
– Diese Muster möchten sie mitprägen, etwa durch gute Storys, die von anderen aufgegriffen werden sollen, oder durch Issues-Management und Corporate Messaging für Organisationen. Korpuslinguistische Diskursanalyse unterstützt Recherchen und ermöglicht es Organisationen, zu erkennen, wie sie und ihre Anliegen in der Öffentlichkeit wahrgenommen und bewertet werden.
– Diese Muster müssen sie erkennen, um Normen fürs Sprachhandeln reflektieren zu können, etwa in Gender-, Rassismus- und Populismusdebatten. Korpuslinguistische Diskursanalyse erlaubt es, eigene Positionen zu klären und die Perspektiven anderer besser zu verstehen.

Die Anwendung der Korpuslinguistik für die Diskursanalyse in diesen Berufsfeldern ist vielfältig möglich Dreesen & Stücheli-Herlach, 2019:

- Korpora sind Modelle $_{\text{III.2.2.a}}$ von öffentlichen Diskursen auf konkreten Kommunikationsfeldern mit ihren Akteur:innen und Interessen (wie Energiepolitik, Nachhaltigkeit oder Automobilität).
- Frequenz-, Distributions- und Dispersionsanalysen $_{\text{III.2.3}}$ beleuchten thematische Strukturen öffentlicher Diskurse (wie die Rede von *erneuerbaren Energien* oder *nachhaltigem Bauen*).
- Konkordanz- und Kollokationsanalysen $_{\text{III.2.3}}$ ergründen spezifische Formen musterhaften Schreibens in der Öffentlichkeit, wie es sich bezüglich der Rollen einzelner Akteur:innen oder in Public Stories ausprägen kann, etwa über selbstbezügliche oder gemeinnützige Rollen, über gesellschaftlichen Fortschritt oder Konflikte.

Schnelltest Warum sollen sich Profis öffentlicher Kommunikation für Sprachdaten-Korpora interessieren?

Training Auf der Webseite finden Sie zum Beispiel eine Übung, bei der Sie den Gebrauch des Schlagworts *Freedom Day* in journalistischen und Organisationsdiskursen untersuchen.

Thema 2.4.c Übersetzen und Dolmetschen: Sprachmittlung im Zeitalter von Korpora

Die alltägliche Arbeit von Übersetzer:innen und Dolmetscher:innen profitiert stark von der Verfügbarkeit empirischer Daten. Dies zeigt sich beispielsweise in der Nutzung von Werkzeugen wie den <u>CAT-Tools</u> $_{\text{II.2.2.a}}$ und <u>maschinellen Übersetzungen</u>, die auf enormen Datenbanken von Quell- und Zieltexten beruhen.

Auch der Beitrag linguistischer Korpora ist für die Übersetzungs- und Dolmetschpraxis von großer Bedeutung. Anhand von Korpora, die aus übersetzten oder gedolmetschten Materialien bestehen, wie etwa EPIC, dem European Parliament Interpretation Corpus $_{\text{Russo et al., 2012}}$, können Übersetzer:innen und Dolmetscher:innen beispielsweise Strategien beobachten, die andere Expert:innen bei bestimmten Sprachproblemen anwenden. Eine Stärke von Korpora liegt darin, dass sie im Vergleich zu Werkzeugen wie Wörterbüchern zahlreiche Informationen über den Ko-Text sowie die Frequenz von Wörtern und größeren sprachlichen Einheiten bieten. Dies kann Übersetzer:innen dabei helfen, terminologische Probleme zu lösen und für den jeweiligen Kontext geeignete Übersetzungsäquivalente zu finden.

Außerdem können Übersetzer:innen dank der Nutzer:innenfreundlichkeit von Tools wie AntConc ~Anthony, 2023~ vergleichbare oder parallele Mikrokorpora für spezifische Textsorten erstellen, die sie zur Beantwortung ebenso spezifischer Fragen verwenden können: Wie lässt sich beispielsweise *bone [re]growth* auf einer deutschen Webseite über kosmetische Zahnmedizin optimal übersetzen ~Bernardini, 2022~?

Ein wichtiger Aspekt bei Übersetzungen ist die mögliche Interferenz der Quellsprache, also die Übertragung sprachlicher Muster von der Originalsprache in die Zielsprache. Parallelkorpora ~III.2.2.b~ erlauben es, solche Interferenzen in verschiedenen Textsorten direkt zu beobachten. Darüber hinaus ermöglichen vergleichbare Korpora ~III.2.2.b~ es, sich mit den lexikalischen und stilistischen Merkmalen der Originaltexte – wie zum Beispiel den üblichsten Formulierungen bestimmter Textsorten – vertraut zu machen.

Dank der Möglichkeit, Informationen in authentischen Kontexten aufzufinden, sind Korpora ein optimales Instrument für Dolmetscher:innen, die passende Fachterminologie und Phraseologie sowie auch fachspezifisches Wissen zu erwerben, etwa im Bereich der internationalen Politik.

In Anbetracht der wichtigen Rolle des Dolmetschens, insbesondere in institutionellen Kontexten, könnte man erwarten, dass zahlreiche Korpora zur Verfügung stehen. Aufgrund der Schwierigkeiten bei der Erstellung von Korpora der gesprochenen Sprache und der Entwicklung von Transkriptionssystemen waren jedoch lange nur wenige Korpora verfügbar, die zudem oft sehr klein und auf wenige Textsorten beschränkt waren. Erfreulicherweise ändert sich jedoch auch in diesem Bereich die Situation rasch: So existieren heute etwa das EPIC ~s.o.~ und das EPTIC, das *European Parliament Translation and Interpreting Corpus*, das mehrere europäische Forschungsgruppen gemeinsam entwickelt haben ~Ferraresi & Bernardini, 2019~.

Welche Vorteile bieten parallele Korpora für Übersetzer:innen und Dolmetscher:innen?	Schnelltest
Auf der Webseite zum Buch üben Sie weiter, etwa mit einem parallelen Korpus von deutschen und englischen Untertiteln.	Training

Thema 2.4.d Sprache und Integration:
Mit Korpora lernen für DaF-/DaZ-Kurse

Auch in der Sprachlern- und -lehrforschung sowie der Fremd- und Zweitsprachendidaktik spielen Korpora eine zunehmend wichtige Rolle. Hierbei muss unterschieden werden, wer welches Korpus mit welcher Absicht erstellt und verwendet. Der nachfolgende Überblick orientiert sich an Schwerpunkten der Korpuslinguistik in der Lehre von Deutsch als Fremd- und Zweitsprache (DaF/DaZ).

In der Forschung zum DaF/DaZ-Erwerb bilden Lernendenkorpora $_{\text{III.2.2.b}}$ eine wichtige Datengrundlage für die Beschreibung von Varietäten $_{\text{I.2.2}}$ von Lernenden sowie von Verläufen des Spracherwerbs $_{\text{I.2.1}}$. In solchen Korpora sammeln Forschende mündliche und schriftliche Texte von Deutschlernenden und annotieren sie in Bezug auf lernendensprachliche Merkmale wie Normverstöße.

Dank der Arbeit mit Lernendenkorpora können Forschende über die Beschreibung kleiner Lernendengruppen hinausgehen. Sie führen umfassende und systematische Analysen durch, die ein besseres Verständnis der Sprachstandsentwicklung sowie des Spracherwerbsprozesses ermöglichen. Je nach Korpus können auch Lernendenvarietäten verschiedener Erstsprachen (L1) und Kompetenzstufen verglichen werden. Zum Beispiel können Forschende untersuchen, wie sich die Verbstellung mit zunehmendem Kompetenzniveau entwickelt und ob sich Unterschiede je nach L1 feststellen lassen. Die Erkenntnisse, die durch Lernendenkorpora gewonnen werden, können als Grundlage für die Entwicklung von didaktischen Materialien dienen, etwa von Übungen zu spezifischen Schwierigkeiten der Lernenden mit dem Satzbau.

Neben Lernendenkorpora werden auch allgemeine Korpora $_{\text{III.2.2.b}}$ für die Entwicklung von Lern-, Lehr- und Prüfungsmaterialien eingesetzt. Der Mehrwert liegt darin, dass dann die Beispiele und Übungen auf authentischem Sprachgebrauch basieren. Eine konkrete Anwendung ist die Berücksichtigung von Häufigkeitsklassen bei der Erarbeitung von Wortschatzlisten: Häufig gebrauchte Lexik kann so früher angeboten werden als selten(er) gebrauchte Lexik.

DaF-/DaZ-Lehrende können Korpora nutzen, um den Lernenden spezifische Aspekte des Sprachgebrauchs nahezubringen. Dabei können Lernende anhand von authentischen Sprachdaten sprachliche Zusammenhänge bis hin zu Sprachwandelphänomen erfassen, etwa den Kasuswechsel bei der Präposition *wegen*. Die hierbei abgefragten Korpora sollen möglichst repräsentativ sein für die jeweilige Sprache – und idealerweise öffentlich zugänglich.

Bislang wenig praktiziert wird der Einsatz von Korpora in der Ausbildung von Deutschlehrenden. Sinnvoll wäre es, wenn bereits in der Ausbildung die Arbeit mit allgemeinen Korpora wie dem Deutschen Referenzkorpus (DeReKo) Leibniz-Institut für Deutsche Sprache, 2022, dem Digitalen Wörterbuch der deutschen Sprache (DWDS) Berlin-Brandenburgische Akademie der Wissenschaften, o. J. oder mit Lernendenkorpora wie dem fehlerannotierten Lernerkorpus des Deutschen (Falko) Lüdeling et al., 2008 oder dem Schweizer DaF-/DaZ-Lernendenkorpus (LeKoD-CH) systematisch integriert würde.

Nennen Sie je drei Vorteile von Korpora für Sprachlehrende und -lernende. — Schnelltest

Auf der Webseite zum Buch lernen Sie zum Beispiel in einer Übung, mit welchen Kasus die Präposition *während* typischerweise verwendet wird. — Training

III.3 Toolbox der empirischen Forschung

In die Tiefe forschen mit Fallstudien, in die Breite mit Korpusanalysen, das haben Sie bis hierher verstanden. Aber in der Angewandten Linguistik ist mehr an Methoden zu erkunden – schon, weil Fallstudien ja keine Methode sind, sondern eine Forschungsanlage, die sich vieler Methoden bedient und diese auch miteinander verbindet. Die wichtigsten davon: Beobachtung und Befragung. Die Korpusanalyse dagegen ist verwandt mit der Inhaltsanalyse. Und abseits der realen Welt, im Labor, führen Sprachforschende Experimente durch. Im letzten Themenfeld dieses Teils III lernen Sie diese vier Methoden kennen.

Zuerst III.3.1 schärfen Sie Ihren Blick fürs systematische Beobachten. Die Beobachtung als wissenschaftliche Methode hält begründet und nachvollziehbar fest, was Menschen tun, etwa, wenn sie miteinander kommunizieren. Das kann offen geschehen, dann wissen die Beobachteten, dass sie beobachtet werden. Auch möglich sind aber verdeckte Beobachtungen oder automatische Aufzeichnungen. So oder so lauern methodische Fallen; wer sie kennt, umgeht sie leichter. Wie gut eine Beobachtung letztlich ist, misst sich an Kriterien, die in den Sozialwissenschaften verbreitet sind: allen voran Validität und Reliabilität.

Das zweite Kapitel III.3.2 gilt der Befragung. Bei dieser Methode kommt es, wenig überraschend, darauf an, den richtigen Personen die richtigen Fragen zu stellen. Dies allerdings hat seine Tücken. So etwa können Fragen das Denken der Befragten in eine bestimmte Richtung lenken oder zu geschönten oder gar erfundenen Antworten verleiten. Beides schmälert die Validität des Verfahrens: Es untersucht dann nicht, was es zu untersuchen vorgibt, sondern fördert systematisch verzerrte Antworten zutage. Solchen Problemen lernen Sie vorbeugen mit passend gewählten Themen, sorgfältigen Fragen und durchdachten Fragebögen.

Das dritte Kapitel III.3.3 stellt die Inhaltsanalyse vor. Die Bezeichnung ist aus sprachwissenschaftlicher Sicht problematisch, weil Sprache keine Inhalte hat, sondern mit Begriffen auf Wirklichkeitsausschnitte verweist I.1.1. Nichtsdestotrotz hat sich die Bezeichnung in den Sozialwissenschaften eingeschliffen. Die Methode untersucht die Bedeutung der sprachlichen Einheiten – etwa Wörter, Sätze, Texte – von Kommunikationsangeboten. Ähnlich wie bei der Korpusanalyse schließen dann die Forschenden von der sprachlichen

Oberfläche auf das vermutlich damit Gemeinte oder auf die vermutete Wirkung bei den Adressat:innen.

Das vierte Kapitel $_{III.3.4}$ schließlich verlässt die Bühne des prallen Lebens und führt ins Labor. Dort können die Forschenden die Komplexität der Welt reduzieren, idealerweise auf eine unabhängige und eine abhängige Variable. So zeigt sich ohne Störfaktoren, wie etwa die Wahl einer bestimmten Schrift die Lesegeschwindigkeit beeinflusst. Nach einem Experiment kennt man diesen Zusammenhang genau – weiß aber auch, dass die Bedingungen im realen Leben eben viel komplexer sind. Deshalb verbindet die Angewandte Linguistik das Experiment meist mit anderen Methoden aus ihrer Toolbox.

Andrea Hunziker Heeb

III.3.1 Ich sehe was, was du nicht siehst: Die Beobachtung

In diesem Kapitel lernen Sie die Methode der Beobachtung kennen. Forschende wenden sie an, um Verhalten von Menschen in verschiedenen Situationen zu untersuchen. Im Kurs begegnen Sie unterschiedlichen Formen dieser Methode und erkennen deren jeweilige Eignung für spezifische Fragestellungen. Weiter werden Sie mit der Planung und dem Ablauf vertraut, sodass Sie im Anschluss selbst einfache Beobachtungen durchführen können.

Haltung: Sie verstehen die Beobachtung als eine Methode zur Untersuchung von Verhalten. **Wissen:** Sie wissen, welche Typen von Beobachtungen für die Erforschung von Verhalten, Handlungen und Interaktionen zur Verfügung stehen und worin ihre Stärken und Schwächen liegen. **Können:** Sie können für eigene oder fremde Forschungsfragen die passende Beobachtungsmethode auswählen. — Lernziele

Nach einer Einführung zur Beobachtung als Forschungsmethode [a] geht dieses Kapitel auf unterschiedliche Typen von Beobachtungen ein [b], diskutiert Qualitätsaspekte [c] und identifiziert Stolperfallen, die bei der Anwendung dieser Methode zu beachten sind [d]. — Aufbau

a   Die Beobachtung als Forschungsmethode:
    Systematisch festhalten, was Menschen tun

b   Offen, verdeckt, strukturiert, automatisiert:
    Das passende Vorgehen wählen

c   Validität und Reliabilität:
    Stärken und Grenzen der Beobachtung erkennen

d   Person, Situation, Konzeption:
    Stolperfallen identifizieren und technische Hilfsmittel nutzen

Dr. Andrea Hunziker Heeb setzt die Beobachtung als Forschungsmethode zur Untersuchung kognitiver Sprachverarbeitung ein: mit Beobachtungsprotokollen bei Berufsübersetzer:innen an deren Arbeitsplatz, Computerbildschirmaufnahmen von Studierenden beim Übersetzen oder Blickbewegungsaufnahmen von Englischlehrpersonen bei einer Textlektüre im Usability-Labor. — Autorin

https://www.zhaw.ch/de/ueber-uns/person/huna/

Thema 3.1.a Die Beobachtung als Forschungsmethode: Systematisch festhalten, was Menschen tun

Eine alltägliche Form von <u>Beobachtung</u> nutzen wir von Kind auf: Indem wir unser Umfeld beobachten und daraus unsere Schlüsse ziehen, lernen wir. Wir beobachten zum Beispiel unsere Bezugspersonen und lernen so zu interagieren und zu sprechen. Eine wissenschaftliche Beobachtung funktioniert ähnlich, mit diesen Unterschieden: Sie wird geplant, systematisch durchgeführt und detailliert protokolliert.

Beobachtet werden in der Forschung etwa Aspekte menschlicher Handlungen, das Zusammenspiel von Menschen oder das Zusammenspiel von Mensch und Maschine. Diese Aspekte kann eine beobachtende Person mit ihren eigenen Sinnen wahrnehmen, oder die Forschenden können sie mit technischen Hilfsmitteln und Messgeräten erfassen. Gegenstand einer Beobachtung ist, was geschieht; es geht also nicht um sprachliche Äußerung über Handlungen, sondern um die Handlungen selbst. Statt zum Beispiel Studierende zu fragen, ob und wie sie in ihren Kursen an der Hochschule maschinelle Übersetzungstools verwenden, beobachten die Forschenden, was während der Kurse tatsächlich geschieht.

Der Einsatz der Beobachtung als Methode empfiehlt sich zum Beispiel bei Themen, bei denen die Beteiligten vielleicht eine verzerrte Wahrnehmung haben oder sich bei einer Befragung in ein zu positives Licht stellen möchten. Die Beobachtung eignet sich aber auch dazu, in einem neuen Untersuchungsgebiet erkundend – also explorativ $_{\text{III.1.1.c}}$ – erste Eindrücke und Informationen zu sammeln. In <u>explorativer Beobachtung</u> gehen Forschende meist qualitativ $_{\text{I.1.2.a}}$ vor. Das heißt, sie beschränken sich auf eine überschaubare Frage und beobachten und beschreiben einen oder wenige Fälle möglichst genau. So verstanden, ist die Beobachtung eine der zentralen Methoden <u>ethnografischer Forschung</u>.

Die Beobachtung wird heutzutage aber auch in der quantitativen Forschung eingesetzt. Dieser Wandel hat sich im Zuge der technologischen Entwicklung und insbesondere der Digitalisierung verstärkt. Die <u>quantitative Beobachtung</u> ist durch die verfügbaren Hilfsmittel wie digitale Videokameras und Bildschirmaufnahme-Software einfacher, schneller und günstiger geworden. Durch automatisierte Prozesse lassen sich dabei schnell große Datenmengen generieren. So können Forschende mit weniger Aufwand als bisher mehr Versuchspersonen beobachten – eben zum Beispiel in einem Kursraum.

Die Angewandte Linguistik kann Beobachtung als Forschungsmethode vielseitig nutzen: zum Erforschen etwa der Zusammenarbeit in Newsrooms, der Arbeitsabläufe beim Übersetzen und Dolmetschen, der Nutzung von Online-Gebrauchsanleitungen oder der Interaktion in mehrsprachigen Arbeitsteams. In der Zuschauer:innenforschung zum Beispiel können Geräte festhalten, wo Mediennutzer:innen hinschauen, wenn sie untertitelte Filme ansehen, oder wo sie klicken, wenn sie Online-Werbung nutzen.

Neben diesen Arten der Fremdbeobachtung gibt es auch die Introspektion, also die Selbstbeobachtung. So können wir zum Beispiel während einer Kurseinheit unser eigenes Verhalten als Student:in beobachten. Oder wir zeigen einer Person die Videoaufnahme ihres Schreibprozesses und lassen sie diesen kommentieren, um die Kommentare festzuhalten und dann zusätzlich zur Videoaufnahme auszuwerten I.1.1.h.

Erklären Sie, weshalb eine Videoaufnahme einer Handlung noch keine Beobachtung ist. — Schnelltest

Auf der Webseite zum Buch finden Sie zum Beispiel die folgende Übung: eine Expert:innen-Runde, die über Quiet Quitting am Arbeitsplatz diskutiert und dabei beobachtet wird. — Training

Thema 3.1.b Offen, verdeckt, strukturiert, automatisiert: Das passende Vorgehen wählen

Wer eine Beobachtung durchführt, muss zwischen verschiedenen Varianten auswählen. Es gilt, diejenigen Elemente zu bestimmen und dann zu beobachten, die am besten zur Beantwortung der Forschungsfrage beitragen können. Im Beispiel zur Nutzung von maschineller Übersetzung in Hochschulkursen III.3.1.a müssen Beobachtende zudem entscheiden, ob sie teilnehmend beobachten, also Teil der beobachteten Gruppe werden und mit den Studierenden interagieren, oder ob sie nicht-teilnehmend beobachten, also eine passive Rolle einnehmen, in der sie sich nicht einbringen im beobachteten Setting.

Dazu das Beispiel einer Beobachtung in einem Fremdsprachenkurs: Falls die Beobachtenden selbst Studierende im Kurs sind, müssen sie sich entscheiden, ob sie sich selbst oder die anderen Studierenden beobachten. Im zweiten Fall haben sie weiter zu entscheiden, ob sie intern beobachten, also ihre eigenen Mitstudierenden, oder ob sie als externe Personen eine andere Gruppe von Studierenden beobachten.

Beim Planen der Beobachtungssituation müssen die Forschenden also überlegen, ob sie sich als Forscher:innen zu erkennen geben und die Studierenden somit wissen, dass sie beobachtet werden, oder ob sie ihr Umfeld verdeckt beobachten und die Beobachteten nichts davon wissen. Verdeckte Beobachtung unterliegt strengen ethischen Vorgaben; so muss etwa aus Gründen des Persönlichkeitsschutzes die Privatsphäre von Personen respektiert werden.

Des Weiteren legen Beobachter:innen fest, ob sie die Studierenden an deren gewohntem Studienplatz beobachten. Bei dieser sogenannten Feldbeobachtung gibt es viele Faktoren, die sich nicht kontrollieren lassen. So kann es zum Beispiel sein, dass die Videokameras nur ungünstig platziert werden können. Wenn solche Einflussfaktoren möglichst gut kontrolliert werden sollen, eignet sich eine Laborbeobachtung besser. Dabei arbeiten die Studierenden in einem von den Forschenden bestimmten Ort, eben einem Labor III.3.4, wie einem Usability-Labor. Zudem müssen die Forschenden dann auch einen Stimulus bestimmen: eine Schreibaufgabe, die geeignet ist, das Verhalten auszulösen, das sie beobachten wollen.

Weiß man bereits im Vorfeld relativ genau, was beobachtet werden soll, eignet sich eine stark strukturierte Protokollvorlage, an die man sich bei der Datenerhebung halten kann. Hierbei kann es aber sein, dass Wichtiges übersehen wird, weil es nicht auf der Liste der Dinge steht, die zu beobachten sind. Demgegenüber bietet die unstrukturierte Protokollierung mehr Freiheiten, zu entscheiden, was die Beobachtenden im Kontext als wichtig erkennen und deshalb festhalten wollen. Dies aber birgt die Gefahr, dass vor lauter interessanten Beobachtungsaspekten das Wesentliche nicht beachtet wird.

Schließlich ist zu entscheiden, ob unvermittelt, also live, beobachtet oder ob eine Situation aufgezeichnet werden soll. Beobachtungsaufnahmen ermöglichen es, das Material mehrmals zu sichten, wodurch mehr Details oder unterschiedliche Aspekte erhoben werden können. Umgekehrt kann eine Aufzeichnung nur zeigen, was im Blickfeld der Kamera lag. Ist diese Kamera fix montiert, kann sie sich, anders als eine beobachtende Person vor Ort, nicht spontan nach dem ausrichten, was zwar nicht eingeplant war, aber nun interessant wäre.

Welche Kombinationen unter welchen Voraussetzungen und mit welchen Konsequenzen umsetzbar sind, überlegen sich die Forschenden genau und mit Blick auf die Fragestellung, wenn sie ihr Projekt planen.

Führen Sie vier Dinge an, die bei einer Feldbeobachtung schiefgehen könnten. — Schnelltest

Auf der Webseite zum Buch schauen Sie etwa einer professionellen Übersetzerin im Homeoffice über die Schulter und stellen Fragen zur Nutzung des Mobiltelefons im Klassenraum. — Training

Thema 3.1.c Validität und Reliabilität:
Stärken und Grenzen der Beobachtung erkennen

Wie bei jeder Methode stellt sich auch bei der Beobachtung die Frage, inwiefern man damit wirklich das misst, was man untersuchen möchte (Validität), und ob die Realität zuverlässig untersucht wird, also ob eine Wiederholung der Untersuchung zu den gleichen Ergebnissen führen würde (Reliabilität).

Bei der Reliabilität ist zentral, ob Forscher:innen das zu untersuchende Verhalten der beobachteten Person zuverlässig erfassen können. Da störende Einflüsse in einer Laborbeobachtung besser kontrolliert und vermieden werden können, sind Laborbeobachtungen in der Regel zuverlässiger als Beobachtungen im Feld III.3.4: Es ist anzunehmen, dass eine Wiederholung der Beobachtung im Labor eher zu denselben Resultaten führen würde.

Bei der Validität gilt: Ob man tatsächlich das Verhalten erfasst, das untersucht werden soll, hängt stark von der Authentizität des beobachteten Verhaltens ab. In der Regel ist eine Feldbeobachtung authentischer, da es wahrscheinlicher ist, dass sich die beobachtete Person in ihrer gewohnten Umgebung auch natürlich verhält – allerdings kann die beobachtende Person das Verhalten der Beobachteten in ihrer natürlichen Umgebung beeinflussen. Die Forschung spricht dann von *Beobachterparadoxon* Labov, 1972, 209.

Wenn also eine Person weiß, dass sie beobachtet wird, kann es sein, dass sie ihr Verhalten ändert. Man nennt dies Reaktivität.

Dann ist unklar, ob man wirklich noch das Verhalten misst, das man messen möchte. Wenn sich beispielsweise eine Studentin besonders anstrengt oder sie anders vorgeht als üblich, weil sie weiß, dass sie beobachtet wird, können aus der Beobachtung nur beschränkt Erkenntnisse über ihre Leistung oder ihr Vorgehen im Allgemeinen gewonnen werden.

Umgekehrt können mit der Beobachtung Merkmale erhoben werden, die etwa bei der Befragung oder Inhaltsanalyse nur schwer oder nur indirekt zugänglich sind. Ein Beispiel hierfür ist unbewusstes Tun, also <u>Verhalten</u>, das sich mit einer persönlichen Befragung kaum in Erfahrung bringen lässt. Deshalb haben Beobachtungsdaten in Bezug auf das Verhalten meist eine höhere Validität als entsprechende Befragungsdaten. Die wenigsten Führungspersonen, die in ihren Büros Druckerpapier mitlaufen lassen, würden dies in einer Befragung zugeben.

Die Durchführung einer Beobachtung gilt in der Regel als aufwendig. Ob man Studierende über die Dauer eines Kurses beim Schreiben beobachtet oder eine mehrmonatige Forschungsreise ins Amazonasgebiet unternimmt, wie das in ethnografischen Studien früher der Fall war: Die Beobachtung ist in jedem Fall zeitintensiv.

Mit der Inhaltsanalyse $_{III.3.3}$ hat die Beobachtung gemeinsam, dass bei beiden Methoden subjektive Interpretationen der forschenden Person die Ergebnisse verzerren können. Deshalb müssen Forschende ihre Vorgehensweise so genau und nachvollziehbar dokumentieren, dass andere Forschende bei einer <u>Replikation</u>, also Wiederholung der Studie, zu ähnlichen Erkenntnissen kommen können. Bei der Beobachtung ist das herausfordernd, weil das Verhalten von Personen unterschiedlich gesehen werden kann. Verschiedene Forschende werden eine Situation unterschiedlich dokumentieren, kategorisieren und damit interpretieren.

Zudem sind soziale Situationen oder Handlungen in der Regel flüchtig. Pausengespräche von Dolmetscher:innen etwa bieten einen spannenden Einblick in deren Sichtweisen auf die eigene Tätigkeit, sie können aber ad hoc nicht vollständig festgehalten und im Nachhinein in Ruhe analysiert werden. Dies unterscheidet beobachtete Situationen von Texten, die beständig und haltbar sind und mittels Inhaltsanalyse erforscht werden.

Schnelltest	Erklären Sie, was alles eine Beobachtung aufwendig und zeitintensiv macht.

Auf der Webseite zum Buch finden Sie weiterführende Übungen, etwa zur Redezeit im Deutschkurs und den Vorteilen der Introspektion.

Training

Thema 3.1.d Person, Situation, Konzeption: Stolperfallen identifizieren und technische Hilfsmittel nutzen

Die Herausforderungen der Beobachtung lassen sich auf drei Ebenen festmachen: die forschende Person, die beforschte Situation und die Konzeption des Forschungsvorhabens.

Zu den Beobachtungsfehlern, die forschenden Personen passieren können, gehören Wahrnehmungs-, Interpretations-, Erinnerungs- und Protokollierungsfehler. So kann es vorkommen, dass wir etwas übersehen oder eine beobachtete Situation falsch einordnen, uns falsch daran erinnern oder sie falsch protokollieren. Zudem können wir unbewusst Einfluss auf die Situation und die Beobachteten ausüben – dies vor allem, wenn es sich um eine offene und teilnehmende Beobachtung handelt. Wenn wir zum Beispiel während einer Beobachtung den beobachteten Studierenden erzählen, wie wir selbst maschinelle Übersetzung nutzen, kann es sein, dass diese dann aufgrund dieser Information anders vorgehen.

Eine Herausforderung auf den Ebenen von Situation und Konzeption besteht darin, sicherzustellen, dass das zu beobachtende Verhalten überhaupt stattfinden und beobachtet werden kann. Insbesondere in der Feldforschung gibt es viele situationsbedingte Einflüsse, die man so vielleicht gar nicht bedacht hatte und die einem die Beobachtung erschweren. So kann es sein, dass ein Kurs ausfällt oder die Videokameras nicht wie vorgesehen im Kursraum platziert werden können.

Es kann aber auch passieren, dass Beteiligte, die man beobachten will, ihre Einwilligung zurückziehen und dadurch die Studie nicht durchgeführt werden kann oder geändert werden muss. Das Konzept detailliert auszuarbeiten, zuverlässige Hilfsmittel einzusetzen und vor der großen Datenerhebung Pretests durchzuführen, kann Pannen vorbeugen. Trotzdem ist die forschende Person auch immer Troubleshooter:in – sie muss all das lösen, was trotz guter Planung im Forschungsprozess anders läuft als erwartet.

Zu den Hilfsmitteln für Beobachtungen gehören der Leitfaden und das Protokoll. Sie geben vor, was zu beobachten und wie es festzuhalten ist. Dazu kommen Werkzeuge wie Audio- und Videoaufnahmen, etwa mit intelligenten Kamera-Systemen beim <u>Eyetracking</u>, also der Blickbewegungsmessung. Als Forschende erhalten wir durch Eyetracking Erkenntnisse darüber, wo genau die untersuchten Personen für wie lange hinschauen. Beim <u>Keylogging</u>, also der Eingabegerätemessung, werden die Nutzung und Bewegung von Tastatur, Computermaus und Touchpad aufgezeichnet. Darüber hinaus zeichnen Induktionsstifte, also smarte Stifte für Tablets oder Papier, Schreibbewegungen auf.

Weitere Varianten technikgestützter Beobachtung sind <u>physiologische Messungen</u> von Pupillenreaktion, Pulsfrequenz oder Schweiß – aber auch die <u>Telemetrie</u>. Dabei beobachten Forschende etwa das Surfverhalten im Internet anhand von Indikatoren wie Zugriffszahlen, Lesedauer und anderen Parametern der Mediennutzung.

Schnelltest Nennen Sie drei Fragestellungen, die Sie mit Keylogging untersuchen könnten.

Training Auf der Webseite zum Buch finden Sie zum Beispiel die folgenden Übungen: The Monkey Business Illusion und ein Gedankenspiel zum Eintritt in die Winterthurer Museen.

Liana Konstantinidou
III.3.2 Systematisch Fragen stellen: Die Befragung

In diesem Kapitel lernen Sie, Themen durch gezieltes Fragen zu untersuchen. Dabei begegnen Sie unterschiedlichen Formen der Befragung und erkennen, zu welchen Forschungsfragen sie passen. Weiter macht Sie das Kapitel mit Planung und Ablauf von Befragungen vertraut, sodass Sie fähig werden, einfache Befragungen durchzuführen.

Haltung: Sie erkennen den Wert der Befragung als eine Methode zur Untersuchung von Wissen, Erfahrungen, Einstellungen und subjektiv wahrgenommenem Verhalten. **Wissen:** Sie kennen die Prinzipien und das Vorgehen bei der Entwicklung, Durchführung und Administration von Befragungen. **Können:** Sie können für eigene Forschungsfragen die dazu passende Befragungsmethode auswählen und umsetzen. — Lernziele

Nach einer Einführung zur Befragung als Forschungsmethode $_a$ geht dieses Kapitel auf unterschiedliche Typen von Befragungen ein $_b$, diskutiert Qualitätsaspekte $_c$ und identifiziert Stolperfallen, die bei der Anwendung der Methode zu beachten sind $_d$. — Aufbau

a   Die Befragung als Forschungsmethode:
    Fragen stellen und Antworten festhalten

b   Mündlich und schriftlich, offen und strukturiert:
    Das passende Vorgehen wählen

c   Validität und Reliabilität:
    Stärken und Grenzen der Befragung erkennen

d   Soziale Erwünschtheit und Tendenz zur Mitte:
    Herausforderungen der Befragung

Prof. Dr. Liana Konstantinidou setzt Befragungen in ihren Projekten zur Messung von Sprachkompetenz und zur Überprüfung der Wirksamkeit sprachdidaktischer Konzepte ein. — Autorin

https://www.zhaw.ch/de/ueber-uns/person/kons/

Thema 3.2.a Die Befragung als Forschungsmethode: Fragen stellen und Antworten festhalten

Das Fragen ist uns, wie das Beobachten, von Kind auf vertraut: Wir stellen unseren Bezugspersonen ständig Fragen, um unser Weltverständnis zu erweitern. Auch in unserem Alltag begegnen uns verschiedene Formen des Fragens wie das Fragen nach dem Weg, dem Wohlbefinden oder dem Ergebnis eines Fußballspieles. Aus der Berufswelt kennen wir weitere Formen des Fragens, wie das Erheben von Kund:innenzufriedenheit, das Job-Interview oder das journalistische Interview. Immer geht es darum, mehr vom Gegenüber zu erfahren.

Die wissenschaftliche Methode der Befragung unterscheidet sich vom alltäglichen und beruflichen Fragen. Unter einer wissenschaftlichen Befragung versteht man die zielgerichtete, systematische und regelgeleitete Erzeugung und Erfassung von Äußerungen einer oder mehrerer Befragungspersonen zu ausgewählten Aspekten ihres Wissens und Erlebens, ihrer Einstellungen und ihres subjektiv wahrgenommenen Verhaltens. Im Fokus steht die Innensicht einzelner Individuen oder Gruppen von Individuen. Wie bei der Beobachtung unterscheiden Forschende bei der wissenschaftlichen Befragung zwischen qualitativen und quantitativen Zugängen.

So geht man eher qualitativ vor, wenn man ein Feld erkunden will, über das noch wenig Wissen vorliegt. Ziel dabei ist, einen neuen Forschungszusammenhang explorativ zu beschreiben. Nehmen wir an, man möchte erforschen, wann und warum fremdsprachige Personen motiviert sind, nicht nur die Standardsprache, sondern auch einen Schweizer Dialekt zu lernen: Dazu befragt man eher wenige Personen ausführlich, fragt nach bei Unklarheiten, stellt bei Bedarf vertiefende Fragen und kommuniziert mit der befragten Person verbal und nonverbal.

Beim quantitativen Vorgehen geht man von Vorwissen aus, das man zum Beispiel in der qualitativen Befragung oben gewonnen hat. Daraus leitet man Hypothesen ab, die man nun überprüft. Man befragt dazu eine größere Anzahl von Personen, wobei man begründen muss, warum man annimmt, dass diese Stichprobe die untersuchte Grundgesamtheit repräsentiert. Die Fragen sind jetzt standardisiert, das heißt, alle Befragten beantworten dieselben Fragen und die Antwortmöglichkeiten sind vorgegeben.

Die Anwendungsgebiete der Methode sind, wie bei der Beobachtung, innerhalb der Angewandten Linguistik sehr vielfältig. Beispiele sind Befragungen von Journalist:innen zu ihrem Berufsverständnis, Fokusgruppengespräche mit Übersetzer:innen zum Umgang mit Unterbrechungen beim Übersetzungsprozess, eine standardisierte Befragung von Migrant:innen in Deutschkursen zur Rolle der Dialekte im neuen Umfeld, Interviews mit gehörlosen Personen zur Partizipation an politischen Diskussionen oder eine Umfrage unter Firmensprecher:innen zur Kommunikation in Krisensituationen.

Sie fragen Passant:innen nach dem Weg. Weshalb ist das keine wissenschaftliche Befragung? — Schnelltest

Auf der Webseite zum Buch finden Sie Übungen zum Ansatz einer Befragung und deren Rücklauf. — Training

Thema 3.2.b Mündlich und schriftlich, offen und strukturiert: Das passende Vorgehen wählen

Bei Befragungen gibt es also qualitative und quantitative Zugänge III.3.2.a. Die ersten sind oft mit mündlichen Befragungsformen verbunden, die zweiten mit schriftlichen. Forschende setzen mündliche Formen wie Interviews oder Gruppendiskussionen ein, wenn sie ein Forschungsfeld neu betreten und erkunden. Schriftliche Formen wie Fragebögen wählen sie, wenn sie über genug Wissen über den Forschungsgegenstand verfügen, das sie mit einer breit angelegten Untersuchung überprüfen oder für andere Kontexte erweitern wollen.

Befragungen unterscheiden sich weiter in der Offenheit ihrer Fragen. Hauptpunkt hier: Sind die Antwortkategorien vorgegeben oder antworten die Befragten in eigenen Worten?
- Wenn Forschende beispielsweise herausfinden möchten, ob die Befragten das Schreiben für relevant für ihre berufliche Tätigkeit halten, kann die Frage in einem Fragebogen geschlossen gestellt werden: *Inwieweit ist das Schreiben relevant für Ihren Beruf?* Die Befragten können dann auswählen zwischen den Antwortvarianten *sehr wichtig – eher wichtig – eher nicht wichtig – gar nicht wichtig.*
- In einer Gruppendiskussion, etwa mit Journalist:innen, können die Forschenden die Frage offen stellen: *Beschreiben Sie die Wichtigkeit des Schreibens in Ihrer beruflichen Tätigkeit.*

- Und schließlich können Fragen auch halboffen sein. Will man herausfinden, bei welchen journalistischen Tätigkeiten das Schreiben eine wichtige Rolle spielt, kann man die Tätigkeiten schriftlich auflisten. Die Befragten sollen die ihrer Meinung nach zutreffenden ankreuzen, können aber zudem unter der Variante *Anderes* eigene Antworten formulieren.

Interviewformen unterscheiden sich zudem hinsichtlich ihrer Strukturierung:
- Fragebögen umfassen typischerweise geschlossene Fragen. Die Formulierung geschlossener Fragen ist dann möglich, wenn Forschende über solides theoretisches Wissen des Untersuchungsthemas verfügen. Das Formulieren mehrerer offener Fragen in einem Fragebogen bei einer großen Anzahl befragter Personen wäre wenig sinnvoll und unpraktisch: Das Auswerten der gewonnenen Daten wäre ein immenser Aufwand.
- Semistrukturierte Interviews werden strukturiert durch einen Leitfaden, der gezielte Fragen umfasst, aber den befragten Personen Raum für Erzählungen gibt. Die Interviewenden orientieren sich zwar an dem Leitfaden, entscheiden aber während des Gesprächsverlaufs, ob Fragen ausgelassen werden, die Reihenfolge der Fragen geändert wird oder die Interviewten unterbrochen werden.
- Eine sehr offene Form ist das narrative Interview, bei dem meist Lebensgeschichten oder Prozesse im Fokus stehen, zum Beispiel Sprachlernbiografien.
- Verbreitet in der Forschung ist aber auch das Interview von Forschenden mit mehreren Befragten zugleich, einer sogenannten Fokusgruppe. Meist sind die Befragten eingeladen als Expert:innen der untersuchten Praxis. Sie beantworten nicht nur Fragen der Interviewenden, sondern können auch untereinander diskutieren. Solche Gruppendiskussionen verlaufen meist ebenfalls anhand von Leitfäden. Voraussetzung für die Erstellung eines Leitfadens ist ein gewisser Überblick über das Forschungsthema, der es den Forschenden ermöglicht, relevante Fragen zu formulieren – auch noch spontan, im Lauf des Gesprächs.

Schnelltest Nennen Sie je einen Anwendungsfall für eine mündliche und für eine schriftliche Befragung.

Mündlich oder schriftlich, offen oder strukturiert: Zur Wahl eines passenden Vorgehens bei einer Befragung stehen Übungen auf der Webseite. *Training*

Thema 3.2.c Validität und Reliabilität:
Stärken und Grenzen der Befragung erkennen

Wie bei allen wissenschaftlichen Methoden gilt auch hier: Befragungen und ihre Ergebnisse sollen die Untersuchungsgegenstände und ihre Dimensionen so objektiv wie möglich darstellen. Sie müssen das Wesentliche des Untersuchten zeigen und dürfen nicht von einzelnen Personen mit Einzelerfahrungen und persönlichen Denk- und Vorgehensweisen abhängig sein. Anzustreben sind also auch hier wieder Validität und Reliabilität III.1.3.d.

Zuerst zur Validität einer Befragung: Nehmen wir an, dass Forschende mithilfe eines Fragebogens die Einstellungen der Sprachlehrenden gegenüber dem Einsatz künstlicher Intelligenz im Sprachenlehren und -lernen erfassen wollen. Dazu formulieren sie eine Reihe von Fragen. Doch inwiefern messen die Fragen das, was die Forschenden untersuchen wollen, damit sie glaubwürdige Ergebnisse liefern können? Die Validität ist vor allem bei der schriftlichen Befragung eine große Herausforderung. Anders als in den mündlichen Befragungen fehlt die Möglichkeit, nachzufragen und damit abzusichern, ob die Fragen richtig verstanden wurden.

Erfasst man dagegen die Einstellungen der Sprachlehrenden gegenüber dem Einsatz künstlicher Intelligenz im Sprachlehren und -lernen im Kontext einer Fokusgruppendiskussion, sind validere Ergebnisse möglich. Allerdings wären hier die Zuverlässigkeit und die Reproduzierbarkeit der Ergebnisse problematischer, also die Reliabilität. Es kann nämlich sein, dass je nach gesprächsführender Person, Gruppenkonstellation und Gruppendynamik die Ergebnisse anders ausfallen. Schriftliche Befragungen mit hauptsächlich geschlossenen und standardisierten Fragen sind leichter reliabel anzulegen, weil die Fragebögen und die Befragungsabläufe standardisiert sind.

Damit die Ergebnisse möglichst valide und reliabel sind, gibt es gute Praktiken für das Aufgleisen der Befragungen, die Formulierung und Reihenfolge der Fragen, die Strukturierung der Interviews und (Fokus-)Gruppendiskussionen, das Verhalten der Gesprächsführenden.

So wählen Forschende bei mündlichen Befragungen einen Ort, der geeignet ist, das Antwortverhalten der Befragten nicht zu beeinflussen. Zum Beispiel führen sie ein Gespräch zu nachhaltiger Wirtschaft nicht in den Büros von Greenpeace durch, aber auch nicht am Flughafen. Die Interviews oder Diskussionen führen sie so, dass ihre persönliche Meinung zum Thema nicht erkennbar wird.

Bei schriftlichen Befragungen können sie die Fragen geschickt formulieren. Zum Beispiel stellen sie keine Fragen wie *Sind Sie auch der Meinung, dass Migrant:innen gleiche Rechte wie Einheimische haben sollten?* Sie bauen den Fragebogen so auf, dass heikle Fragen, etwa zur Religion oder zum Einkommen, nicht gleich am Anfang stehen und die Befragten abschrecken. Zudem geben sie acht, dass sich die Fragen nicht gegenseitig beeinflussen. Ein schlechtes Beispiel wäre, zuerst zu fragen, ob man Umweltschutz wichtig findet, und dann zu fragen, ob man Bioprodukte kauft. Wer bei der ersten Frage Ja sagt, muss dann bei der zweiten auch Ja sagen – oder zeigt sich als inkonsequent. Und schließlich planen die Forschenden die Stichproben und die Administration des Fragebogens bewusst und überprüfen mit den geeigneten statistischen Verfahren die Validität und Reliabilität.

Schnelltest — Erklären Sie die Stärken und Schwächen einer schriftlichen Befragung.

Training — Ob eine Befragung valide und reliabel ist, das hängt auch von den gekonnten Formulierungen der Fragen ab: Übungen dazu stehen auf der Webseite.

Thema 3.2.d Soziale Erwünschtheit und Tendenz zur Mitte: Herausforderungen der Befragung

Die Methodenforschung hat viele Gründe festgestellt, warum Befragungen zu wenig validen und reliablen Ergebnissen führen können. Sie unterscheidet drei Kategorien von Herausforderungen: die befragte Person, den Kontext der Befragung und das Frageverhalten.

Die erste Herausforderung liegt in der befragten **Person** selbst. Ein Beispiel: Wenn eine Person gefragt wird, welche Medien sie nutzt, tendiert sie vielleicht dazu, prestigeträchtige Titel anzugeben. Sie nennt nicht die Boulevardzeitungen oder Social-Media-Kanäle, die sie tatsächlich regelmäßig nutzt. Man spricht hier vom Effekt der sozialen Erwünschtheit. Gerade in mündlichen Formen der Befragung spielt dieser Effekt eine große Rolle. Aber auch in anonymen Befragungen zeichnen Menschen gern ein Bild von sich, das verbreiteten Normen und Erwartungen entspricht.

Zudem kreuzen Befragte bei schriftlichen Meinungsfragen häufig die mittlere Kategorie an, um nicht Stellung beziehen zu müssen. Dieses Phänomen ist als Tendenz zur Mitte bekannt. Weiter neigen Befragte dazu, mit der Zeit die Fragen flüchtig zu lesen. Wenn sie zum Beispiel einen Fragebogen zur Zufriedenheit mit ihrem Sprachkurs ausfüllen und grundsätzlich zufrieden sind, tendieren sie dazu, bei vorgegebenen Antwortskalen immer die Option anzukreuzen, die am positiven Ende der Skala ist – auch wenn sie mit einzelnen Aspekten des Kurses weniger zufrieden sind.

Die zweite Herausforderung bezieht sich auf den **Kontext** der Befragung, zum Beispiel: Wo findet das Interview oder die (Fokus-)Gruppendiskussion statt und mit welchen Erfahrungen ist der Ort verbunden? Wurde die Relevanz der Befragung explizit genug aufgezeigt, sodass die Befragungsteilnehmenden sich informiert für oder gegen ihre Teilnahme entscheiden können?

Die dritte Herausforderung sind die Fragen oder das **Frageverhalten**. Fragen können problematisch sein, wenn sie zum Beispiel mehrere Aspekte gleichzeitig abfragen oder nicht eindeutig gestellt oder tendenziös formuliert sind. Aber nicht nur die Fragen, sondern auch die vorgegebenen Antworten können zu Fehlern in der Befragung führen. Dies beispielsweise, wenn die Antwortoptionen nicht trennscharf sind oder Antwortmöglichkeiten fehlen und somit die befragten Personen zu einer Antwort gedrängt werden, die nicht ihrer tatsächlichen Antwort entspricht.

Zudem können die Reihenfolge der Fragen in einem Fragebogen oder das Auftreten der interviewenden Person das Antwortverhalten der Befragten beeinflussen. Beginnt ein Fragebogen mit Fragen zu einer aktuellen Katastrophe, die alle erschüttert, sind die Befragten auch beim Beantworten der anschließenden Fragen emotional aufgewühlt und antworten entsprechend. Und wer zu einem Interview zum Thema umweltbewusstes Verhalten ein T-Shirt mit einem Klimastreik-Druck trägt, beeinflusst eventuell die Antworten der befragten Personen.

Ein weiteres Problem von Befragungen stellt der Zusammenhang von Verhalten und Verbalisieren dar. Sollen Befragte sagen, was sie tun, bringen sie oft nur das subjektive Erleben zur Sprache.

Vielen Menschen ist nicht immer bewusst, was sie machen – oder sie vergessen es sofort wieder oder rahmen es in der Erinnerung um. Wenn tatsächliche Abläufe und Verhaltensweisen Gegenstand der Forschung sind, wenden Forschende deshalb die Methode der Beobachtung III.3.1 an.

Schnelltest Weshalb sind Fragen problematisch, die tendenziös oder nicht eindeutig formuliert sind?

Training Auf der Webseite zum Buch finden Sie neben anderen Übungen zum Halo-Effekt und dem Effekt der sozialen Erwünschtheit.

Janine Radlingmayr
III.3.3 Analyse von Texten: Inhaltsanalyse

In diesem Kapitel lernen Sie die Methode der Inhaltsanalyse kennen. Mit Inhaltsanalysen untersuchen Sozialwissenschaftler:innen Texte im weitesten Sinn. Hier begegnen Sie verschiedenen Formen dieser Methode und erkennen deren jeweilige Eignung für spezifische Fragestellungen. Weiter werden Sie mit der Planung und dem Ablauf vertraut, sodass Sie selbst einfache Inhaltsanalysen durchführen können.

Haltung: Sie erkennen die Möglichkeiten und Grenzen, von Eigenschaften verbaler Äußerungen auf deren kommunikatives Potenzial zu schließen. **Wissen:** Sie wissen, welche Typen von Inhaltsanalysen für die Untersuchung von Texten zur Verfügung stehen und worin ihre Stärken und Schwächen liegen. **Können:** Sie können Textsammlungen inhaltsanalytisch untersuchen, indem Sie einfache Eigenschaften dieser Texte identifizieren und systematisch messen. Lernziele

Dieses Kapitel führt Sie von der Inhaltsanalyse als Forschungsmethode $_a$ über Varianten des Verfahrens $_b$ bis hin zu Qualitätsaspekten, die bei der Anwendung dieser Methode zu beachten sind $_{c-d}$. Aufbau

a   Die Inhaltsanalyse als Forschungsmethode:
    Lesen und analysieren, was dasteht

b   Verdichten oder zählen:
    Das passende Vorgehen wählen

c   Validität und Reliabilität:
    Zuverlässig gültige Erkenntnisse zu Kommunikationsangeboten gewinnen

d   Datenauswahl, Codebuch, Probelauf, Analyse:
    In vier Schritten zum robusten Ergebnis

Janine Radlingmayr nutzt die Inhaltsanalyse, um die Qualität von Kommunikationsprozessen zu untersuchen. In ihrer journalistischen Arbeit hinterfragt und positioniert sie mit dieser Methode Diskurse. Autorin

https://www.zhaw.ch/de/ueber-uns/person/radl/

Thema 3.3.a Die Inhaltsanalyse als Forschungsmethode: Lesen und analysieren, was dasteht

Mit der Inhaltsanalyse untersuchen Forschende Kommunikationsangebote unterschiedlicher Art: nicht nur verbale Texte, die beispielsweise in Zeitungen, Broschüren oder in Social-Media-Posts publiziert sind, sondern auch Fotos, Illustrationen, Videos und das verschriftlichte gesprochene Wort. Die Inhaltsanalyse bietet sich so zudem als Methode zur Auswertung von Interviews an. Wollen Sie beispielsweise herausfinden, welche Rolle der Berufskodex in der Public-Relations-Arbeit spielt? Dazu befragen Sie PR-Fachleute, wie sie mit ethischen Problemfällen umgehen, transkribieren dann ihre Antworten und werten inhaltsanalytisch aus, wann, wie oft und in welchem Zusammenhang diese den Verhaltenskodex für PR-Schaffende erwähnen.

Allgemein gesagt: Die Inhaltsanalyse ermöglicht es, Kommunikationsangebote semantisch $_{I.1.1.a}$ zu untersuchen. Zudem lässt sie pragmatische $_{I.1.1.c}$ Deutung zu, also Rückschlüsse auf die Kommunizierenden und die Kommunikationssituation $_{I.1.1.b}$ und damit auf das kommunikative Potenzial der Texte.

Ein journalistischer Beitrag in einer Tageszeitung berichtet über den Konkurs eines lokalen Unternehmens. Welche Aspekte erwähnt die Berichterstattung? Wie erklären die Berichte den Konkurs? Solche Fragen zur Bedeutung eines Textes und seiner Teile beantwortet die Inhaltsanalyse. Weiter können Forschende mit den Erkenntnissen aus der Inhaltsanalyse Aussagen zum berichtenden Medium machen: Auf welche journalistischen Grundsätze stützen sie sich ab? Wo sind persönliche Merkmale wie Haltung oder Meinung der verfassenden Person erkennbar und wie fügt sich das in das Leitbild des Medienhauses ein? Sehen sich die Redaktionsmitglieder als Chronist:innen, als Spürhunde oder als Ankläger:innen?

Und schließlich lassen sich auch – indirekt – Erkenntnisse über die Verfasser:innen und das Publikum finden. Forschende können anhand von sprachlichen Eigenschaften des Textes erkennen, an wen der Text gerichtet ist. Sie können sehen, welches Vorwissen die Autor:innen beim Publikum vermuten. Oder sie können untersuchen, wie komplex die gewählte Sprache ist und welche Zielgruppen damit potenziell erreicht oder verpasst werden. Schließlich ermöglicht die Inhaltsanalyse Aussagen zum Kontext der Kommunikation, in diesem Fall also zum Mediensystem und dem öffentlichen Diskurs, in dem diese Berichterstattung stattfindet.

Um diese Arten von Erkenntnissen zu ermöglichen, untersucht die Inhaltsanalyse zunächst manifeste Eigenschaften des Untersuchungsgegenstandes, beispielsweise Wörter, Bildelemente oder Videoschnitte. Darüber hinaus interessieren bei der Inhaltsanalyse aber auch Eigenschaften des Gegenstandes, die man nicht mehr einfach identifizieren und zählen kann. Also Haltungen, Deutungen und Bewertungen, die sich im Text niederschlagen. Zum Beispiel zählen Sie nicht nur, wie oft der journalistische Bericht den CEO des bankrotten Unternehmens erwähnt, sondern deuten auch, welche narrative Rolle dem CEO im Text zugeteilt wird.

Die Anwendungsgebiete der Inhaltsanalyse sind vielfältig. Die Korpusanalyse $_{III.2}$ von Diskursen $_{I.1.1.a}$ kann als eine Form der Inhaltsanalyse gesehen werden. Eine andere Form ist die Qualitätsanalyse. Diese kommt bei der Bestimmung der Qualität von übersetzten oder verdolmetschten Texten zum Einsatz, indem man sie zum Beispiel mit dem Ausgangstext oder den Anforderungen des Zielpublikums vergleicht.

Erklären Sie, was beim Begriff *Inhaltsanalyse* mit *Inhalt-* gemeint ist. — Schnelltest

Auf der Webseite zum Buch finden Sie neben anderen eine Übung dazu, nach welchen Inhalten Sie Ihre eigenen Social-Media-Posts analysieren können. — Training

Thema 3.3.b Verdichten oder zählen:
Das passende Vorgehen wählen

Welche Form der Inhaltsanalyse zum Zug kommen soll, hängt auch hier von der Forschungsfrage ab. Geht es ausschließlich um den Anteil an Nomen in Aufsätzen von Studierenden oder möchte man wissen, welche Argumentationsformen und rhetorischen Mittel sie verwenden? Zudem spielt es eine Rolle, wie umfangreich der Untersuchungsgegenstand, also die Anzahl und Länge der Texte ist, die Sie analysieren möchten und wie differenziert Sie das tun wollen. Und auch bei der Inhaltsanalyse spannt sich das Repertoire der Formen auf zwischen einem Pol, an dem primär qualitativ geforscht, also an einzelnen Fällen in die Tiefe gebohrt wird, und einem Pol, an dem primär quantitativ, also zähl- und statistisch verallgemeinerbar geforscht wird.

Der qualitativen Inhaltsanalyse kommt eine besondere Bedeutung zu: Sie ermöglicht es, aus Transkripten von Interviews, zum Beispiel von Leitfadengesprächen III.3.2.b, systematisch Erkenntnisse zu gewinnen, um Forschungsfragen zu beantworten. Dabei reduzieren die Forschenden die Gesprächsbeiträge auf auswertbare Äußerungen, berücksichtigen aber gleichzeitig die individuellen Aussagen der Befragten. Dies geschieht, indem Forschende in den Aussagen Besonderheiten ausmachen und wiederkehrende Muster identifizieren.

Forschende befragen beispielsweise mit einem Leitfaden Sprachlehrende zu ihren Erfahrungen mit der Online-Lehre. In den Transkripten dieser Gespräche suchen sie nun Textstellen, die einen Bezug zu den Untersuchungsfragen haben. Diese Textstellen bündeln die Forschenden und formulieren daraus abstrahierte Aussagen, wobei sie ausgewählte Originalaussagen zur Illustration verwenden.

Bei der qualitativen Inhaltsanalyse gehen die Forschenden offen an die Daten heran und versuchen, relevante Aussagen zu der Fragestellung zu identifizieren. Sie stellen beispielsweise fest, dass sich verschiedene Befragte zur Problematik der Interaktion mit Studierenden äußern. Diese Aussagen sammeln sie und halten allgemein fest, dass Lehrende die Interaktion mit Studierenden bei Online-Kursen kritisch sehen und illustrieren diese Feststellung mit einem treffenden Originalzitat aus den Transkripten.

Eine primär quantitative Inhaltsanalyse dagegen zählt, wie oft bestimmte Elemente und Muster vorkommen. Diese Elemente und Muster kennen die Forschenden schon, sie haben sie vor der Untersuchung festgelegt. Wie mit der Beobachtung und der Befragung können Forschende also auch mit der Inhaltsanalyse in die Breite forschen, sehr viele Daten erheben und so zu Ergebnissen kommen, die nach den Regeln der Statistik verallgemeinerbar sind. Dies rückt die quantitative Inhaltsanalyse in die Nähe der Korpusanalyse III.2. Der Unterschied besteht dann hauptsächlich nur noch darin, dass die Inhaltsanalyse stärker vom Sprachlichen aufs Außersprachliche schließt als die Korpusanalyse, was Fragen zur Validität III.3.3.c aufwirft.

Neben der Tiefe muss der Fokus einer Inhaltsanalyse festgelegt werden: Wenn man wissen möchte, inwiefern es der Moderatorin einer Diskussion unter Expert:innen gelingt, die Teilnehmenden in ein offenes Gespräch einzubinden, hilft die Gesprächsanalyse: Man zählt beispielsweise, wie oft die Redner:innen wechseln, ohne dass die Moderatorin eine Frage stellt. Möchte man hingegen herausfinden, welche Argumente die verschiedenen Expert:innen in der Diskussion anführen, hilft eine Diskursanalyse, die sich auf die Argumente in den Gesprächsbeiträgen fokussiert.

Worin unterscheiden sich die Daten von qualitativen und quantitativen Inhaltsanalysen? — Schnelltest

Ob Gespräch, Interview oder Texte, qualitativ oder quantitativ: Mit den Übungen auf der Webseite zum Buch finden Sie weiterführende Übungen zum Aufspüren von Mustern. — Training

**Thema 3.3.c Validität und Reliabilität:
Zuverlässig gültige Erkenntnisse zu
Kommunikationsangeboten gewinnen**

In den Anfängen der Inhaltsanalyse ging es darum, „manifeste Inhalte von Kommunikation objektiv zu messen" Berelson, 1952, 18. Später hat sich die Inhaltsanalyse so weiterentwickelt, dass Forschende damit heute auch latente, das heißt nicht schwarz auf weiß sichtbare, Eigenschaften von Texten untersuchen. Sie schließen damit vom Text auf den Kontext. Umso wichtiger für robuste Ergebnisse – also Befunde, die der Kritik durch andere Forschende standhalten – werden die Gütekriterien Reliabilität und Validität. Während sich Probleme der Reliabilität mit geeigneten Verfahren in den Griff kriegen lassen, stellen Probleme der Validität eine größere Herausforderung dar und verweisen auch auf die Grenze der Methode.

Als reliabel gilt eine Codierung, wenn mehrere Codierer:innen einen Beitrag möglichst gleich codieren. Mit Schulungen der Codierer:innen und Verfeinerungen des Codebuchs versuchen Forschende, diese möglichst hohe Reliabilität zu erzielen. Bei automatischen Inhaltsanalysen, also der Codierung von Textstellen durch Algorithmen, werden nach ersten Durchläufen die Ergebnisse von Menschen überprüft und allenfalls die Algorithmen angepasst.

Die Reliabilität leidet dann, wenn zum Beispiel Codierer:innen mit der Zeit ihre eigenen Verständnisse und Interpretationen der Vorgaben im Codebuch entwickeln. Deshalb ist es wichtig, dass die Gruppe den Codier-Prozess ständig reflektiert und das gemeinsame Vorgehen immer wieder bespricht. Dabei einigen sie sich darauf, wie mit Beitragstypen umgegangen werden soll, denen sie in der

Entwicklungsphase des Codebuchs nie begegnet sind und die mit den Angaben im Codebuch nicht eindeutig codiert werden können. Weil sich hier mehrere Codierer:innen untereinander abgleichen, spricht man von der Sicherung der <u>Intercoder-Reliabilität</u>.

Von <u>Intracoder-Reliabilität</u> ist die Rede, wenn es darum geht, inwiefern jede:r einzelne Codierende das Material über die Zeit hinweg nach den gleichen Standards codiert. Es ist denkbar, dass einzelne Codierende beim Codieren von TV-Sendungen eines unkritischen Senders zu Rassismus hoffen, Ansätze von Kritik zu finden und deshalb mit der Zeit in Bezug auf den kritischen Gehalt weniger strenge Maßstäbe an die Beiträge anlegen als ursprünglich vorgesehen. Es könnte sein, dass dann Textpassagen, die zu Beginn der Arbeit noch als neutrale Beschreibung betrachtet und codiert wurden, mit der Zeit als kritische Auseinandersetzung mit Rassismus taxiert werden. Die Codierung wird damit unzuverlässig, die Intracoder-Reliabilität ist tief.

Die <u>Validität</u>, die Gültigkeit der Messung, ist im einfachsten Fall dann gefährdet, wenn ein Codebuch nicht vollständig ist. Wenn Sie beispielsweise untersuchen wollen, welche politischen Parteien in der Berichterstattung über Rassismus genannt werden und eine Partei im Codebuch fehlt, wird diese logischerweise nie codiert und taucht nicht in den Ergebnissen auf.

Allerdings stellen sich zur Validität einer Inhaltsanalyse auch grundsätzliche Fragen. Wie weit ist es zulässig, von manifesten Merkmalen eines Kommunikationsangebots auf das zu schließen, was die Autor:innen damit tun wollten, unter welchen Bedingungen das geschah und was das so entstandene Kommunikationsangebot bei den Nutzenden tatsächlich bewirkt? Kann etwa eine Äußerung wie *Das Klima hat sich erdzeitgeschichtlich schon öfter grundlegend verändert* gedeutet werden als Kritik der Autorin an den politisch beschlossenen Maßnahmen zum Klimaschutz oder als Auslöser für eine entspanntere Haltung des Publikums gegenüber dem aktuellen Klimawandel? – Hier Grenzen zu ziehen bei der Interpretation, ist Aufgabe der Forschenden.

Schnelltest — Begründen Sie, weshalb ein Codebuch die Reliabilität einer Inhaltsanalyse erhöhen kann.

Training — Auf der Webseite zum Buch finden Sie weiterführende Übungen zur Operationalisierung und wagen einen konkreten Blick in die Forschungspraxis.

Thema 3.3.d Datenauswahl, Codebuch, Probelauf, Analyse: In vier Schritten zum robusten Ergebnis

Der Forschungsprozess umfasst bei einer Inhaltsanalyse vier Schritte: Zunächst definieren Forschende, wie bei jedem empirischen Forschungsvorhaben, das zu untersuchende Analysematerial. Wenn das Material in großem Umfang vorliegt, wird eine Auswahl getroffen. Bei einer Inhaltsanalyse der Berichterstattung über den Klimawandel helfen dabei etwa folgende Überlegungen: Sind Zeitungen, Online-Portale, Radio- oder TV-Sendungen Untersuchungsgegenstand? Welche Titel und Programme werden berücksichtigt? Welcher Zeitraum wird betrachtet? Sollte man beispielsweise nur Kommentare oder alle Beiträge mit einbeziehen?

Als Nächstes entwickeln die Forschenden das Untersuchungsinstrument, das bei der Inhaltsanalyse Codebuch genannt wird. Das Codebuch enthält alle zu untersuchenden Variablen und – bei einer quantitativen Inhaltsanalyse – eine Liste der möglichen Ausprägungen. Analysieren Sie einen Text in Bezug auf seine sprachliche Form, sind mögliche Variablen etwa die Wortarten, die Wortlänge, die Satzlänge oder das Verhältnis von Nomen zu Verben. Möchten Sie etwas über die Bedeutung und die Funktion von Medienbeiträgen herausfinden, interessieren das Thema der Beiträge, die genannten Akteur:innen und die verwendeten Quellen.

Nun verfeinern die Forschenden das Codebuch dahingehend, dass die Reliabilität der Analyse möglichst hoch ist. Dazu überprüfen sie in Probeläufen, ob das Codebuch so genau formuliert ist, dass die Codierungen zuverlässig sind. Dies ist besonders dann entscheidend, wenn man Eigenschaften des Textes untersuchen möchte, die nicht explizit sind.

Wenn Sie herausfinden möchten, wie kritisch verschiedene TV-Sender über Rassismus in der Gesellschaft berichten, benötigen Sie eine zuverlässige Definition, wann ein Beitrag als kritisch oder unkritisch gilt. Wenn Sie zudem wissen möchten, welche Akteure in den Beiträgen zu Rassismus eine Rolle spielen, müssen Sie klar festlegen, wann Sie einen Akteur als solchen betrachten: Wenn sein Name genannt wird? Oder wenn eine Handlung von ihm beschrieben wird? Oder erst, wenn er im Bericht einen Wortbeitrag liefert?

Schließlich folgt die eigentliche Untersuchung: das Codieren des Materials gemäß dem Codebuch. Dies geschieht angesichts des Aufwands für eine Inhaltsanalyse oft durch mehrere Codierende parallel oder eben automatisch, durch Algorithmen. Die Gefahr von systematischen Verzerrungen bei der Codierung kann mit einer bewussten Verteilung von Untersuchungseinheiten, also zum Beispiel Zeitungsartikeln, auf verschiedene Personen reduziert werden.

Eine <u>automatisierte Inhaltsanalyse</u> kann manifeste Aspekte von Texten zuverlässig zählen. Eine computergestützte Korpusanalyse stellt fest, wie oft zum Beispiel in Zeitungsbeiträgen gleichzeitig die Wortstämme afrikan: und krimin: vorkommen. Dies sagt allerdings noch nicht, inwiefern die untersuchten Beiträge wirklich rassistisch sind: Man kennt den Zusammenhang nicht, in dem beide Wortstämme genannt wurden. Trotz der Fortschritte bei den Computerprogrammen braucht es Forschende, die die Wertungen prüfen.

Die gesammelten Daten lassen sich nun im Hinblick auf die Forschungsfragen auswerten. Berichten bestimmte TV-Sender kritischer über Rassismus als andere? Wie lassen sich die gewonnenen Erkenntnisse mit denjenigen aus früheren Untersuchungen vergleichen? Wenn das Codebuch und die Variablen sinnvoll aus den Forschungsfragen abgeleitet wurden, liefern die Daten jetzt die gesuchten Antworten reliabel und valide – so, dass die Analyse der Kritik durch andere Forschende standhält, weil sie tatsächlich zeigt, was sie zu zeigen vorgibt.

Schnelltest Erklären Sie, was ein Codebuch festlegt.

Training Wie man Qualität ins Codebuch bekommt, das können Sie mit einer weiterführenden Übung auf der Webseite zum Buch erfahren.

Guido Keel
III.3.4 Den Forschungskontext kontrollieren: Das Experiment als Methode und Forschungsanlage

Im Jahr 1966 wollte der Linguist William Labov in New York herausfinden, ob sich die Aussprache des (r)-Lautes je nach sozialer Schicht verändert. Er beschloss, die Sprache der Angestellten von drei verschiedenen Kaufhäusern in New York zu untersuchen: einem preisgünstigen Kaufhaus der damaligen Arbeiterklasse, einem für die Mittel- und einem für die Oberschicht. Überall fragte er die Angestellten nach einem Produkt, von dem er wusste, dass es im vierten Stock zu finden war. So erreichte er, dass ihm Menschen aus drei sozialen Schichten mit *fourth floor* antworteten und damit ihre Form des (r)-Lautes vorsprachen. Diese Studie ist als Labov-Experiment in die Forschungsgeschichte eingegangen Labov, 1966.

Im letzten Kapitel zu Methoden der Angewandten Linguistik lernen Sie das Experiment kennen. Dabei handelt es sich wieder, wie schon bei der Fallstudie III.1, um eine Forschungsanlage: Das Experiment bedient sich der Beobachtung III.3.1, der Befragung III.3.2 oder der Inhaltsanalyse III.3.3, setzt diese aber in einer genau definierten Form um. So ermöglicht es Erkenntnisse, die mit den gleichen Methoden in anderen Forschungsanlagen nicht gewonnen werden könnten.

Haltung: Sie entwickeln ein Bewusstsein für die Stärken des Experiments als Form der empirischen Forschung, bei der störende Einflüsse gezielt kontrolliert werden. **Wissen:** Sie wissen, welche Fragestellungen sich mit welcher Form von Experiment beantworten lassen. **Können:** Sie können die Qualität von experimentell gewonnenen Erkenntnissen beurteilen. _{Lernziele}

Dieses Kapitels führt Sie vom Experiment als Forschungsanlage bis hin zur passenden Methodenwahl für die eigene Fragestellung: _{Aufbau}

a   Störfaktoren minimieren, Gruppen vergleichen:
    Das Besondere des Experiments

b   Forschen in Labor oder natürlicher Umwelt:
    Die passende Variante wählen

c Reliabilität und Validität:
Stärken und Grenzen des Experiments erkennen

d Welche Methode soll's denn sein?
Das richtige Vorgehen wählen

Autor Prof. Dr. Guido Keel arbeitet mit Experimenten, um unter anderem die Medienkompetenz von unterschiedlichen Ziel- und Bevölkerungsgruppen gezielt zu untersuchen $_{I.3.2}$.
https://www.zhaw.ch/de/ueber-uns/person/kegu/

Thema 3.4.a Störfaktoren minimieren, Gruppen vergleichen: Das Besondere des Experiments

Bei den Methoden Befragung $_{III.3.1}$, Beobachtung $_{III.3.2}$ und Inhaltsanalyse $_{III.3.3}$ können Störfaktoren das Ergebnis der Untersuchung beeinflussen. Diese Faktoren lassen sich in der Untersuchungssituation kaum kontrollieren. Um das Problem zu lösen, steht Forschenden die Möglichkeit offen, Experimente durchzuführen. Experimente erlauben es, Störfaktoren zu minimieren, sodass eine verlässlichere Aussage über einen Wirkungszusammenhang möglich ist.

Stellen Sie sich vor, Sie möchten herausfinden, ob und woran die Leser:innen eines Nachrichtenportals erkennen, dass es sich bei einer Meldung, die auf den ersten Blick aussieht wie ein journalistischer Artikel, um ein sogenanntes Native Ad, einen gesponserten Beitrag und damit um Werbung handelt.

Um das herauszufinden, könnten Sie die Leser:innen befragen. Dazu müssten aber zahlreiche Voraussetzungen erfüllt sein: Die Befragten müssten den Beitrag gelesen haben, sie müssten sich daran erinnern, ob sie ihn als Werbung erkannt haben, und falls ja, müssten sie noch wissen, weshalb sie ihn allenfalls als Werbung erkannt hatten. Und wenn das Native Ad nicht als Werbung identifiziert wurde, wüssten Sie nicht, warum der werberische Hintergrund nicht bemerkt worden war: Lag es daran, dass die Person den Beitrag nicht aufmerksam las? Las sie vielleicht nicht lang genug, um den Hinweis auf das Sponsoring überhaupt angezeigt zu bekommen? Oder verhinderte eine Einstellung im Browser, dass der Hinweis angezeigt wurde? All das sind Einflussfaktoren, die Forschende in einer Befragung nicht kontrollieren können.

Das Experiment ist also vor allem eine Forschungsanlage, in der die Einflussfaktoren kontrolliert und zwischen verschiedenen Gruppen von Proband:innen variiert werden, um ihre Auswirkungen zu messen.

Um die Forschungsfrage zu beantworten, können Forschende in einem Experiment untersuchen, ob ein bestimmter Sprachstil dazu beiträgt, dass ein:e Leser:in eine Meldung als bezahlten Beitrag erkennt. Dazu konfrontieren sie eine Gruppe von Proband:innen mit einem gesponserten Beitrag, wie er erschienen ist, und mit einer Version des gleichen Beitrags, der von einer unabhängigen Journalistin geschrieben ist. Weiter können die Forschenden die Größe, die Platzierung oder die Formulierung des Hinweises auf das Sponsoring verändern und so schauen, welche formalen oder inhaltlichen Eigenschaften eher dazu führen, dass der Hinweis wahrgenommen und so ein Beitrag als Werbung erkannt wird.

Beim Experiment arbeitet man oft mit einer Versuchs- und einer Kontrollgruppe. Die beiden Gruppen setzt man unterschiedlichen Einflüssen aus. Zum Beispiel lesen die Mitglieder der Versuchsgruppe einen Beitrag, bei dem der Hinweis auf das Sponsoring in den Beitragstext integriert wurde, während die Kontrollgruppe die unbearbeitete Version liest, mit dem Hinweis im abgesetzten Kleingedruckten. Vergleicht man nun, ob und wie die Mitglieder der beiden Gruppen den Beitrag als Werbung erkannt haben, lassen sich Rückschlüsse daraus ziehen, wie sich die Platzierung des Hinweises auf die Erkennung der Werbung auswirkt.

Wie unterscheiden sich Beobachtungen im Experiment von der Beobachtung überhaupt $_{III.3.1}$? — Schnelltest

Mit den weiterführenden Übungen auf der Webseite zum Buch lernen Sie Einflüsse auf Ihre Forschung zu minimieren und Störfaktoren zu vermeiden. — Training

Thema 3.4.b Forschen in Labor oder natürlicher Umwelt: Die passende Variante wählen

Experimente verbinden wir im Alltagsverständnis mit Laboren, in denen naturwissenschaftliche Versuche durchgeführt werden. Aber auch in den Sprach- und Sozialwissenschaften nutzen Forschende Experimente, um Erkenntnisse zu Sprache, Sprachgebrauch und

Kommunikation zu gewinnen. So lässt sich mit Experimenten beispielsweise herausfinden, welche Faktoren den Spracherwerb, die Textproduktion oder die Wirkung von Texten auf ein Publikum wie beeinflussen. Dazu sind verschiedene Formen des Experiments möglich:

Um herauszufinden, ob Mediennutzer:innen Native Ads als solche erkennen $_{\text{III.3.4.a}}$, können Forschende ausgewählte Proband:innen per E-Mail zur Lektüre eines Online-Beitrags einladen und anschließend online befragen. Die Lektüre erfolgt dabei im natürlichen Umfeld, das heißt die Untersuchungssituation entspricht weitgehend der alltäglichen persönlichen Lesesituation von Online-News-Portalen. Man nennt dies ein Feld-Experiment. Dabei können zwar nicht alle Störfaktoren kontrolliert werden, aber durch die natürliche Situation ermöglicht dieses Setting valide Aussagen über die Realität.

Um die Störfaktoren besser kontrollieren zu können, also zum Beispiel, um die Lesesituation und die technische Infrastruktur möglichst einheitlich zu gestalten, können die Forschenden die Proband:innen an einen Versuchsort einladen, wo sie dann unter genau definierten Bedingungen die Online-Texte lesen. Man spricht dann von Labor-Experimenten. Dabei lassen sich zwar die Einflussfaktoren genau bestimmen, was die Untersuchung sehr zuverlässig oder reliabel macht. Weil es sich dabei aber um eine künstliche Situation handelt, sind die Erkenntnisse nur beschränkt valide. Denn das Leseverhalten im Labor entspricht möglicherweise nicht dem in einem natürlichen Umfeld.

Weiter lassen sich Experimente unterscheiden in echte und Quasi-Experimente. Beim echten Experiment erfolgt die Zuteilung in Versuchs- und Kontrollgruppen zufällig; beim Quasi-Experiment dagegen ist die Einteilung in Versuchs- und Kontrollgruppe bereits vorbestimmt und kann nicht zufällig erfolgen. Im Native-Ads-Beispiel können Forschende zum Beispiel Publika von zwei News-Portalen untersuchen und vergleichen: Ein Portal weist im Text auf Native Ads hin, das andere verwendet grafische Hinweise, die vom Lauftext getrennt sind. So lässt sich zwar – wie bei einem Experiment – vergleichen, wie sich die beiden Praktiken auf die Erkennung durch das Publikum auswirken. Die Verteilung auf Versuchs- und Kontrollgruppe ist aber nicht zufällig, sondern in der untersuchten Welt bereits gegeben.

Erkenntnisse von solchen Quasi-Experimenten sind in ihrer Aussagekraft nicht mit echten Experimenten vergleichbar, weil

Störfaktoren mitspielen können, die man schwer in den Griff bekommt. So kann das Publikum des einen Online-Mediums jünger oder gebildeter sein, das des anderen älter oder ungebildeter. Ob ein Native Ad als solches erkannt wird, hängt dann möglicherweise nicht mit der Art der Markierung zusammen, sondern mit dem Alter oder Bildungsgrad der untersuchten Personen. Trotzdem liefern auch Quasi-Experimente wertvolle Erkenntnisse und werden für die Untersuchung vielfältiger Forschungsfragen eingesetzt.

Wodurch unterscheiden sich die Erkenntnisse aus Feld- von denen aus Laborexperimenten? *Schnelltest*

Auf der Webseite zum Buch können Sie Ihr eigenes Experiment starten und erfahren gleichzeitig mehr über die Validität sowie die ethischen Grundlagen der Experimente. *Training*

Thema 3.4.c Reliabilität und Validität: Stärken und Grenzen des Experiments erkennen

Mit Experimenten können Gebrauch und Wirkung von Sprache vielfältig untersucht werden. Die Rahmenbedingungen eines Experiments bieten dabei Vorteile gegenüber empirischen Untersuchungen, bei denen Störfaktoren nicht ausgeschlossen werden können. Mit Experimenten lassen sich komplexe Phänomene gezielt in die Ursache-Wirkungs-Zusammenhänge aufteilen, die man genauer verstehen möchte.

Die gewonnenen Erkenntnisse sind verlässlich, weil nicht gewollte Einflüsse ausgeschaltet werden können. So kann man insbesondere in einem Labor verschiedene Umwelteinflüsse eliminieren oder zumindest bei allen Versuchspersonen gleich gestalten. Weiter können Experimente, im Gegensatz zu Feldforschungen, einfacher durch andere Forschende wiederholt, also reproduziert werden. Durch das hohe Maß an Standardisierung sind die Rahmenbedingungen für die Erkenntnisgewinnung sehr genau definiert, die Bedingungen für die Untersuchung sind transparent.

Allerdings sind mit dem Experiment auch Nachteile verbunden. Diese betreffen die Validität, also die Frage, inwiefern eine Untersuchungsanlage gültige Antworten auf die Forschungsfragen liefert. Zunächst müssen sich Forschende fragen, ob die festgestellten Unterschiede zwischen den Gruppen wirklich auf die Variation der Einflussfaktoren zurückzuführen sind – also ob zum Beispiel die unterschiedliche Platzierung von Hinweisen auf ein Sponsoring verantwortlich ist für die Identifizierung von Native Ads. Man spricht hier von der internen Validität.

Weiter stellt sich insbesondere bei Laborexperimenten die Frage, inwiefern die Erkenntnisse aus dem Experiment auf die natürliche Umgebung bzw. auf die Realität außerhalb des Labors übertragen werden können. Denn die Forschenden greifen beim Experiment in den Erkennungszusammenhang ein und gestalten ihn bewusst. Ein Beispiel: Um zu untersuchen, wie das Publikum von Online-News-Sites einen Beitrag im Internet liest, wird eine Probandin in einen Versuchsraum zu einem Eyetracking-Experiment eingeladen, in dem sie an einem Bildschirm einen Beitrag liest, während eine intelligente Kamera die Bewegung ihrer Pupillen filmt, um festzuhalten, wohin sich der Blick der Probandin während des Lesens richtet. Es ist anzunehmen, dass die Probandin unter so enger Beobachtung den Beitrag anders liest, als wenn sie zu Hause auf dem Sofa im Internet surft, um vom Arbeitstag abzuschalten.

Ein weiterer Nachteil von Experimenten ist, dass dieses stark standardisierte Vorgehen die Forschenden zwingt, sich weitgehend auf die Überprüfung von vorher definierten Annahmen zu beschränken. Andere Erkenntnisse als die im Experiment vorgesehenen sind kaum möglich. So misst zwar die Eyetracking-Kamera minutiös, wohin der Blick der Leserin während der Lektüre fällt. Das Experiment misst aber nicht, ob vielleicht ihr fehlendes Interesse am Beitrag dafür ausschlaggebend war, dass sie den Beitrag nicht als Werbung erkannte.

Schnelltest — Nennen Sie drei Gründe, weshalb die Validität von Experimenten problematisch sein kann.

Training — Auf der Webseite zum Buch erfahren Sie mehr zum Klassiker „Marshmallow-Experiment" und den damit zusammenhängenden Grenzen sowie zu abhängigen und unabhängigen Variablen.

Thema 3.4.d Welche Methode soll's denn sein? Das richtige Vorgehen wählen

Mit dem Experiment haben Sie nun neben der Fallstudie eine weitere Forschungsanlage kennengelernt. Welches ist nun aber die passende Anlage, welches sind die passenden Methoden für eine bestimmte Untersuchung?

Die Wahl der Anlage und der Methode(n) richtet sich, wie Sie in diesem Teil gelernt haben $_{z.\,B.\ III.1.1}$, primär nach der Forschungsfrage. Bezieht sie sich auf Texte im weitesten Sinn, zum Beispiel die Tweets zu einem gesellschaftlichen Trend-Thema? Dann gehen Sie korpusanalytisch, diskursanalytisch oder inhaltsanalytisch vor. Sollen Menschen und ihr Wissen oder ihre Haltungen untersucht werden, beispielsweise die Einschätzung von Berufsleuten zum Wandel in ihrem Berufsfeld? Dann bietet sich eine Befragung an. Oder stehen Situationen, soziale Handlungen und Handlungskontexte im Zentrum des Interesses, beispielsweise die Tätigkeit einer Lehrperson in einem Schulkontext? Dann liefert die Beobachtung die Daten, die für die Beantwortung unserer Forschungsfrage nötig sind.

Oft werden Methoden aber auch kombiniert, also trianguliert. Mit solchen Mehrmethodenansätzen können Sie drei Strategien verfolgen:

– Entweder verwenden Sie verschiedene Methoden, um ein Phänomen aus verschiedenen Blickwinkeln zu beleuchten; Sie lassen sich zum Beispiel von Redaktor:innen ihren Schreibprozess erklären und untersuchen zusätzlich, was sie beim Schreiben tatsächlich tun $_{I.1.1.h}$ und welche Eigenschaften die produzierten Texte aufweisen $_{III.2,\ III.3.3}$.
– Oder Sie erarbeiten sich mit einer Methode die Grundlage für eine Untersuchung mit einer anderen Methode. Zum Beispiel erkunden Sie zuerst mit einer qualitativen Befragung $_{III.3.2.a}$ weniger Medienschaffender, wie diese ihre Themen finden. Mit dem, was Sie aus den Antworten gelernt haben, gestalten Sie dann einen Fragebogen, den Sie an eine große, repräsentative Auswahl von Medienschaffenden verschicken, um herauszufinden, wie diese die aufgelisteten Themenfindungspraktiken einschätzen.
– Oder aber Sie nutzen die Erkenntnisse aus der Anwendung einer Methode, um die Erkenntnisse aus der Anwendung einer anderen Methode zu validieren. Sie befragen beispielsweise Medienschaffende nach ihren Alltagsroutinen und beobachten den redaktionellen Alltag $_{III.1}$, um zu überprüfen, inwiefern die Selbsteinschätzung mit der beobachteten Realität übereinstimmt.

Neben den wissenschaftlichen Aspekten sind bei der Wahl von Forschungsanlage und Methode aber auch pragmatische Aspekte wichtig. Stehen Ihnen die Mittel zur Verfügung, um eine bestimmte Methode anzuwenden? Haben Sie Zugang zu den Forschungsobjekten, seien das Texte, Menschen oder Situationen? Verfügen Sie über die nötigen Kenntnisse und Technologien, um die Daten nicht nur wissenschaftlich zu erheben, sondern auch, um sie anschließend mit Bezug zu Ihrer Forschungsfrage aufzubereiten und auszuwerten?

Grundsätzlich gilt: In der empirischen Forschung in der Angewandten Linguistik stehen Ihnen viele Methoden und Forschungsanlagen zur Verfügung. Sie wählen sie so, dass Sie damit tatsächlich erfassen, was Sie untersuchen wollen, und so die Forschungsfrage mit vertretbarem Aufwand und im Sinn der wissenschaftlichen Gütekriterien beantworten können.

Schnelltest   Erklären Sie, weshalb es von Vorteil sein kann, Methoden zu kombinieren.

Training   Auf der Webseite zum Buch üben Sie konkret, Methoden miteinander zu kombinieren und Dinge aus verschiedenen Perspektiven zu untersuchen.

Stichwortverzeichnis

Abweichung 107, 108, **118**
Alinierung **125**
Alltagssprache 51, **191**
Alltagstheorie **19**, 20
Analysematerial 253
Angemessenheit 18, 48, 59, **67**, 118
Angewandte Linguistik **21**, 158, 161, 172, 233
Annotation **29**, 200, 208, 209
Appell **90**
arbiträr **70**
Armchair Linguist **27**
Asymmetrie **100**
Aufsatz 191
Ausdruck **89**, 90
Ausgewogenheit **29**, 30

Befragung **166**, 241
Befragung, wissenschaftliche 240
Begriff **13**, 14, 122
Beobachten **166**, 233
Beobachterparadoxon 235
Beobachtung 228, 231, **232**, 236
Beobachtung, explorative 232
Beobachtung, quantitative 232
Beobachtung, verdeckte 234
Beobachtungsaufnahme 234
Beobachtungsfehler 237
Beziehung 16, **91**, 146
Bias, algorithmischer **126**
Bild 69, 74, **75**
Bilingualismus **39**
Binnen-I **144**
BIOMED **165**, 169

CAT-Tool **122**, 224
Code 182
Codebuch 253
Code-Switching **40**
Codieren 182, 253
Corpus-based **28**
Corpus-driven **28**, 203
CQPweb 30, **210**

Darstellung **89**
Daten 125, **175**, 179

Datenmanagement 180
deduktiv 168
Deep Learning **124**
Defizithypothese **141**
Deixis **90**
Deskription **115**, 143
Dialekt 17, **46**, 114, 118
Diasystem **47**
Digital Divide **67**
Digital Literacy **59**, 60, 129
Diskurs **13**, 30, 61, 145
Diskurs, journalistischer 223
Diskurshandeln 221
Diskurskompetenz 222
Diskurspragmatik **104**, 105
Diskurspraktik **104**, 107
Dispersion 214
Distribution 215
Disziplin **20**, 27
Diversität **142**
Doing Gender **141**, 142
Doppelnennung **144**, 145

Effizienz 105, **108**
Einwilligung 237
Einzelfallstudie 174
Empirie **19**
Entscheidung 164
Erstspracherwerb **39**
Erstspracherwerb, bilingualer **40**
Erwerbshypothese **41**
Erwünschtheit, soziale 245
Etymologie **88**
Evaluation 189
Experiment, echtes 258
Expert:in **50**, 134, 242
Exposition 189
Eyetracking 238

Face-Threatening Act **92**
Facework **92**
Fachlichkeit **50**
Fachsprache **49**, 50
Fall **173**–175
Fallstudie, deskriptive 167

Fallstudie, explorative 167
Fallstudie, kritische 168
Fallstudie, vergleichende 167
Feldbeobachtung **234**, 235
Feld-Experiment 258
Feminismus **140**
Fokusgruppe 242
Forschung, ethnografische 232
Forschungsdesign 175, 176
Forschungsethik 177, 188
Forschungsfrage **172**, 173, 175, 182
Forschungsprozess 176, **178**, 253
Forschungsziel 172
Frage, deklarative **98**
Frage, geschlossene **98**
Frage, offene **98**
Frame **93**, 106
Framing **15**
Fremdsprachenlernen **40**
Funktiolekt **47**
Funktion, intelligente **151**
Funktion, sprachbasierte **150**

Gender 108
Gender Bias **126**
Gender-Gap **144**
Genderlekt 48, **140**
Gender-Stern **144**
Generalisierbarkeit 189
Genusobligatorium **143**
geschlossen 241
gesellschaftliches Teilsystem **77**
Gespräch **94**, 95, 100, 165
Gesprächsanalyse **94**, 166, 176, 182
Gesprächsziel **100**
GIGO-Prinzip **125**
Grounded Theory 182, 190
Grüßen **106**

halboffen 242
Handeln 22, **88**, 142
Häufigkeit, absolute 213
Häufigkeit, relative 213
Höflichkeit **92**, 106, 108
Hypothese **19**, 168, 169, 172, 175, 184

Icons **70**
Identitätshypothese **41**

Ikon **70**
Illokution **16**, 117
Immersion **42**
Index **69**
induktiv **168**, 182
Inhaltsanalyse 176, **182**, 248, 249, 251
Inhaltsanalyse, automatisierte 254
Inhaltsanalyse, qualitative 250
Inhaltsanalyse, quantitative 250
Inkongruenz, modale **93**
Inter-Annotator-Agreement 209
Intercoder-Reliabilität 252
Interlanguage-Hypothese **42**
Interpretieren 183
Intertextualität **61**, 62
Interview, narratives 242
Interview, semistrukturiertes 242
Intracoder-Reliabilität 252
Introspektion **26**, 27, 233

Journalismus **77**, 78, 118

Keylogging 238
Keyword **31**
Klärungsfrage **97**
Koda 189
Kodifizierung **114**, 116
Kohärenz **14**, 60
Kollokation **31**, 218
Kommunikation 14, 22, 50, **88**
Kommunikation, online **117**
Kommunikation, visuelle **74**
Kompetenz **38**, 58, 130, 133
Kompetenz, interkulturelle 123, **130**
Komplikation 189
Konfliktgespräch **97**
Konkordanz **216**, 217
Konsistenz 184
Kontext **14**, 62, 117, 127, 130, 165, 190
Kontextinformation **130**
Kontrastivhypothese **42**
Kontroverse **145**
konventionell 42, **70**, 92, 130
Konversationsanalyse **95**
Konversationsmaxime **97**
Konzept **13**–**15**
Kooperationsprinzip **96**

Korpus **28**, 125, 198
Korpus, diachrones 207
Korpus, mehrsprachiges 206
Korpus, synchrones 207
Korpus, vergleichbares 225
Korpuslinguistik **198**, 214, 222
Korpuslinguist:in **27**
Korrekturprogramm **148**
Kreativität 22, 91, **130**
Kultur 18, 40, **106**, 123, 130, 166
Künstliche Intelligenz **22**, 152
Kurssprache **51**
KWIC 216

Laborbeobachtung 234
Labor-Experiment 258
Laie **50**, 116
Längsschnitt-Fallstudie 167
Laut **48**, 89
Lehrbuchsprache **51**
Leichte Sprache **68**
Leitfaden **237**, 242, 250
Lektoratsprogramm **149**
Lemma 208, 213
Lernendenkorpus 207, 226
Lingua franca **124**
Linguistik, feministische **141**
Literacy **58**, 63, 67
Logging 175
Lokution **16**

Machine Translation Literacy **129**
Makroebene **103**
Media Literacy **73**
Medienwechsel **61**
Medium 60, **93**, 117
Mehrdeutigkeit **90**
Mehrmethodenansatz 193, 261
Mehrsprachigkeit **38**, 43, 123
Mehrsprachigkeit, individuelle **38**
Mehrsprachigkeit, innere **38**
Mehrsprachigkeit, kollektive **38**
Mehrwert, menschlicher **22**, 23, 72, 130
Mesoebene **103**
Messung, physiologische 238
Metadaten **29**, 200
Methode **21**, 166, 175, 192

Methode, empirische **26**
Mikroebene **103**
Modellierung 205
Modus **93**, 94
multimodal **59**
Mündlichkeit 88, **117**, 131, 241
Muster 22, 60, **105**, 108, 118, 183
Musterausprägung **106**
Mustervariation **108**

Nachvollziehbarkeit 188
Narration **78**, 189
Native-Like Control **39**
Nebeneffekt **150**
Neurolinguistik **22**
Neutralform **144**, 145
n-Gramm **31**
Nonstandardvarietät **118**
nonverbal **88**, 91

Offenheit 241
Online-Übersetzer **122**
Online-Wörterbuch **122**
Open Research 181
Organisation **76**
Organisationsdiskurs 223
Organisationskommunikation **76**, 223

Paarsequenz **95**
Parallelität **62**
Parallelkorpus 125, **207**, 225
paraverbal **89**, 91
Parsing **29**
Partizipation 60, **66**
Partizipialform, nominalisierte **144**
Perlokution **16**, 146
Perspektive **71**, 123, 192
Phraseologismus **63**
Post-Editing **128**
Pragmatik **20**, 39, **69**
Praktik **18**, 104, 118, 164, 169
Praktik, gute 169, 184, 188, 243
Präskription **115**
Praxis, reflektierte 105, **109**
Predictive Texting **152**, 153
Pre-Editing **128**
Primärdaten **29**, 200

Probelauf 253
Produktionsprozess 166
Protokoll 237
Protokollvorlage 234
Prüfprogramm **148**, 149
Psycholinguistik **22**

qualitativ 152, **240**, 249
quantitativ **240**, 249
Quasi-Experiment 258

Reaktivität 235
Real-Word Error **153**
Recycling **61**
Referenzkorpus 206
Reformulierung **97**
Reibungsverlust **107**
Rekontextualisierung **62**
Reliabilität 235, 243, 251
Reparaturmechanismus **96**
Repertoire 18, **43**, 106
Replikation 236
Repräsentativität **29**, 205
Resolution 189
Rohdaten 180
Rolle **93**, 94, 131

Sampling 205
Satzbau **48**, 68
Schadensvermeidung 177
Schnittstelle, kommunikative **103**
Schreiben 23, **60**, 146, 148, 152
Schriftlichkeit 88, **117**, 131, 241
Schulgrammatik **116**
Selbstbestimmung 177
Semantik **20**, 27, **68**
Sinnproduktion **89**, 105
Skript **106**
Soziolekt **46**, 47
Soziolinguistik **22**, 39
Speech-to-Speech **126**
Speech-to-Text **153**, 154
Speech-to-Text-to-Speech **126**
Spezialkorpus 207
Sprachassistenzsystem 201
Sprachbiografie **44**, 71

Sprache 12, **17**, 67
Sprache, gendergerechte **140**, 142
Sprache, inklusive **142**
Sprachgebrauch, authentischer **29**
Sprachgebrauchsmuster 199
Sprachgebrauchsnorm **115**, 143
Sprachgemeinschaft **17**
Sprachindustrie **131**
Sprachkompetenzmodell **38**
Sprachmittlung **132**, 222
Sprachnorminstanz **114**
Sprachpflege **116**
Sprachtechnologie **121**
Sprachverfall **116**
Sprachwandel 46, **141**, 146
Standardsprache 46, **114**, 119
Stil **18**, 106, 130, 149
Störung **91**
Subkorpus 210
Swiss-AL **30**, 31, 198
Symbol **70**, 144, 145
Syntax **20**, **68**, 106, 117
Systemlogik **78**
Szenario **93**, 94

Taggen 208
Tagging **29**, 151
Tagset 209
Tagungsvortrag 191
Teilkorpus 210
Telemetrie 238
Tendenz zur Mitte 245
Text **59**, 61, 128, 148
Textgenerierung 125, **152**
Textgenerierungssystem 201
Textproduktion **60**, 61, 123, 151
Textproduktionsforschung **23**
Textrezeption **60**
Text-to-Speech **154**
Thema 30, 59, 61, 68, **94**
Theorie **19**, 20, 165, 173, 184, 190
Theoriesprache **51**
Token 213
Transdisziplinarität 168, 172, 188, 192
Transfer **40**
Transformation **62**
Transformationsaufgabe **103**

Translation Plagiarism **129**
Turn **95**, 96

Überfalltest **23**, 24
Übersetzung, maschinelle **121**, 124, 201, 224
Umformulierung **51**
Umgangssprache, fachliche **51**
Unerwartetes 165

Validität **185**, 235, 243, 252
Variante **47**, 115, 126
Variante, stilistische **107**
Variation **46**, 118
Varietät **17**, **46**, 118
Varietätenlinguistik **46**
verallgemeinern **185**, 190
verbal 69, **88**, 94, 180
Vergleichskorpus 207
Verhalten **88**, 236
Verständlichkeit 51, **68**, 149

Verteilersprache **51**, 191
Vorgehen, transdisziplinäres 185

Welt, reale 165
Weltmarkt **132**
Wende, visuelle **74**
Wertschöpfung **76**
W-Frage **98**
Wissenschaft **19**, 20, 115
Wissenstransformation 191
Wortart-Annotation 208
Wortbildung **48**
Wortschatz **48**, 50

Zielkonflikt **100**
Zielnorm **114**
Zipf'sche Verteilung 213
Zuhören **99**
Zusammenfassen **152**
Zweitspracherwerb **40**, 42
Zweitspracherwerbshypothese **41**

Literaturverzeichnis

Agar, M. H. (2004). We have met the other and we're all nonlinear. Ethnography as a nonlinear dynamic system. *Complexity, 10*(2), 16–24.

Albert, R. (2007). Methoden des empirischen Arbeitens in der Linguistik. In M. Steinbach (Hrsg.), *Schnittstellen der germanistischen Linguistik* (S. 15–52). Metzler.

Ammon, U. (2015). *Die Stellung der deutschen Sprache in der Welt*. De Gruyter.

Angelone, E., Ehrensberger-Dow, M., & Massey, G. (Eds.). (2020). *The Bloomsbury companion to language industry studies*. Bloomsbury Academic.

Anthony, L. (2023). *AntConc* (Version 4.2.4). [Computer-Software]. Waseda University. https://www.laurenceanthony.net/software

Bachman, L. F. (1990). *Fundamental considerations in language testing*. Oxford University Press.

Benites, F., Delorme Benites, A., & Anson, C. M. (2023). Automated text generation and summarization for academic writing. In O. Kruse, C. Rapp, C. M. Anson, K. Benetos, E. Cotos, A. Devitt & A. Shibani (Eds.), *Digital writing technologies in higher education* (pp. 279–301). Springer. https://doi.org/10.1007/978-3-031-36033-6_18

Berelson, B. (1971). *Content analysis in communication research* (facsimile of 1952 edition). Hafner Publ. Co.

Berlin-Brandenburgische Akademie der Wissenschaften (Hrsg.). (o. J.). *DWDS – Digitales Wörterbuch der deutschen Sprache. Das Wortauskunftssystem zur deutschen Sprache in Geschichte und Gegenwart*. https://www.dwds.de/

Bernardini, S. (2022). How to use corpora for translation. In A. O'Keeffe & M. McCarthy (Eds.), *The Routledge handbook of corpus linguistics* (2nd ed.) (pp. 485–498). Routledge. https://doi.org/10.4324/9780367076399-34

Bernardini, S., Ferraresi, A., Russo, M., Collard, C., & Defrancq, B. (2018). Building interpreting and intermodal corpora: A how-to for a formidable task. In M. Russo, C. Bendazzoli & B. Defrancq (Eds.), *Making way in corpus-based interpreting studies* (pp. 21–42). Springer Nature.

Bloomfield, L. (1933). *Language*. Henry Holt.

BNC Consortium. (2007). *The British National Corpus, XML Edition*. [Referenzkorpus]. Oxford Text Archive.

Bowker, L. (2020). Machine translation literacy instruction for international business students and business english instructors. *Journal of Business & Finance Librarianship, 25*(1–2), 25–43. https://doi.org/10.1080/08963568.2020.1794739

Bowker, L., & Buitrago Ciro, J. (2019). *Machine translation and global research. Towards improved machine translation literacy in the scholarly community*. Emerald.

Brockmeier, J. (2016). Literacy and narrative. In L. Jäger, W. Holly, P. Krapp, S. Weber & S. Heekere (Hrsg.), *Sprache Kultur Kommunikation / Language Culture Communication. Ein internationales Handbuch zu Linguistik als Kulturwissenschaft zur Sprach- und Kommunikationswissenschaft* (S. 421–427). De Gruyter.

Brown, P., & Levinson, S. C. (1987). *Politeness. Some universals in language usage*. Cambridge University Press.

Brown, T. B., Mann, B., Ryder, N., Subbiah, M., Kaplan, J., Dhariwal, P., Neelakantan, A., Shyam, P., Sastry, G., Askell, A., Agarwal, S., Herbert-Voss, A., Krueger, G., Henighan, T. J., Child, R., Ramesh, A., Ziegler, D. M., Wu, J., Winter, C., ... Amodei, D. (2020). *Language models are few-shot learners*. ArXiv. https://doi.org/10.48550/arXiv.2005.14165

Bühler, K. (1934). *Sprachtheorie*. Gustav Fischer.

Canale, M., & Swain, M. (1980). Theoretical bases of communicative approaches to second language teaching and testing. *Applied Linguistics, 1*(1), 1–47.

Carstensen, K.-U. (2017a). Sprachgenerierung (NLG). In K.-U. Carstensen (Hrsg.), *Sprachtechnologie. Ein Überblick* (S. 167–179). http://www.kai-uwe-carstensen.de/Publikationen/Sprachtechnologie.pdf

Carstensen, K.-U. (2017b). *Sprachtechnologie. Ein Überblick.* http://www.kai-uwe-carstensen.de/Publikationen/Sprachtechnologie.pdf

Carstensen, K.-U. (2017c). Textzusammenfassungssysteme (TZS). In K.-U. Carstensen (Hrsg.), *Sprachtechnologie. Ein Überblick* (S. 197–209). http://www.kai-uwe-carstensen.de/Publikationen/Sprachtechnologie.pdf

Chomsky, N. (1965). *Aspects of the theory of syntax*. MIT.

Chowdhery, A., Narang, S., Devlin, J., Bosma, M., Mishra, G., Roberts, A., Barham, P., Chung, H. W., Sutton, C., Gehrmann, S., Schuh, P., Shi, K., Tsvyashchenko, S., Maynez, J., Rao, A. B., Barnes, P., Tay, Y., Shazeer, N. M., Prabhakaran, V., ... Fiedel, N. (2022). *PaLM: Scaling language modeling with pathways*. ArXiv. https://doi.org/10.48550/arXiv.2204.02311

Cooren, F., & Stücheli-Herlach, P. (Eds.). (2021). *Handbook of management communication*. De Gruyter.

Coseriu, E. (1988). *Einführung in die allgemeine Sprachwissenschaft*. Francke.

Dale, R. (1997). Computer assistance in text creation and editing. In R. Cole, J. Mariani, H. Uszkoreit, G. B. Varile, A. Zaenen, A. Zamponelli & V. Zue (Eds.), *Survey of the state of the art in human language technology* (pp. 235–237). Cambridge University Press.

Dale, R., & Viethen, J. (2021). The automated writing assistance landscape in 2021. *Natural Language Engineering, 27*(4), 511–518. https://doi.org/10.1017/S1351324921000164

De Saussure, F. (1916). *Cours de linguistique générale*. Payot.

Devlin, J., Chang, M.-W., Lee, K., & Toutanova, K. (2019). BERT: Pre-training of deep bidirectional transformers for language understanding. In J. Burstein, C. Doran & T. Solorio (Eds.), *Proceedings of the 2019 conference of the north american chapter of the association for computational linguistics: Human language technologies, volume 1 (long and short papers)* (pp. 4171–4186). Association for Computational Linguistics (ACL).

Diewald, G., & Steinhauer, A. (2017). *Richtig gendern*. Dudenverlag.

Dilts, R. B. (2016). *Die Magie der Sprache. Sleight of mouth. Angewandtes NLP* (Kierdorf, T., Übers., 5. Aufl.). Junfermann.

Dreesen, P., & Stücheli-Herlach, P. (2019). Diskurslinguistik in Anwendung. Ein transdisziplinäres Forschungsdesign für korpuszentrierte Analysen zu öffentlicher Kommunikation. *Zeitschrift für Diskursforschung, 7*(2), 123–162. https://doi.org/10.3262/ZFD1902123

Dürscheid, C. (2016). *Einführung in die Schriftlinguistik* (5. Aufl.). Vandenhoeck & Ruprecht.

Egbert, J., Biber, D., & Gray, B. (2022). *Designing and evaluating language corpora:* A *practical framework for corpus representativeness*. Cambridge University Press. https://doi.org/10.1017/9781316584880

Ehrensberger-Dow, M., Perrin, D., & Zampa, M. (2017). Translation in the newsroom. Losing voices in multilingual newsflows? *Journal of Applied Journalism and Media Studies*, 6(3), 463–483.

Engebretsen, M., & Weber, W. (2022). Visual communication. In A. Gnach, C. Weber, M. Engebretsen & D. Perrin (Eds.), *Media linguistics and digital communication. With case studies in journalism, PR, and community communication* (pp. 123–135). Palgrave Macmillan.

Evert, S. (2008). Corpora and collocations. In A. Lüdeling & M. Kytö (Eds.), *Corpus linguistics. An international handbook* (pp. 1212–1248). De Gruyter.

Fantinuoli, C. (2018). The use of comparable corpora in interpreting practice and training. *The Interpreter's Newsletter*, 23, 133–149. https://doi.org/10.13137/2421-714X/22402

Felder, E. (2016). *Einführung in die Varietätenlinguistik*. Wissenschaftliche Buchgesellschaft.

Ferraresi, A., & Bernardini, S. (2019). Building EPTIC: A many-sided, multi-purpose corpus of EU parliament proceedings. In I. Doval & M. T. Sánchez Nieto (Eds.), *Parallel corpora for contrastive and translation studies: New resources and applications* (pp. 123–139). John Benjamins. http://doi.org/10.1075/scl.90.08fer

Fillmore, C. (1992). 'Corpus-linguistics' vs. 'computer-aided armchair linguistics'. In J. Svartvik (Ed.), *Directions in corpus linguistics. Proceedings of Nobel Symposium 82, Stockholm, 4–8 August 1991*. Mouton de Gruyter.

Firth, J. R. (1957). *Papers in linguistics 1934–1951*. Oxford University Press.

Fliedner, G. (2010). Korrektursysteme. In K.-U. Carstensen, C. Ebert, C. Ebert, S. Jekat, R. Klabunde & H. Langer (Hrsg.), *Computerlinguistik und Sprachtechnologie. Eine Einführung* (3. Aufl., S. 555–565). Spektrum.

Glaser, B., & Strauss, A. L. (1967). *The discovery of grounded theory: Strategies for qualitative research*. Wiedenfeld and Nicholson.

Grice, P. (1967). Logic and conversation. In P. Cole & J. L. Morgan (Eds.), *Speech acts* (Vol. 3, Syntax and Semantics, pp. 41–58). Academic Press.

Guetterman, T. C., Babchuk, W. A., Howell Smith, M. C., & Stevens, J. (2019). Contemporary approaches to mixed methods. Grounded theory research. A field-based analysis. *Journal of Mixed Methods Research*, 13(2), 179–195. https://doi.org/10.1177/1558689817710687

Haapanen, L., & Perrin, D. (2020). Linguistic recycling. The process of quoting in increasingly mediatized settings. Introduction. *AILA Review*, 33(1), 1–20.

Hardie, A. (2012). CQPweb – Combining power, flexibility and usability in a corpus analysis tool. *International Journal of Corpus Linguistics*, 17(3), 380–409.

Hennig, M. (2009). Wie viel Varianz verträgt die Norm? Grammatische Zweifelsfälle auf dem Prüfstein für Fragen der Normenbildung. In M. Hennig & C. Müller (Hrsg.), *Wie normal ist die Norm?* (S. 14–38). Kassel University Press.

Heringer, H. J. (2017). *Interkulturelle Kommunikation* (5. Aufl.). Francke.

Hoffmann, M. (2007). *Funktionale Varietäten des Deutschen, kurz gefasst*. Potsdamer Universitätsverlag.

Hogan-Brun, G. (2021). *Why study languages*. London Publishing Partnership.
Hymes, D. (1972). On communicative competence. In J. B. Pride & J. Holmes (Eds.), *Sociolinguistics. Selected readings* (pp. 269–293). Penguin.
Jung, B., & Günther, H. (2016). *Erstsprache, Zweitsprache, Fremdsprache. Eine Einführung* (3. Aufl.). Beltz.
Jurafsky, D., & Martin, J. H. (2020). Chatbots and dialogue systems. In D. Jurafsky & J. H. Martin (Eds.), *Speech and language processing* (3rd draft ed., pp. 492–525). https://web.stanford.edu/~jurafsky/slp3/ed3book.pdf
Jurafsky, D., & Martin, J. H. (2021). Spelling correction and the noisy channel. In D. Jurafsky & J. H. Martin (Eds.), *Speech and language processing* (3rd draft ed., pp. 1–14). https://web.stanford.edu/~jurafsky/slp3/B.pdf
Kleinberger, U. (2019). Phraseologische Textvernetzung – online. Dialogisches und intertextuelles Potential in Online-Debattenforen. In J. Schröter, S. Tienken, Y. Ilg, J. Scharloth & N. Bubenhofer (Hrsg.), *Linguistische Kulturanalyse* (S. 171–193). De Gruyter.
Kleinberger, U. (2020). Interpersonale Mitarbeiterkommunikation. Klatsch und Tratsch am Arbeitsplatz. In S. Einwiller, S. Sackmann & A. Zerfaß (Hrsg.), *Handbuch Mitarbeiterkommunikation. Interne Kommunikation in Unternehmen* (S. 1–11). Springer Gabler.
Kleinberger, U., Perrin, D., De Nardi, G., & Whitehouse, M. (2017). Angewandte Linguistik anwenden. In D. Perrin & U. Kleinberger (Eds.), *Doing applied linguistics. Enabling transdisciplinary communication* (pp. 1–2). De Gruyter.
Koch, P., & Oesterreicher, W. (1990). *Gesprochene Sprache in der Romania: Französisch, Italienisch, Spanisch*. Niemeyer.
Kotthoff, H., & Nübling, D. (2018). *Gender-Linguistik. Eine Einführung in Sprache, Gespräch und Geschlecht*. Narr.
Krasselt, J., Dreesen, P., Fluor, M., Mahlow, C., Rothenhäusler, K., & Runte, M. (2020). Swiss-AL. A multilingual Swiss web corpus for applied linguistics. In N. Calzolari, K. Béchet, P. Blache, K. Choukri, C. Cieri, T. Declerck, S. Goggi, H. Isahara, B. Maegaard, J. Mariani, H. Mazo, A. Moreno, J. Odijk, S. Piperidis (Eds.), *Proceedings of the 12th language resources and evaluation conference* (pp. 4145–4151). European Language Resources Association (ELRA).
Krasselt, J., Dreesen, P., Fluor, M., & Rothenhäusler, K. (2023). Swiss-AL. Korpus und Workbench für mehrsprachige digitale Diskurse. In M. Kupietz & T. Schmidt (Hrsg.), *Neue Entwicklungen in der Korpuslandschaft der Germanistik. Beiträge zur IDS-Methodenmesse 2022* (S. 127–142). Narr.
Labov, W. (1966). *The social stratification of english in New York City*. Cambridge University Press.
Labov, W. (1972). *Sociolinguistic patterns*. University of Pennsylvania.
Lakoff, R. T. (1975). *Language and woman's place*. Harper & Row.
Leavitt, H. J. (1951). Some effects of certain communication patterns on group performance. *Journal of Abnormal and Social Psychology, 46*(1), 38–50. https://doi.org/10.1037/h0057189
Leibniz-Institut für Deutsche Sprache. (2022). *Deutsches Referenzkorpus (DeReKo) / Archiv der Korpora geschriebener Gegenwartssprache 2022-I-RC1* (Release vom 09. 03. 2022) [Datensatz]. Leibniz-Institut für Deutsche Sprache.
Lemnitzer, L., & Zinsmeister, H. (2015). *Korpuslinguistik. Eine Einführung* (3. Aufl.). Narr.

Linke, A., & Schröter, J. (2017). Sprache in Beziehungen, Beziehungen in Sprache. Überlegungen zur Konstitution eines linguistischen Forschungsfeldes. In A. Linke & J. Schröter (Hrsg.), *Sprache und Beziehung* (S. 1–31). De Gruyter.

Löffler, H. (2016). *Germanistische Soziolinguistik* (5. Aufl.). Erich Schmidt.

Lüdeling, A., Doolittle, S., Hirschmann, H., Schmidt, K., & Walter, M. (2008). Das Lernerkorpus Falko. *Deutsch als Fremdsprache, 2*, 67–73.

Lutz, B. (2015). *Verständlichkeitsforschung transdisziplinär. Plädoyer für eine anwenderfreundliche Wissensgesellschaft.* Vienna University Press.

Mahlow, C. (2011). *Linguistisch unterstütztes Redigieren. Konzept und exemplarische Umsetzung basierend auf interaktiven computerlinguistischen Ressourcen.* [Dissertation, Universität Zürich].

Mahlow, C. (2015). Learning from errors. Systematic analysis of complex writing errors for improving writing technology. In N. Gala, R. Rapp & G. Bel-Enguix (Eds.), *Language production, cognition, and the lexicon* (Vol. 48, pp. 419–438): Springer International Publishing.

Mahlow, C. (2016). C-WEP – Rich annotated collection of writing errors by professionals. In N. Calzolari, K. Choukri, T. Declerck, S. Goggi, M. Grobelnik, B. Maegaard, J. Mariani, H. Mazo, A. Moreno, J. Odijk & S. Piperidis (Eds.), *Proceedings of the tenth international conference on language resources and evaluation (LREC'16)* (pp. 2855–2861). European Language Resources Association (ELRA).

Mahlow, C., & Dale, R. (2014). Production media. Writing as using tools in media convergent environments. In E.-M. Jakobs & D. Perrin (Eds.), *Handbook of writing and text production* (Vol. 10, pp. 209–230). De Gruyter Mouton.

Mahlow, C., & Piotrowski, M. (2009). LingURed. Language-aware editing functions based on NLP resources. In M. Ganzha & M. Paprzycki (Eds.), *Proceedings of the international multiconference on computer science and information technology* (Vol. 4, pp. 243–250). Polish Information Processing Society.

Marx, K., & Weidacher, G. (2020). *Internetlinguistik* (2. Aufl.). Narr.

Norman, D. A. (1981). Categorization of action slips. *Psychological Review, 88*(1), 1–15.

Norman, D. A. (1983). Design rules based on analyses of human error. *Communications of the ACM, 26*(4), 254–258. https://dl.acm.org/doi/10.1145/2163.358092

Nübling, D. (2018). Und ob das Genus mit dem Sexus. Genus verweist nicht nur auf Geschlecht, sondern auch auf die Geschlechterordnung. *Sprachreport, 34*(3), 44–50.

Pawson, R., & Tilley, N. (1997). *Realistic evaluation.* Sage.

Peirce, C. S. (1932). *Collected papers of Charles Sanders Peirce* (Vol. 2, Elements of Logic). Ed. by Ch. Hartshorne & P. Weiss. Harvard University Press.

Perkuhn, R., & Belica, C. (2006). Korpuslinguistik – das unbekannte Wesen oder Mythen über Korpora und Korpuslinguistik. *Sprachreport. Informationen und Meinungen zur deutschen Sprache, 22*(1), 2–8.

Perrin, D. (2013). *The linguistics of newswriting.* John Benjamins.

Perrin, D., & Kramsch, C. (2018). Transdisciplinarity in applied linguistics. Introduction to the special issue. *AILA Review, 31*, 1–13.

Perrin, D., & Rosenberger, N. (2016). *Schreiben im Beruf. Wirksame Texte durch effiziente Arbeitstechnik* (3. Aufl.). Duden/Cornelsen Pocket Business.

Perrin, D., Whitehouse, M., Kriele, C., & Liste Lamas, E. (2020). Diskursforschung im Schaufenster. Ein transdisziplinärer Ansatz zur Ermittlung und Vermittlung von Wörtern des Jahres. *Zeitschrift für Diskursforschung, 8*(2–3), 164–189.

Petkova, M. (2014). Ausdrucksformen des Umgangs mit kultureller Hybridität. In S. Haupt (Hrsg.), *Tertium datur. Formen und Facetten interkultureller Interferenz* (S. 99–112). LIT.

Ragin, C. C. (2009). Reflections on casing and case-oriented research. In D. Byrne & C. C. Ragin (Eds.), *The SAGE handbook of case-based methods* (pp. 522–534). Sage.

Reisigl, M. (2018). *Neokonservative feuilletonistische Sprachkritik. Eine linguistische Replik*. Gender Campus. https://www.gendercampus.ch/de/blog/post/neokonservative-feuilletonistische-sprachkritik-eine-linguistische-replik

Riehl, C.-M. (2006). Aspekte der Mehrsprachigkeit. Formen, Vorteile, Bedeutung. In D. Heints, J. E. Müller & L. Reiberg (Hrsg.), *Mehrsprachigkeit macht Schule* (S. 15–23). Gilles & Francke.

Roberts, K. H., O'Reilly, C. A., Bretton, G. E., & Porter, L. W. (1977). Organization theory and organizational communication. A communication failure? *Human Relations, 27*(5), 501–524.

Russo, M., Bendazzoli, C., Sandrelli, A., & Spinolo, N. (2012). The European Parliament Interpreting Corpus (EPIC): Implementation and developments. In F. Straniero Sergio & C. Falbo (Eds.), *Breaking ground in corpus-based interpreting studies* (pp. 53–90). Peter Lang. http://doi.org/10.3726/978-3-0351-0377-9/3

Salmon, C. (2007). *Storytelling, la machine à fabriquer des histoires et à formater les esprits*. La Découverte.

Schiller, A., Teufel, S., Stöckert, C., & Thielen, C. (1999). *Guidelines für das Tagging deutscher Textkorpora mit STTS (Kleines und großes Tagset)*. Universität Stuttgart und Universität Tübingen. https://hinrichs.sfs.uni-tuebingen.de/files/tbs/stts-1999.pdf

Schneider, W. (1989). *Wörter machen Leute. Magie und Macht der Sprache* (5. Aufl.). Piper.

Searle, J. R. (1969). *Speech acts. An essay in the philosophy of language*. Cambridge University Press.

Severinson-Eklundh, K., & Kollberg, P. (1996). A computer tool and framework for analyzing online revisions. In C. M. Levy & S. Ransdell (Eds.), *The science of writing. Theories, methods, individual differences and applications* (pp. 163–188). Erlbaum.

Sinner, C. (2014). *Varietätenlinguistik. Eine Einführung*. Narr.

Steinbach, M. (Hrsg.). (2007). *Schnittstellen der germanistischen Linguistik*. Metzler.

Stoeber, R. (2021). Genderstern und Binnen-I. Zu falscher Symbolpolitik in Zeiten eines zunehmenden Illiberalismus. *Publizistik, 66*, 11–20. https://doi.org/10.1007/s11616-020-00625-0

Thar, E. (2015). *„Ich habe Sie leider nicht verstanden." Linguistische Optimierungsprinzipien für die mündliche Mensch-Maschine-Interaktion*. Lang.

Torrance, M., & Jeffery, G. (1999). Writing processes and cognitive demands. In M. Torrance & G. Jeffery (Eds.), *The cognitive demands of writing. Processing capacity and working memory effects in text production* (Vol. 3, pp. 1–14). Amsterdam University Press.

Trömel-Plötz, S. (1990). *Frauensprache: Sprache der Veränderung*. Fischer.
Von Rosenstiel, L., & Nerdinger, F. W. (2011). *Grundlagen der Organisationspsychologie. Basiswissen und Anwendungshinweise* (7. Aufl.). Schäffer-Poeschel.
Warnke, I. H. (2019). Text und Diskurslinguistik. In N. Janich (Hrsg.), *Textlinguistik. 15 Einführungen* (2. Aufl., S. 35–51). Narr.

www.ingramcontent.com/pod-product-compliance
Lightning Source LLC
Chambersburg PA
CBHW052056230426
43662CB00037B/1919